应用型本科会计人才培养系列教材

YINGYONGXING BENKE KUAIJI RENCAI PEIYANG XILIE JIAOCAI

会计学学习指导

KUAIJIXUE XUEXI ZHIDAO

主　编○郭秀珍

副主编○昝文华　吕晓玥

西南财经大学出版社

Southwestern University of Finance & Economics Press

中国·成都

应用型本科会计人才培养系列教材
YINGYONGXING BENKE KUAIJI RENCAI PEIYANG XILIE JIAOCAI

编委会

总 序

会计学院是广州华商学院最早成立的院系之一，现开设会计学、财务管理、审计学和税收学四个专业。其中，会计学专业设会计师、注册会计师、管理会计师、金融会计、会计智能化和国际注册会计师（ACCA）六个专业方向；财务管理专业设公司理财和财务分析师（CFA）两个专业方向；审计学专业设审计师和信息技术（IT）审计两个专业方向；税收学专业设注册税务师专业方向。经过多年的探索，会计学院逐步形成以下办学特色：一是以ACCA和CFA为代表的国际化教学特色，二是以管理会计师（GAMA）卓越班为代表的协同育人特色，三是以线上线下混合教学实验区为代表的建构教学特色，四是将会计与投融资融为一体的多学科融合特色，五是以华商云会计产业学院为代表的产教融合特色。目前，会计学专业为国家一流专业建设点，财务管理专业为省级一流专业建设点，会计学科为广东省会计类特色重点学科。

在长期的教学实践中，广州华商学院一直秉承优质的教学理念，优选国内同类教材中最受欢迎的教材作为各专业课程的指定教材。教材选定的一般原则是：若有多种同类教材，首选教育部规划教材；若有多种教育部规划教材，首选其中的获奖教材；若没有教育部规划教材，优先选择国内知名高校的教材。这种教材筛选方式保证了会计学科各专业教学的高质量，但也不可避免地带来了一些问题。首先，所选教材难以满足应用型高校会计人才培养的需要。财政部出台的《会计行业中长期人才发展规划（2010—2020年）》明确指出，适应经济社会发展对高素质应用型会计人才需求，加大应用型高层次会计人才培养力度。华商学院作为一所民办应用型高校，不论是从办学分工，还是从社会需求角度考虑，都必须以培养应用型人才为主要目标，但现有的教育部规划教材或名校教材大多偏重理论教学，鲜有明确为培养应用型人才而打造的教材。其次，各专业教材之间的衔接度不高。现有教材大多是各专业教师根据各学科教学要求选择的高规格知名高校教材，导致所选各学科教材之间的衔接度不高，有的内容重复讲授，有的内容则被遗漏，教学内容缺乏系统安排。最后，所选教材知识陈旧，跟不上相关会计准则与制度的变化。近年来，我国会计准则及税法、审计等相关法规制度均发生了较大变化，如新的《企业会计准则》的持续发布和重新修订、《管理会计基本指引》和《管理会计应用指引》的发布与实施，以及增值税法规和《中华人民共和国企业所得税法》的相继修订，导致现有教材内容跟不上制度的变化，学生无法系统地学习最新专业知识。在这一背景下，及时编写一套实践性和系统性强、体系完整、内容新颖、适用于应用型高校会计人才培养的会计系列教材就显得极为必要。

本系列教材的特点主要表现在以下几方面：第一，实践性强。本系列教材知识体系的构建、教学内容的选择以应用型人才培养为主要目标。第二，系统性强。各教材之间互有分工、各有重点、密切配合，共同构建了一个结构合理、内容完整的知识体系。第三，通用性强。本系列教材力求同时满足会计学、财务管理、审计学和税收学四个专业，多个专业方向同类课程的教学和学习要求，既方便了教师的教学安排，又增加了学生跨专业选课的便利性。第四，新颖性强。本系列教材根据最新发布的会计准则、税收法规，以及相关规章制度编写，以确保学生所学专业知识的新颖性。第五，可读性强。本系列教材力求做到通俗易懂、便于理解和使用，以方便学生自主学习、自主探索。

本系列教材包括会计学、财务管理、审计学和税收学四个专业的专业基础课、专业必修课和专业选修课教材。首批教材包括《初级财务会计》《中级财务会计》《高级财务会计》《成本会计》《管理会计》《财务管理》《审计学》《会计学》。第二批教材包括《财务共享服务》《会计信息系统》《企业行为模拟》《资本市场运作》《高级财务管理》。第三批教材包括《会计职业道德》《金融会计》《税法》《税收筹划》等。

本系列教材由广州华商学院的教授或教学经验丰富的教师担任主编，并由广州华商学院特聘教授或特聘讲席教授负责审稿，从而为所编教材的质量提供了保证。鉴于本系列教材涉及面较广，相关会计准则、制度处于不断的变动之中，加之编者学识有限，难免存在不当之处，真诚希望各位读者批评指正。

2021年6月

前 言

《会计学学习指导》是专门为我国高等院校非会计学专业，如经济管理类专业学生编写的会计学辅助练习资料。本书不仅可以作为非会计学专业学生练习之用，而且可以作为从事经济管理工作的非会计人员的培训资料。

本书是非会计学专业学生学习会计学课程的入门教材的应用辅导，涵盖了基础会计和中级财务会计的大部分内容。本书的第一章至第四章是基础会计的内容，第五章至第十五章是中级财务会计的内容。根据非会计学专业学生的培养目标要求，本书与会计学专业的学习指导有着重要的区别。非会计学专业学生学习会计的角度与会计学专业学生学习会计的角度是不同的，会计学专业学生学习会计是为了将来从事会计相关工作，而非会计学专业学生学习会计是利用所学的会计知识去从事经济管理工作，是站在管理的角度去学会计，主要是掌握会计的基本原理和基本方法，了解会计信息的加工过程，理解各项会计指标的经济含义，并能熟练运用各项会计政策和阅读财务报表，以便更好地理解和利用会计信息从事管理工作。基于这一目的，本书在编写时注重会计基本原理的练习，强调会计处理中各项政策与方法的选择，不求细而全，但愿少而精，力争由浅入深、通俗易懂。

会计始终是处于发展与变化之中的，如 2018 年财政部修订了《企业会计准则第 21 号——租赁》，2019 年财政部修订了《企业会计准则第 7 号——非货币资产交换》和《企业会计准则第 12 号——债务重组》等会计准则，为了适应企业会计准则和相关法规的改革要求，体现企业会计准则及相关法规制度的最新变化，更好地服务于会计教学和辅导工作，我们编写了《会计学学习指导》。本书由郭秀珍教授担任主编，负责全书写作大纲的拟定和编写的组织工作，并对全书进行了总纂。本书由吕晓玥老师和昝文华担任副主编，负责全书校对工作。具体写作分工如下：第一、二章由郭秀珍教授编写，第三、四章由吕晓玥老师编写，第五、六、七章由叶鹏老师编写，第八、九、十章由周群老师编写，第十一、十二、十三章由郭美娣老师编写，第十四、十五、十六章由昝文华老师和马玉娟老师共同编写，最后由吕晓玥老师负责校对、昝文华老师复核。

由于编者水平有限，书中疏漏之处在所难免，欢迎广大读者和同行专家批评指正，以便修订时加以完善。

编　者

2023 年 1 月

目 录

第一章　绪　论 …………………………………………………………（1）
学习目标 …………………………………………………………（1）
学习指导 …………………………………………………………（1）
练习题 ……………………………………………………………（1）
练习题参考答案 …………………………………………………（5）
第二章　会计要素确认与计量……………………………………（10）
学习目标……………………………………………………………（10）
学习指导……………………………………………………………（10）
练习题………………………………………………………………（10）
练习题参考答案……………………………………………………（16）
第三章　复式记账法及其应用……………………………………（23）
学习目标……………………………………………………………（23）
学习指导……………………………………………………………（23）
练习题………………………………………………………………（23）
练习题参考答案……………………………………………………（30）
第四章　会计凭证与账簿…………………………………………（37）
学习目标……………………………………………………………（37）
学习指导……………………………………………………………（37）
练习题………………………………………………………………（37）
练习题参考答案……………………………………………………（44）

第五章　货币资金及应收款项……………………………………………（52）
学习目标……………………………………………………………（52）
学习指导……………………………………………………………（52）
练习题………………………………………………………………（52）
练习题参考答案……………………………………………………（60）
第六章　存　货………………………………………………………（66）
学习目标……………………………………………………………（66）
学习指导……………………………………………………………（66）
练习题………………………………………………………………（66）
练习题参考答案……………………………………………………（74）
第七章　金融资产与投资…………………………………………（81）
学习目标……………………………………………………………（81）
学习指导……………………………………………………………（81）
练习题………………………………………………………………（81）
练习题参考答案……………………………………………………（89）
第八章　固定资产与投资性房地产………………………………（98）
学习目标……………………………………………………………（98）
学习指导……………………………………………………………（98）
练习题………………………………………………………………（98）
练习题参考答案 …………………………………………………（109）
第九章　无形资产与其他资产 …………………………………（118）
学习目标 …………………………………………………………（118）
学习指导 …………………………………………………………（118）
练习题 ……………………………………………………………（118）
练习题参考答案 …………………………………………………（128）

第十章 负 债 …… (137)
学习目标 …… (137)
学习指导 …… (137)
练习题 …… (137)
练习题参考答案 …… (145)
第十一章 所有者权益 …… (156)
学习目标 …… (156)
学习指导 …… (156)
练习题 …… (156)
练习题参考答案 …… (164)
第十二章 费用与成本 …… (175)
学习目标 …… (175)
学习指导 …… (175)
练习题 …… (175)
练习题参考答案 …… (182)
第十三章 收入与利润 …… (190)
学习目标 …… (190)
学习指导 …… (190)
练习题 …… (190)
练习题参考答案 …… (200)
第十四章 财务报告 …… (211)
学习目标 …… (211)
学习指导 …… (211)
练习题 …… (211)
练习题参考答案 …… (216)

第十五章　会计调整 …………………………………………………… (222)
学习目标 …………………………………………………………… (222)
学习指导 …………………………………………………………… (222)
练习题 ……………………………………………………………… (222)
练习题参考答案 …………………………………………………… (233)
第十六章　财务报表分析 ……………………………………………… (240)
学习目标 …………………………………………………………… (240)
学习指导 …………………………………………………………… (240)
练习题 ……………………………………………………………… (240)
练习题参考答案 …………………………………………………… (245)

第一章
绪 论

学习目标

知识目标：理解并掌握企业财务会计的基本概念与基本理论，包括会计目标、会计基本假设与记账基础、会计信息质量要求、财务会计与管理会计的联系和区别等。

技能目标：理解会计假设与记账基础、会计信息质量要求、财务会计与管理会计的联系和区别等。

能力目标：理解财务会计的目的和财务报告的目标，掌握财务会计的基本前提、会计信息质量要求。

学习指导

1. 学习重点

（1）会计相关基础：会计目标、会计基本假设、会计记账基础、会计信息质量要求。

（2）财务会计与管理会计的联系和区别。

2. 学习难点

（1）会计基本假设：会计主体、持续经营、会计分期、货币计量。

（2）会计记账基础：权责发生制、收付实现制。

（3）会计信息质量要求：可靠性、相关性、可理解性、可比性、实质重于形式、重要性、谨慎性、及时性。

练习题

一、名词解释

1. 受托责任观

2. 决策有用观

3. 会计基本假设

4. 会计记账基础

二、判断题

1. 由于有了持续经营这个会计核算的基本假设，才产生了当期与其他期间的区别，从而出现了权责发生制与收付实现制的区别。（　　）

2. 可比性要求企业采用的会计处理方法和程序前后各期应当一致，不得变更。（　　）

3. 会计主体是指会计工作服务的特定对象，是企业会计确认、计量和报告的空间范围。（　　）

4. 在会计核算中，企业应以货币计量为主要计量单位，以实物量或劳务量为辅，对单位的经济活动进行计量。（　　）

5. 我国《企业会计准则》规定应采用收付实现制作为会计核算的基础。（　　）

6. 会计信息质量要求中的可比性要求会计核算方法前后各期应当保持一致，不得变更。（　　）

7. 会计基本假设是对会计核算所处时间和空间范围等所做的合理假定，是企业会计确认、计量、记录和报告的前提。（　　）

8. 会计基础是指会计确认、计量、记录和报告的基础，包括实地盘点法和技术推算法。（　　）

9. 权责发生制是指以取得收取款项的权利或支付款项的义务为标志来确定本期收入和费用的会计核算基础。（　　）

10. 重要性的应用需要依赖职业判断，企业应当根据其所处环境和实际情况，仅从项目的金额大小加以判断。（　　）

三、单项选择题

1. 下列会计处理方法中，符合权责发生制基础的是（　　）。
   A. 销售产品的收入只有在收到款项时才予以确认
   B. 产品已销售并符合收入确认条件，货款未收到也应确认收入
   C. 厂房租金只有在支付时计入当期费用
   D. 职工薪酬只能在支付给职工时计入当期费用

2. 下列选项中，关于会计基本职能的说法中正确的是（　　）。
   A. 会计核算职能是对特定主体经济活动和相关会计核算的真实性、合法性和合理性进行审查
   B. 财物的收发、增减和使用属于会计核算职能
   C. 根据财务报告等提供的信息，定量或定性地判断和推测经济活动的发展变化规律属于会计基本职能
   D. 会计基本职能包括对经营业绩的评价

3. 收付实现制和权责发生制两种会计基础是基于（ ）会计基本假设的。

A. 会计主体 B. 持续经营 C. 会计分期 D. 货币计量

4. 某企业本期购入一批原材料，因暂时未生产领用，因此一直未登记入账。这违背了会计信息质量要求中的（ ）要求。

A. 及时性 B. 实质重于形式 C. 谨慎性 D. 重要性

5. 下列选项中，关于会计基础的说法中不正确的是（ ）。

A. 凡是当期已经实现的收入和已经发生或应当负担的费用，无论款项是否收付，都应当作为当期的收入和费用，属于权责发生制

B. 凡是不属于当期的收入和费用，即使款项已在当期收付，也不应当作为当期的收入和费用，属于权责发生制

C. 企业可以选择按权责发生制或收付实现制进行会计核算，一经确定，不得变更

D. 政府会计中的预算会计核算采用收付实现制，国务院另有规定的除外

6. 在可以预见的未来，会计主体不会破产清算，所持有的资产将正常营运，所负有的债务将正常偿还。这属于（ ）。

A. 会计主体假设 B. 持续经营假设

C. 会计分期假设 D. 货币计量假设

7. 下列各项经济事项中，没有体现谨慎性的是（ ）。

A. 将租入的使用权资产作为自有资产核算

B. 计提存货跌价准备

C. 或有应付金额符合或有事项确认条件的确认预计负债

D. 计提产品质量保证金

8. 从 2021 年 1 月 1 日开始，甲公司按照会计准则的规定采用新的财务报表格式进行列报。因部分财务报表列报项目发生变更，甲公司对 2020 年度财务报表可比期间的数据按照变更后的财务报表列报项目进行了调整。甲公司的上述会计处理体现的会计信息质量要求是（ ）。

A. 实质重于形式 B. 权责发生制

C. 可比性 D. 谨慎性

9. 在会计信息质量要求中，企业提供的会计信息应当清晰明了，便于财务会计报告使用者理解和使用。这是（ ）要求。

A. 可比性 B. 真实性 C. 相关性 D. 可理解性

10. 下列选项中，不属于“会计信息质量要求”的是（ ）。

A. 及时性 B. 重要性 C. 真实性 D. 历史成本

11. 对期末存货采用成本与可变现净值孰低法计价，其体现的会计信息质量要求是（ ）。

A. 及时性 B. 可理解性 C. 谨慎性 D. 可比性

12. 计提固定资产折旧主要依据的会计核算基本假设或一般原则是（ ）。

A. 货币计量 B. 持续经营 C. 一贯性原则 D. 可比性原则

13. 企业将劳动资料划分为固定资产和低值易耗品是基于会计信息质量的（ ）要求。

A. 及时性 B. 重要性原则 C. 谨慎性 D. 可比性原则

14. 企业会计核算必须符合国家的统一规定，这是为了满足（　　）要求。

A. 相关性　　B. 重要性　　C. 可比性　　D. 可靠性

15. 下列选项中，属于对企业会计核算的空间范围所做的合理假设是（　　）。

A. 会计主体　　B. 会计分期　　C. 货币计量　　D. 持续经营

四、多项选择题

1. 下列选项中，属于会计目标的有（　　）。

A. 对特定主体的经济活动进行确认、计量、记录和报告

B. 向财务报告使用者提供会计信息

C. 对特定主体经济活动和相关会计核算的真实性、完整性、合法性和合理性进行审查

D. 反映企业管理层受托责任的履行情况

2. 下列选项中，体现谨慎性会计信息质量要求的有（　　）。

A. 固定资产按直线法计提折旧

B. 低值易耗品金额较小的，在领用时一次性计入成本费用

C. 对售出商品很可能发生的保修义务确认预计负债

D. 当存货成本高于可变现净值时，计提存货跌价准备

3. 下列选项中，关于会计基本假设的说法中正确的有（　　）。

A. 业务收支以外币为主的企业，可以选定某种外币作为记账本位币，但是编报的财务会计报告应折算为人民币，体现货币计量假设

B. 对自有业务进行确认、计量和报告体现会计主体假设

C. 对外购固定资产按照预计使用年限计提折旧体现持续经营假设

D. 按年编制财务报告体现会计分期假设

4. 下列选项中，体现会计核算的谨慎性会计信息质量要求的有（　　）。

A. 将融资租入的固定资产视为自有资产核算

B. 对固定资产计提减值准备

C. 采用年数总和法计提固定资产折旧

D. 对应收款项计提坏账准备

5. 下列选项中，体现可靠性原则要求的有（　　）。

A. 要求企业根据真实的交易进行会计核算

B. 要求企业提供的会计信息应当与投资者等财务报告使用者的经济决策需要相关

C. 要求企业如实反映符合确认和计量要求的会计要素及其他相关信息

D. 要求企业提供的会计信息应当清晰明了，便于投资者等财务报告使用者理解和使用

6. 下列选项中，可以作为一个会计主体的有（　　）。

A. 母公司　　B. 子公司

C. 母子公司组成的企业集团　　D. 子公司下设的分公司

7. 下列选项中，属于会计中期的有（　　）。

A. 年度　　B. 半年度　　C. 季度　　D. 月度

8. 下列各种会计处理方法中，体现谨慎性原则的有（　　）。
A. 对无形资产计提减值准备　　B. 交易性金融资产采用公允价值计量
C. 长期股权投资采用成本法核算　　C. 存货计提跌价损失准备

五、简答题

1. 什么是会计目标，会计目标包括哪些内容？

2. 会计信息质量要求有哪些？

3. 什么是会计假设，会计假设包括哪些内容？

4. 什么是会计记账基础，会计记账基础包括哪些内容？

练习题参考答案

一、名词解释

1. 受托责任观认为财务报告的目标是以恰当的形式向资源所有者（委托人）如实报告资源经营者（受托人）受托责任的履行情况。

2. 决策有用观认为会计目标是向信息使用者提供有助于其进行决策的信息。

3. 会计基本假设又称会计核算的基本前提，是对会计核算所处的时间、空间环境做的合理设定。会计基本假设包括会计主体、持续经营、会计分期和货币计量。

4. 会计记账基础是指在进行会计事项的账务处理上认定收入和费用的标准。会计记账基础包括收付实现制和权责发生制。

二、判断题

1. ×

【解析】由于有了会计分期这个基本假设，才产生了当期与其他期间的区别，从而出现了权责发生制与收付实现制的区别。

2. ×

【解析】可比性要求企业采用的会计处理方法和程序前后各期应当一致，不得随意变更（不是不得变更）。

3. √

4. √

5. ×

【解析】本题考查的是对会计记账基础的理解。我国《企业会计准则》规定，企业应当以权责发生制作为基础进行会计确认、计量和报告。

6. ×

【解析】本题考查的是对可比性的理解。会计信息质量要求中的可比性要求会计核算方法前后各期应当保持一致，不得随意变更。

7. √

8. ×

【解析】会计基础是指会计确认、计量、记录和报告的基础，具体包括权责发生制和收付实现制。

9. √

10. ×

【解析】重要性的应用需要依赖职业判断，企业应当根据其所处环境和实际情况，从项目的功能、性质和金额多方面加以判断。

三、单项选择题

1. B

【解析】选项 ACD 符合收付实现制基础。

2. B【解析】本题考查的是会计基本职能。会计基本职能包括核算和监督。会计核算职能是指会计以货币为主要计量单位，对特定主体的经济活动进行确认、计量、记录和报告，选项 A 错误，其表述属于会计监督职能。会计核算的内容主要包括：①款项和有价证券的收付；②财物的收发、增减和使用（选项 B 正确）；③债权、债务的发生和结算；④资本、基金的增减；⑤收入、支出、费用、成本的计算；⑥财务成果的计算和处理；⑦需要办理会计手续、进行会计核算的其他事项。根据财务报告等提供的信息定量或定性地判断和推测经济活动的发展变化规律属于会计预测经济前景，预测经济前景属于会计拓展职能，选项 C 错误。对经营业绩的评价属于会计拓展职能，选项 D 错误。

3. C

【解析】会计主体是会计工作服务的特定对象，是企业确认、计量和报告的空间范围，选项 A 错误；持续经营是指在可预见的将来，企业将会按当前的规模和状态继续经营下去，不会停业，也不会大规模缩减业务，选项 B 错误；货币计量是指会计主体在会计确认、计量和报告时以货币计量来反映会计主体的生产经营活动，选项 D 错误。

4. A

【解析】实质重于形式要求企业应当按照交易或事项的经济实质进行会计确认、计量和报告，不应仅仅以交易或事项的法律形式为依据，选项 B 错误；谨慎性要求企业对交易或事项进行会计确认、计量和报告应当保持应有的谨慎，不应高估资产或收益、低估负债或费用，选项 C 错误；重要性要求企业提供的会计信息应当反映与企业财务状况、经营成果和现金流量有关的所有重要交易或事项，选项 D 错误。

5. C

【解析】企业会计的确认、计量、记录和报告应当以权责发生制为基础。

6. B

【解析】持续经营是指在可以预见的将来，企业将会按当前的规模和状态继续经营下去，不会停业，也不会大规模削减业务。

7. A

【解析】选项 A 错误，将租入的使用权资产作为自有资产核算体现的是实质重于形原则。

8. C

【解析】可比性要求企业提供的会计信息应当相互可比。

9. D

【解析】可理解性要求企业提供的会计信息应当清晰明了，便于财务报告使用者理解和使用。

10. D

【解析】历史成本属于会计计量属性，不属于会计信息质量要求。

11. C

【解析】对期末存货采用成本与可变现净值孰低法计价，不应高估存货资产，其所体现的会计信息质量要求是谨慎性。

12. B

【解析】计提固定资产折旧主要依据的会计核算基本假设或一般原则是持续经营假设。

13. B

【解析】企业将劳动资料划分为固定资产和低值易耗品是基于会计信息质量的重要性原则。

14. C

【解析】企业会计核算必须符合国家的统一规定，这是为了满足可比性要求。

15. A

【解析】会计主体是指会计工作所核算和监督的特定对象，是会计进行确认、计量和报告的空间范围。

四、多项选择题

1. BD

【解析】选项 A 错误，对特定主体的经济活动进行确认、计量、记录和报告属于会计基本职能中的核算职能；选项 C 错误，对特定主体经济活动和相关会计核算的真实性、完整性、合法性和合理性进行审查，属于会计基本职能中的监督职能。

2. CD

【解析】选项 A 错误，固定资产按直线法计提折旧，每年计提金额一致，并不会体现谨慎性，固定资产采用加速折旧法计提折旧时才体现谨慎性；选项 B 错误，体现的是重要性。谨慎性要求不应高估资产或收益、低估负债或费用。例如，企业对售出的商品很可能发生的保修义务确认预计负债、计提各项资产减值准备，对很可能承担的环保责任确认预计负债。

3. ABCD

【解析】本题考查的是会计基本假设。

4. BCD

【解析】本题考查的是对谨慎性的理解。谨慎性要求企业对交易或事项进行会计确认、计量和报告应保持应有的谨慎，不高估资产或收益，不低估负债或费用。

5. AC

【解析】本题考查的是对可靠性的理解。可靠性要求企业应当以实际发生的交易或事项为依据进行确认、计量和报告，如实反映符合确认和计量要求的会计要素及其他相关信息，选项 AC 正确；相关性要求企业提供的会计信息应当与投资者等财务报告使用者的经济决策需要相关，选项 B 错误；可理解性要求企业提供的会计信息应当清晰明了，便于投资者等财务报告使用者理解和使用，选项 D 错误。

6. ABCD

【解析】作为会计主体必须具备以下三个条件：第一，具有一定数量的经济资源；第二，进行独立的生产经营活动或其他业务活动；第三，实行独立核算并提供反映本主体经济活动情况的会计报表。

7. BCD

【解析】会计中期报告是指短于一个完整的会计年度的报告，如半年报、季报和月报。

8. AD

【解析】谨慎性要求企业对交易或事项进行会计确认、计量和报告应当保持应有的谨慎，不应高估资产或收益、低估负债或费用。

五、简答题

1. 什么是会计目标，会计目标包括哪些内容？

会计目标又称会计目的、财务报告目标，是指会计实践活动期望达到的境地或结果。目前，国内外理论界对会计目标的认识主要有两种代表性的观点：受托责任观和决策有用观。受托责任观认为，财务报告的目标是以恰当的形式向资源所有者（委托人）如实报告资源经营者（受托人）受托责任的履行情况。决策有用观认为，会计目标是向信息使用者提供有助于其进行决策的信息。

2. 会计信息质量要求有哪些？

会计信息质量要求包括可靠性、相关性、可理解想、可比性、实质重于形式、重要性、谨慎性、及时性。

3. 什么是会计假设，会计假设包括哪些内容？

会计假设又称会计核算的基本前提，是对会计核算所处的时间、空间环境做的合理设定。会计假设包括会计主体、持续经营、会计分期和货币计量。会计主体是指企业会计确认、计量和报告的空间范围，即会计信息反映的特定单位或组织，是对会计事务处理的对象和范围的限定。持续经营是指在可以预见的将来，企业将会按当前的规模和状态继续经营下去，不会停业，也不会大规模削减业务。会计分期是指将一个企业持续不断的生产经营活动期间划分为若干个首尾相接、间距相等的会计期间。货币计量是指会计主体在进行会计确认、计量和报告时以货币计量单位，反映会计主体的财务状况、经营成果和现金流量。

4. 什么是会计记账基础，会计记账基础包括哪些内容？

会计记账基础是指在进行会计事项的账务处理上认定收入和费用的标准。会计记账基础包括收付实现制和权责发生制。收付实现制又称现计制或现收现付制，即对各项收入和费用的认定以款项的实际收付为标志。权责发生制又称应计制或应收应付制，是指在收入和费用实际发生时确认，不必等到实际收到或支付现金时才确认。

第二章
会计要素确认与计量

学习目标

知识目标：理解并掌握会计要素和会计等式。

技能目标：具备会计计量属性是会计要素金额的确定基础，历史成本、重置成本、可变现净值、现值、公允价值等会计计量属性的确认能力。

能力目标：理解并掌握会计要素包括两类：一是反映企业财务状况的会计要素，包括资产、负债和所有者权益；二是反映企业经营成果的会计要素，包括收入、费用和利润。

学习指导

1. 学习重点

（1）会计要素。

（2）会计等式。

（3）会计计量属性。

2. 学习难点

（1）会计要素：资产、负债、所有者权益、收入、费用、利润。

（2）会计等式：资产=负债+所有者权益；利润=收入−费用。

练习题

一、名词解释

1. 资产

2. 所有者权益

3. 会计等式

4. 会计计量属性

二、判断题

1. 根据《企业会计准则》的规定，只要能使所有者权益增加的均属于收入。（　　）

2. 已无使用和转让价值的专利权仍是企业的资产。（　　）

3. 采用重置成本计量时，资产应当按照现在购买相同或相似资产所需支付的现金或现金等价物的金额计量。（　　）

4. 在同一项经济业务中，资产和负债发生一增一减的变化，不会影响会计等式的平衡关系。（　　）

5. 企业将短期借款延期，变更为长期借款，该项经济业务会引起会计等式左右两边会计要素发生一增一减的变化。（　　）

6. 公允价值是指资产和负债按照在公平交易中，熟悉情况的交易双方自愿进行资产交换或债务清偿的金额。（　　）

7. 历史成本是目前我国会计计量的基本方法，它贯穿财务会计的始终。（　　）

8. 会计计量是指以企业具体会计准则或企业会计制度为判断依据，将某一项目作为资产、负债、收入、费用等正式加以记录和列入财务会计报表的过程。（　　）

三、单项选择题

1. 下列选项中，符合资产会计要素定义的是（　　）。

A. 委托代销商品　　B. 筹建期间发生的开办费

C. 约定 3 个月后购入的专利　　D. 盘亏的存货

2. 下列关于会计等式“资产=负债+所有者权益”的描述中，不正确的是（　　）。

A. 反映了企业在某一特定时点资产、负债和所有者权益三者之间的平衡关系

B. 反映了企业在某一特定时期资产、负债和所有者权益三者之间的平衡关系

C. 资产、负债和所有者权益是构成资产负债表的三个基本要素

D. 反映了资金运动三个静态要素之间的内在联系

3. 资产按照购置时支付的现金或现金等价物的金额计量的价值，或者按照购置资产时所付出的对价的公允价值计量，称为（　　）。

A. 历史成本　　B. 重置成本　　C. 公允价值　　D. 现值

4. 下列关于会计账户增减变化的表述中，不正确的是（　　）。

A. 如果负债不变，资产增加，所有者权益增加，会计等式成立

B. 如果资产不变，负债减少，所有者权益增加，会计等式成立

C. 如果资产不变，负债增加，所有者权益减少，会计等式成立

D. 如果资产减少，负债不变，所有者权益增加，会计等式成立

5. 某公司资产总额为 25 万元，所有者权益总额为 20 万元。该公司以银行存款 4 万元支付现金股利，并以银行存款 2 万元购买设备（不考虑增值税）。上述业务入账后该公司的负债总额为（　　）万元。

A. 23　　B. 1　　C. 13　　D. 2

6. 下列选项中，不影响企业利润的是（　　）。

A. 销售商品确认的收入　　B. 支付的业务招待费

C. 出售固定资产产生的收益　　D. 接受所有者投资

7. 下列关于损益类账户的相关说法中，不正确的是（　　）。

A. 费用类账户和收入类账户属于损益类账户

B. 费用类账户与收入类账户记录增加的方向一致

C. 收入类账户借方登记减少额，贷方登记增加额

D. 费用类账户借方登记增加额，贷方登记减少额

8. 下列选项中，关于借贷记账法特点的说法中错误的是（　　）。

A. “借”表示增加，“贷”表示减少

B. 以“借”“贷”为记账符号

C. 可以根据借贷平衡原理进行试算平衡

D. 以“有借必有贷，借贷必相等”为记账规则

9. 下列选项中，不属于政府资产的计量属性的是（　　）。

A. 重置成本　　B. 名义金额　　C. 现值　　D. 可变现净值

10. 下列关于借贷记账法的说法中，不正确的是（　　）。

A. 资产类科目的借方发生额表示增加，贷方发生额表示减少

B. 负债类科目的借方发生额表示减少，贷方发生额表示增加

C. 所有者权益类科目期末贷方余额=期初贷方余额+本期贷方发生额-本期借方发生额

D. 损益类科目的期末借方余额=期初借方余额+本期贷方发生额-本期借方发生额

11. 下列选项中，同时引起一项资产增加、另一项资产减少的业务是（　　）。

A. 销售商品预收货款　　B. 购买原材料签发商业承兑汇票

C. 预付材料采购款　　D. 收到存入保证金

12. 下列选项中，企业流动负债金额减少的业务是（　　）。

A. 向购货方预收销售商品货款　　B. 签发商业汇票支付应付账款

C. 转销确实无法支付的应付账款　　D. 计提应缴纳的城市维护建设税

13. 企业以银行存款偿还到期的短期借款，下列关于该项经济业务的说法中，正确的是（　　）。

A. 导致负债内部增减变动，总额不变　　B. 导致资产、负债同时减少

C. 导致资产、负债同时增加　　D. 导致所有者权益减少，负债减少

14. 下列选项中，引起企业资产和所有者权益同时增加的是（　　）。

A. 经股东大会批准向股东宣告分配现金股利

B. 收到投资者投入一台设备

C. 取得一笔短期借款并存入银行

D. 经股东大会批准，以现金回购本企业股票方式减资

15. 资产按照预计从其持续使用和最终处置中所产生的未来净现金流入量的折现金额计量，其会计计量属性是（　　）。

A. 历史成本　　B. 重置成本　　C. 现值　　D. 公允价值

16. 下列选项中，可能采用可变现净值进行计量的是（ ）。
A. 短期借款期末计量 B. 固定资产期末计量
C. 无形资产期末计量 D. 原材料期末计量
17. 下列选项中，不会引起企业资产总额发生变化的是（ ）。
A. 购入原材料一批，款项尚未支付 B. 接受新投资者货币资金投资
C. 销售商品一批，款项尚未收到 D. 从银行提取备用金
18. 下列关于会计计量属性的说法中，正确的是（ ）。
A. 重置成本必须考虑货币时间价值 B. 可变现净值必须考虑货币时间价值
C. 历史成本无须考虑货币时间价值 D. 现值无须考虑货币时间价值
19. 下列选项中，不属于反映企业财务状况的会计要素是（ ）。
A. 资产 B. 负债 C. 所有者权益 D. 利润
20. 下列关于所有者权益的表述中，正确的是（ ）。
A. 所有者权益是指企业投资者投入的资本，即实收资本
B. 所有者权益由实收资本和资本公积构成
C. 所有者权益是指企业资产扣除负债后由所有者享有的剩余权益
D. 所有者权益中的留存收益由资本公积和未分配利润构成

四、多项选择题

1. 某项经济业务的发生没有影响所有者权益，则可能导致（ ）。
A. 资产和负债同时增减 B. 资产和负债一增一减
C. 资产内部一增一减 D. 负债内部一增一减
2. 下列选项中，会计等式“资产=负债+所有者权益”左右两边总额保持不变的交易或事项有（ ）。
A. 股份有限公司宣告发放现金股利
B. 采用会员制经营方式预收会员费入账
C. 上市公司回购本公司股票
D. 收回预付包装物押金
3. 下列选项中，属于企业流动负债的有（ ）。
A. 赊购材料应支付的货款 B. 本期从银行借入的三年期借款
C. 销售应税消费品应缴纳的消费税 D. 收取客户的购货订金
4. 下列选项中，关于负债特征的表述中，不正确的有（ ）。
A. 负债是企业承担的潜在义务
B. 负债预期会导致经济利益流出企业
C. 负债是由企业过去或将来需要履行的交易或事项形成的
D. 负债需要与该义务有关的经济利益很可能流出企业
5. 下列关于费用的说法中，不正确的有（ ）。
A. 费用会导致资产的增加或负债的减少
B. 企业处置非流动资产发生的净损失应确认为企业的费用
C. 费用最终会导致所有者权益的减少
D. 企业向投资者分配利润发生的现金流出不属于企业的费用

6. 下列关于资产与负债的表述中，正确的有（　　）。

A. 企业的资产与负债都是在过去的交易或事项中所形成的

B. 资产与负债的区别之一是资产会为企业带来经济利益的流入，而负债会导致企业经济利益的流出

C. 资产与负债的共同之处表现在“未来”交易或事项中所有可能形成的均不作为资产、负债核算的内容

D. 资产与负债都可以按流动性划分

7. 下列关于会计等式“资产=负债+所有者权益”的表述中，说法正确的有（　　）。

A. 在某一特定时点企业财务的基本状况

B. 在某一特定时期企业财务的基本状况

C. 资产、负债和所有者权益是构成资产负债表的三个基本要素

D. 反映了资金运动三个静态要素之间的内在联系

8. 某企业收到投资人投入的一项专利权，该项业务会导致（　　）。

A. 资产增加　　B. 负债增加

C. 所有者权益增加　　D. 收入增加

9. 下列关于会计等式的说法中，正确的有（　　）。

A. 无论企业发生任何经济业务，会计等式关系不变

B. “资产=负债+所有者权益”是编制资产负债表的依据

C. “收入-费用=利润”是编制利润表的依据

D. 会计等式是表明会计要素之间基本关系的等式

10. 下列选项中，属于财务会计计量属性的是（　　）。

A. 历史成本　　B. 可变现净值　　C. 现值　　D. 公允价值

五、简答题

1. 什么是会计要素，会计要素包括哪些内容？

2. 什么是会计等式，会计等式包括哪些内容？

3. 什么是会计计量属性，会计计量属性包括哪些内容？

六、案例分析题

某企业月初资产为 32 000 元，负债为 11 800 元，所有者权益为 20 200 元。

该企业本月发生以下经济业务：

（1）其他单位投资设备一台，价值 15 000 元。

（2）购买原材料 10 000 元，货款暂欠。

（3）用银行存款归还前欠货款 4 000 元。

（4）向投资人分红 10 000 元，已用银行存款支付。

（5）收到外单位前欠本单位账款 500 元，收存银行。

（6）向银行借款 1 000 元，直接归还以前的购料款 1 000 元。

（7）将盈余公积金 2 000 元转赠资本。

（8）经研究决定，同意投资人 L 撤除投资款 5 000 元，但目前由于企业资金紧张，投资款尚未返还。

（9）债转股 3 000 元。

（10）本月对外提供劳务收取 50 000 元，款项已收存银行。

（11）本月来料加工的加工费 20 000 元，用于直接偿还负债。

（12）本期共发生工资费用 15 000 元，已用银行存款支付。

（13）本期发生的通信费用 5 000 元，暂欠。

现将以上经济业务对会计等式的影响列示如表 2-1 所示。

表 2-1　经济业务对会计等式的影响　　单位：元

业务序号	资产（32 000）	负债（11 800）	所有者权益（20 200）
（1）	+15 000		+15 000
（2）			
（3）		-4 000	
（4）	-10 000		
（5）	+500-500		
（6）			
（7）			
（8）			
（9）			+3 000
（10）			
（11）			
（12）			
（13）			
期末结余	78 000	4 800	73 200

根据上述业务，补充表 2-1，并讨论。

从以上讨论可以得出结论：13 种经济业务的发生会计等式依然成立，所有经济业务都可归入这 13 种经济业务，其发生不会使会计等式遭到破坏。

请分析以下问题：

（1）业务发生后，会计等式成立吗？期末与期初相比较，资产、负债和所有者权益分别增加多少？

（2）引起净资产变动的原因有哪些？

（3）在上述净资产的总变动中，你能直接区分出由其他业务和日常经营业务引起的净资产的变动额吗？若不能，请引入费用和收入会计要素，重新分析以上 13 项业务对会计等式的影响，分析是否能解决这一问题？若能解决这一问题，请问由其他业务和日常业务引起的净资产的变动额分别是多少？

（4）由以上分析，请说明会计系统引入收入、费用会计要素对会计等式的影响？

（5）在会计系统中，收入、费用会计要素与资产、负债和所有者权益会计要素之间的关系怎样？

（6）总结收入、费用和利润会计要素在会计信息系统中的意义。

练习题参考答案

一、名词解释

1. 资产是指企业过去的交易或事项形成的，由企业拥有或控制的，预期会给企业带来经济利益流入的资源。

2. 所有者权益是指企业资产扣除负债后，由所有者享有的剩余权益。

3. 会计等式是反映会计要素数额关系的计算公式，包括反映企业财务状况和经营成果的两种会计等式。

4. 会计计量属性是反映会计要素金额的确定基础，主要包括历史成本、重置成本、现值、可变现净值、公允价值等。

二、判断题

1. ×

【解析】本题考查的是对收入定义的理解。收入是企业日常活动中形成的，会导致所有者权益增加的，与所有者投入资本无关的经济利益的总流入。利得也会增加所有者权益，但不属于收入，题中表述错误。

2. ×

【解析】本题考查的是对资产定义的理解。资产是指过去的交易或事项形成的，由企业拥有或控制的，预期能够为企业带来经济利益的资源；已无使用和转让价值的专利权，未来不能给企业带来经济利益，不属于企业的资产，题中表述错误。

3. √

【解析】本题考查的是重置成本的定义。重置成本又称现行成本，是指按照当前市场条件，重新取得一项资产所需支付的现金或现金等价物的金额，题中表述正确。

4. ×

【解析】本题考查的是经济业务对会计等式平衡关系的影响。在同一项经济业务中，资产和负债在等式的两方要保持等式的恒等关系，是同增同减的关系，不会出现一增一减的变化，题中表述错误。

5. ×

【解析】本题考查的是经济业务对会计等式平衡关系的影响。将短期借款延期为长期借款，是负债内部一增一减的业务，只影响等式右边，不影响左边，题中表述错误。

6. √

【解析】本题考查公允价值的概念，说法正确。

7. √

【解析】本题考查历史成本，说法正确。

8. ×

【解析】本题考查会计计量属性，会计计量是将某一项目作为资产、负债、收入、费用等正式加以确定其金额的过程，会计记录是单独的一个步骤，区别于会计计量的步骤。

三、单项选择题

1. A

【解析】资产是指企业过去的交易或事项形成的，由企业拥有或控制的，预期会给企业带来经济利益的资源。选项 BD，预期不会给企业带来经济利益；选项 C，不是由过去的交易或事项形成的。

2. B

【解析】“资产＝负债+所有者权益”是静态等式，反映了企业在某一特定时点资产、负债和所有者权益三者之间的平衡关系。

3. A

【解析】在历史成本计量下，资产按照其购置时支付的现金或现金等价物的金额，或者按照购置时所付出对价的公允价值计量。

4. D

【解析】根据“资产＝负债+所有者权益”会计等式的恒等关系。如果资产减少、负债不变，当所有者权益减少时会计等式才成立，选项 D 不正确。

5. B

【解析】根据“资产＝负债+所有者权益”会计等式，可知业务入账前负债总额＝25－20＝5（万元）。以银行存款 4 万元支付现金股利，使得资产和负债同时减少 4 万元，以银行存款 2 万元购买设备（不考虑增值税），属于资产内部的增减变动，不会影响负债总额，因此上述业务入账后该公司的负债总额=5-4=1（万元）。

6. D

【解析】利润包括收入减去费用后的净额、直接计入当期利润的利得和损失等，与接受所有者投资无关。

7. B

【解析】费用类账户与收入类账户记录增加的方向不一致，费用类账户增加记借方，收入类账户增加记贷方。

8. A

【解析】“借”表示增加，还是“贷”表示增加，取决于账户的性质与所记录经济内容的性质。

9. D

【解析】政府资产的计量属性主要包括历史成本、重置成本、现值、公允价值和名义金额。

10. D

【解析】本题考查的是借贷记账法的含义。资产类科目借方发生额表示增加，贷方发生额表示减少，选项 A 表述正确；负债类科目借方发生额表示减少，贷方发生额表示增加，选项 B 表述正确；所有者权益类科目期末贷方余额=期初贷方余额+本期贷方发生额-本期借方发生额，选项 C 表述正确；损益类科目期末无余额，选项 D 表述错误。因此，本题应选择选项 D。

11. C

【解析】本题考查的是经济业务对会计等式平衡关系的影响。销售商品预收货款，导致银行存款（资产）和合同负债（负债）同时增加，属于资产和负债同时增加，选项 A 错误；购买原材料签发商业承兑汇票，导致原材料（资产）和应付票据（负债）同时增加，属于资产和负债同时增加，选项 B 错误；预付材料采购款，导致预付账款（资产）增加和银行存款（资产）减少，属于一项资产增加，另一项资产减少，选项 C 正确；收到存入保证金，导致银行存款（资产）和其他应付款（负债）同时增加，属于资产和负债同时增加，选项 D 错误。

12. C

【解析】本题考查的是经济业务对流动负债的影响。向购货方预收销售商品货款，导致银行存款（资产）和合同负债（负债）同时增加，合同负债属于流动负债，流动负债增加，选项 A 错误；签发商业汇票支付应付账款，导致应付账款（负债）减少和应付票据（负债）增加，应付账款和应付票据属于流动负债，流动负债不变，选项 B 错误；转销确实无法支付的应付账款，导致应付账款（负债）减少和营业外收入（损益）增加，应付账款属于流动负债，流动负债减少，选项 C 正确；计提应缴纳的城市维护建设税，导致税金及附加（损益）和应交税费（负债）同时增加，应交税费属于流动负债，流动负债增加，选项 D 错误。

13. B

【解析】本题考查的是经济业务对会计等式平衡关系的影响。以银行存款偿还到期的短期借款，导致短期借款（负债）和银行存款（资产）同时减少，属于资产和负债同时减少，选项 B 正确，选项 ACD 错误。

14. B

【解析】本题考查的是会计要素及会计等式。经股东大会批准向股东宣告分派现金股利，导致利润分配（所有者权益）减少和应付股利（负债）增加，属于所有者权益减少，负债增加，选项 A 错误；收到投资者投入一台设备，导致固定资产（资产）和实收资本（所有者权益）同时增加，属于资产和所有者权益同时增加，选项 B 正确；取得一笔短期借款并存入银行，导致银行存款（资产）和短期借款（负债）同时增加，属于资产和负债同时增加，选项 C 错误；经股东大会批准，以现金回购本企业股票方式减资，导致股本（所有者权益）和库存现金（资产）同时减少，属于资产和所有者权益同时减少，选项 D 错误。

15. C

【解析】本题考查的是会计计量属性。在现值计量下，资产按照预计从其持续使用和最终处置中产生的未来净现金流入量的折现金额计量，选项 C 正确；历史成本是指取得或制造某项财产物资时所实际支付的现金或现金等价物，选项 A 错误；重置成本是指按照当前市场条件，重新取得同样一项资产所需支付的现金或现金等价物的金额，选项 B 错误；公允价值是指市场参与者在计量日发生的有序交易中，出售一项资产所能收到或转移一项负债所需支付的价格，选项 D 错误。

16. D

【解析】本题考查的是可变现净值计量属性的运用。原材料属于存货，存货期末应按成本与可变现净值孰低计量，选项 D 正确；短期借款的期末计量，无形资产、固定资产的期末计量均应采用历史成本计量，选项 ABC 错误。

17. D

【解析】本题考查的是经济业务对资产总额的影响。购入一批原材料，款项尚未支付，导致原材料（资产）和应付账款（负债）同时增加，会引企业资产总额发生变化，选项 A 错误；接受新投资者货币资金投资，导致银行存款（资产）和实收资本（所有者权益）同时增加，会引起资产总额发生变化，选项 B 错误；销售一批商品，款项尚未收到，导致应收账款（资产）和主营业务收入（损益）同时增加，会引起资产总额发生变化，选项 C 错误；从银行提取备用金，导致库存现金（资产）增加和银行存款（资产）减少，属于资产内部一增一减，资产总额未发生变化，选项 D 正确。

18. C

【解析】需要考虑货币时间价值的会计计量属性是现值。现值是指对未来现金流量以恰当的折现率进行折现后的价值，是考虑货币时间价值的一种计量属性。

19. D

【解析】反映财务状况的会计要素包括资产、负债和所有者权益。选项 D，属于反映经营成果的会计要素。

20. C

【解析】所有者权益是指企业资产扣除负债后由所有者享有的剩余权益，所有者权益包括所有者投入的资本、其他综合收益、留存收益等。其中，留存收益包括盈余公积和未分配利润。

四、多项选择题

1. ACD

【解析】资产和负债在等式的两方，要保持等式的恒等关系，是同增同减的关系，不会出现一增一减的变化。如果是一个要素内部的变动，则是一增一减的变动。

2. AD

【解析】选项 A，宣告发放现金股利，负债增加，所有者权益减少，等式左右两边总额不变；选项 B，预收会员费，资产增加，负债增加，等式左右两边总额增加；选项 C，回购本公司股票，资产减少，所有者权益减少，等式左右两边总额减少；选项 D，收回预付包装物押金，资产内部一增一减，等式左右两边总额不变。每一项经济业务的发生，都必然会引起会计等式的一边或两边有关项目相互联系地发生等量变化。当涉及会计等式的一边时，有关项目的金额发生相反方向的等额变动；当涉及会计等式的两边时，有关项目的金额发生相同方向的等额变动；不论哪种情况，始终都不会影响会计等式的平衡关系。

3. ACD

【解析】本题考查的是流动负债的内容。赊购材料应支付的货款应记入“应付账款”科目，应付账款属于企业流动负债，选项 A 正确；从银行借入的三年期借款应记入“长期借款”科目，长期借款属于企业非流动负债，选项 B 错误；销售应税消费品应缴纳的消费税，记入“应交税费”科目，应交税费属于企业流动负债，选项 C 正确；收取客户的购货订金，记入“合同负债”科目，合同负债属于企业流动负债，选项 D 正确。

4. ACD

【解析】本题考查的是对负债定义的理解。负债是企业承担的现时义务，选项 A 表述错误；负债预期会导致经济利益流出企业，选项 B 表述正确；负债是由企业过去的交易或事项形成的，不包括未来的交易或事项，选项 C 表述错误；与该义务有关的经济利益很可能流出企业，属于负债的确认条件，不属于特征，选项 D 表述错误。

5. AB

【解析】本题考查的是对费用要素的理解。费用是企业日常活动发生的，会导致所有者权益减少的（选项 C 表述正确），与向所有者分配利润无关的经济利益的总流出（选项 D 表述正确）。费用会导致资产的减少或负债的增加，选项 A 表述错误；处置非流动资产发生的净损失属于企业非日常活动产生的损失，不属于企业的费用，选项 B 表述错误。

6. ABCD

【解析】本题考查的是对资产和负债要素的定义。资产是指企业过去的交易或事项形成的，由企业拥有或控制的，预期会给企业带来经济利益的资源；负债是指企业过去的交易或事项形成的，预期会导致经济利益流出企业的现时义务，选项 ABC 正确；资产分为流动资产和非流动资产，负债分为流动负债和非流动负债，选项 D 正确。

7. ACD

【解析】本题考查的是对会计等式的理解。“资产＝负债+所有者权益”是静态会计等式，可以反映在某一特定时点企业资产、负债和所有者权益的基本状况，选项 ACD 正确，选项 B 错误。

8. AC

【解析】本题考查的是经济业务对会计等式平衡关系的影响。企业收到投资人投入的一项专利权，会导致无形资产（资产）增加（选项 A 正确，选项 B 错误），实收资本等（所有者权益）增加（选项 C 正确，选项 D 错误）。

9. ABCD

【解析】本题考查的是对会计等式的理解。无论发生任何经济业务，会计等式关系都不变，选项 A 正确；“资产＝负债+所有者权益”是编制资产负债表的依据，选项 B 正确；“收入－费用＝利润”是编制利润表的依据，选项 C 正确；会计等式又称会计恒等式，是表明会计要素之间基本关系的等式，选项 D 正确。

10. ABCD

【解析】财务会计计量属性包括历史成本、重置成本、可变现净值、现值和公允价值。

五、简答题

1. 什么是会计要素，会计要素包括哪些内容？

会计要素是根据交易或事项的经济特征确定的财务会计对象的基本分类。《企业会计准则——基本准则》规定，会计要素按照其性质分为资产、负债、所有者权益、收入、费用和利润。其中，资产、负债和所有者权益要素侧重于反映企业的财务状况，收入、费用和利润要素侧重于反映企业的经营成果。

2. 什么是会计等式，会计等式包括哪些内容？

会计等式是反映会计要素数额关系的计算公式，包括反映企业财务状况和反映企业经营成果两种会计等式。反映企业财务状况的等式：资产＝负债+所有者权益。反映企业成果的等式：利润＝收入－费用。

3. 什么是会计计量属性，会计计量属性包括哪些内容？

会计计量属性是反映会计要素金额的确定基础，主要包括历史成本、重置成本、现值、可变现净值、公允价值等。

六、案例分析题

经济业务对会计等式的影响如表 2-2 所示。

表 2-2　经济业务对会计等式的影响　　单位：元

业务序号	资产（32 000）	负债（11 800）	所有者权益（20 200）
（1）	+15 000		+15 000
（2）	+10 000	+10 000	
（3）	-4 000	-4 000	
（4）	-10 000		-10 000
（5）	+500-500		
（6）		+1 000-1 000	
（7）			+2 000-2 000

表2-2(续)

业务序号	资产（32 000）	负债（11 800）	所有者权益（20 200）
(8)		+5 000	-5 000
(9)		-3 000	+3 000
(10)	+50 000		+50 000
(11)		-20 000	+20 000
(12)	-15 000		-15 000
(13)		+5 000	-5 000
期末结余	78 000	4 800	73 200

(1) 业务发生后，会计等式成立，资产增加 46 000 元，负债增加-7 000 元，所有者权益增加 53 000 元。

(2) 引起净资产变动的原因有接受投资、分红、盈余公积转增资本、减少投资、债转股、取得收入、提供劳务、人工成本、期间费用。

(3) 可以。其他业务引起净资产增加 3 000 元，日常业务引起净资产增加 50 000 元。

(4) 会计系统引入收入、费用会计要素对会计等式无影响，会计等式依然成立。

(5) 会计系统中，收入、费用会计要素与资产、负债和所有者权益会计要素之间的关系为取得收入，所有者权益等量增加；发生费用支出，所有者权益等量减少。

(6) 为核算所有者权益增减变化的过渡科目，直观具体核算所有者权益的变化原因，使一切企业活动可以从会计记录中追溯其前因后果，形成以资产、负债、所有者权益、收入和费用为代表的价值总量，进而得以正确反映企业的财务状况和经营成果，使会计学成为一门与其他经济类学科有别的科学。

第三章
复式记账法及其应用

学习目标

知识目标：理解并熟练掌握借贷记账法。
技能目标：熟练运用借贷记账法分析、记录经济业务。
能力目标：理解会计核算方法体系与内容，理解借贷记账法的原理。

学习指导

1. 学习重点
（1）复式记账法的概念。
（2）借贷记账法记账符号的含义与记账规则。
2. 学习难点
（1）借贷记账法下账户的结构和格式。
（2）专业名称和术语的理解。

练习题

一、名词解释

1. 会计核算方法

2. 会计科目

3. 单式记账法

4. 复式记账法

5. 会计分录

二、判断题

1. 借、贷不仅作为记账符号，其本身的含义也应考虑，“借”只能表示债权的增加，“贷”只能表示债务的增加。（ ）

2. 不同性质的账户，借贷的含义有所不同。（ ）

3. 借贷记账法下账户的基本结构是：每一个账户的左边均为借方，右边均为贷方。（ ）

4. 负债及所有者权益类账户的结构应与资产类账户的结构一致。（ ）

5. 借贷记账法要求，如果在一个账户中记借方，在另一个或几个账户中则一定也记借方。（ ）

6. 账户发生额试算平衡是根据借贷记账法的记账规则来确定的。（ ）

7. 单式记账法编制简单会计分录，复式记账法编制复合会计分录。（ ）

8. 账户余额试算平衡是根据“资产=负债+所有者权益”确定的。（ ）

9. 如果试算平衡结果，发现借贷是平衡的，可以肯定记账没有错误。（ ）

10. 由于总分类账户既能提供总括核算指标，又能提供详细核算指标，因此是十分重要的账户。（ ）

三、单项选择题

1. 复式记账法对每项经济业务都以相等的余额在（ ）中进行登记。
   A. 一个账户　B. 两个账户
   C. 全部账户　D. 两个或两个以上账户

2. 在借贷记账法下，账户哪一方记增加，哪一方记减少，是根据（ ）。
   A. 采用什么核算方法决定的
   B. 采用什么记账形式决定的
   C. 增加数记借方，减少数记贷方的规则所决定的
   D. 账户所反映的经济内容决定的

3. 账户是根据（ ）开设的，用于连续、系统地记载各项经济业务的一种手段。
   A. 会计凭证　B. 会计对象　C. 会计科目　D. 财务指标

4. 资产类账户的期末余额一般在（ ）。
   A. 借方　B. 借方或贷方　C. 贷方　D. 借方和贷方

5. 根据借贷记账法的原理，记录在账户贷方的是（ ）。
   A. 费用的增加　B. 收入的增加
   C. 负债的减少　D. 所有者权益的减少

6. 存在对应关系的账户称为（ ）。
   A. 对应账户　B. 平衡账户　C. 总分账户　D. 联系账户

7. 借贷记账法的记账规则是（ ）。
   A. 同增、同减、有增、有减　B. 同收、同付、有收、有付
   C. 有增必有减，增减必相等　D. 有借必有贷，借贷必相等

8. 按照借贷记账法的记录方法，贷方登记增加额的账户是（　　）。

A.“库存现金”　　B.“应收账款”　　C.“应付账款”　　D.“原材料”

9. 在借贷记账法下，所有者权益账户的期末余额等于（　　）。

A. 期初贷方余额+本期贷方发生额-本期借方发生额

B. 期初借方余额+本期贷方发生额-本期借方发生额

C. 期初借方余额+本期借方发生额-本期贷方发生额

D. 期初贷方余额+本期借方发生额-本期贷方发生额

10. 借贷记账法发生额试算平衡法试算平衡的依据是（　　）。

A. 会计等式　　B. 资金变化业务类型

C. 借贷记账规则　　D. 平行登记

11. 复式记账法是指对一笔业务都要以相等的金额在相互联系的（　　）中进行登记。

A. 一个账户　　B. 两个账户

C. 三个账户　　D. 两个或两个以上的账户

12. 借贷记账法余额试算平衡法的依据是（　　）。

A. 借贷记账规则　　B. 借贷账户结构

C. 平行关系　　D. 会计等式

13. 对于一个账户里来说，期末余额（　　）。

A. 只能在借方　　B. 只能在贷方

C. 只能在账户的一方　　D. 可能同在借方和贷方

14. 为了清晰地反映经济业务的来龙去脉，不得将不同的经济业务合并编制成（　　）的会计分录。

A. 一借一贷　　B. 一借多贷　　C. 一贷多借　　D. 多借多贷

15. 收到投资者投资，存入银行，根据借贷记账法编制会计分录时，贷方涉及的账户是（　　）。

A.“银行存款”账户　　B.“实收资本”账户

C.“长期投资”账户　　D.“长期借款”账户

16. 资产类账户期末余额的计算公式是（　　）。

A. 期末余额=期初借方余额+本期借方发生额

B. 期末余额=期初借方余额+本期贷方发生额

C. 期末余额=期初借方余额+本期贷方发生额-本期借方发生额

D. 期末余额=期初借方余额+本期借方发生额-本期贷方发生额

17. 收益类账户的结构与所有者权益类账户的结构（　　）。

A. 一致　　B. 无关　　C. 相反　　D. 基本相同

18. 负债类账户期末余额的计算公式是（　　）。

A. 期末余额=期初借方余额+本期借方发生额-本期贷方发生额

B. 期末余额=期初贷方余额+本期贷方发生额-本期借方发生额

C. 期末余额=期初借方余额+本期贷方发生额

D. 期末余额=期初借方余额+本期借方发生额

19. 借贷记账法的余额试算平衡公式是（　　）。
A. 每个账户借方发生额=每个账户贷方发生额
B. 全部账户本期借方发生额合计=全部账户本期贷方发生额合计
C. 全部账户期末借方余额合计=全部账户期末贷方余额合计
D. 每个账户期末借方余额=每个账户期末贷方余额

20. 对账户记录进行试算平衡是根据（　　）。
A. 会计要素划分基本原理　　B. 所发生经济业务的内容的基本原理
C. 账户机构的基本原理　　D. 会计等式的基本原理

21. 总分类账户和所属明细分类账户平行登记的要点是（　　）。
A. 同内容、同方向、同日期　　B. 同方向、同日期、同金额
C. 同日期、同金额、同内容　　D. 同方向、同依据、同金额

四、多项选择题

1. 会计账户的结构一般应包括的内容有（　　）。
A. 账户名称　　B. 账户方向
C. 账户余额　　D. 账户的使用年限

2. 复式记账法的优点是（　　）。
A. 账户对应关系清楚，能全面、清晰地反映经济业务的来龙去脉
B. 便于试算平衡，以检查账户记录是否正确
C. 能全面、系统地反映经济活动的过程和结果
D. 比单式记账法简单而完整

3. 在借贷记账法下，属于资产类账户的有（　　）。
A. “银行存款”　　B. “实收资本”　　C. “短期投资”　　D. “制造费用”

4. 在借贷记账法下，期末结账后，一般有余额的账户有（　　）。
A. 资产类账户　　B. 收入类账户　　C. 负债类账户　　D. 费用类账户

5. 在借贷记账法下，账户借方登记（　　）。
A. 资产增加　　B. 费用减少
C. 负债减少　　D. 所有者权益减少

6. 会计分录必须具备的要素包括（　　）。
A. 记账方向　　B. 记账手段　　C. 记账科目　　D. 记账金额

7. 下列选项中，属于损益类科目的有（　　）。
A. “投资收益”　　B. “应收账款”
C. “生产成本”　　D. “主营业务成本”

8. 借贷记账法的试算平衡公式是（　　）。
A. 所有账户的本期借方发生额之和=所有账户的本期贷方发生额之和
B. 所有资产类账户的本期借方发生额之和=所有负债和所有者权益类账户的本期贷方发生额之和
C. 所有账户的期末借方余额之和=所有账户的期末贷方发生额之和
D. 收入类账户的本期发生额=费用类账户的本期发生额

9. 某企业生产产品领用材料 8 000 元，车间一般消耗领用材料 2 000 元，应记入（　　）账户的借方。

A.“原材料”　B.“管理费用”　C.“生产成本”　D.“制造费用”

10. 在借贷记账法下，（　　）。

A.“借”和“贷”作为记账符号

B.“借”和“贷”等于“增”和“减”

C. 在账户结构上，“借”和“贷”表示两个对立的部位

D.“借”和“贷”表示债权和债务

11. 对于费用类账户来讲，（　　）。

A. 其增加额记入账户的借方　B. 其减少额记入账户的贷方

C. 期末一般没有余额　D. 如有期末余额，必定为借方余额

12. 在借贷记账法下，账户贷方登记（　　）。

A. 资产的增加　B. 负债的减少

C. 费用的减少　D. 所有者权益的增加

13. 通过试算平衡不能查找的差错有（　　）。

A. 重记经济业务　B. 漏记经济业务

C. 借贷方向正好记反　D. 借贷金额纪录不一致

14. 编制会计分录时，必须考虑（　　）。

A. 经济业务发生涉及的会计要素是增加还是减少

B. 在账簿中登记借方还是贷方

C. 登记在哪些账户的借方或贷方

D. 账户的余额是在借方还是在贷方

15. 下列有关借贷记账法记账规则的说法中，正确的是（　　）。

A. 对任何类型的经济业务，都一律采用“有借必有贷，借贷必相等”的规则

B. 不论是一借多贷、多借一贷，还是多借多贷，借贷双方的金额都必须相等

C. 用借贷记账法记账，在有关账户之间都会形成应借、应贷的相互关系

D. 按照这一记账规则登账，账户的借方发生额合计与贷方发生额合计必然相等

五、简答题

1. 记账方法按记账方式不同可以分为几种？分别是什么？

2. 复式记账法有哪些特点？

六、计算题

1. 某企业3月1日有关资金内容及金额如表3-1所示。

表3-1 某企业3月1日有关资金内容及金额 单位：元

有关资金内容	金额	有关资金内容	金额
(1) 存放在企业的现款	1 000	(2) 存放在银行的款项	300 000
(3) 库存的各种材料	19 000	(4) 房屋	900 000
(5) 机器设备	800 000	(6) 投资者投入资本	1 755 000
(7) 购货方拖欠的货款	80 000	(8) 从银行借入的半年期借款	120 000
(9) 库存的完工产品	50 000	(10) 拖欠供货方货款	350 000
(11) 企业留存的盈余公积金	75 000	(12) 固定资产已提折旧	150 000

要求：根据所给资料，说明每一项资金内容应属于资产、负债和所有者权益哪一类，并写出具体应归属的会计科目。

2. 风发公司202×年12月31日有关账户的部分资料如表3-2所示。

表3-2 风发公司202×年12月31日有关账户的部分资料 单位：元

账户名称	期初余额		本期发生额		期末余额	
	借方	贷方	借方	贷方	借方	贷方
长期投资	800 000		440 000	20 000		
银行存款	120 000			160 000	180 000	
应付账款		160 000	140 000	120 000		
短期借款		90 000		20 000		60 000
应收账款			60 000	20 000	40 000	
实收资本		700 000	0			1 240 000

要求：根据账户期初余额、本期发生额和期末余额的计算方法，计算并填列表3-2中所缺数字。

七、业务题

风发公司本月发生如下经济业务：

（1）收到投资者投入的货币资金投资 200 000 元，已存入银行。

（2）用银行存款 40 000 元购入不需要安装设备 1 台。

（3）购入一批材料，买价和运费合计 15 000 元。货款尚未支付。

（4）从银行提取现金 2 000 元。

（5）借入短期借款 20 000 元，以存入银行。

（6）用银行存款 35 000 元偿还应付账款。

（7）生产产品领用一批材料，价值 12 000 元。

（8）用银行存款 30 000 元偿还短期借款。

要求：（1）根据资料开设并登记有关账户。

（2）根据所给经济业务编制会计分录。

八、案例分析题

小魏从某财经大学会计系毕业刚刚被聘任为甲公司的会计。今天是他来公司上班的第一天。会计科里的那些同事们忙得不可开交，一问才知道，大家正在忙于月末结账。“我能做些什么？”会计科长看小魏那急于投入工作的样子，也想检验一下他的工作能力，就问：“试算平衡表的编制方法你在学校学过了吧？”“学过。”小魏很自信地回答。“那好吧，趁大家忙别的时候，你先编一下咱们公司这个月的试算平衡表。”科长帮小魏找到了本公司的总账账簿，让小魏开始了工作。

不到一个小时，一张“总分类账户发生额及余额试算平衡表”就完整地编制出来了。看到表格上那三组相互平衡的数字，小魏激动的心情无以言表。兴冲冲地向科长交了差。

“昨天销售的那批产品的单据还没记到账上去呢，这也是这个月的业务啊！”会计小李说。还没等小魏缓过神来，会计小王手里又拿着一些会计凭证凑了过来，对科长说：“这笔账我核对过了，应当记入‘应交税金’和‘银行存款’账户的金额是 10 000 元，而不是 9 000 元。已经入账的那部分数字还得更改一下。”

“试算平衡表不是已经平衡了吗？怎么还有错账呢？”小魏不解地问。

科长看小魏满脸疑惑的神情，就耐心地开导说：“试算平衡表也不是万能的，像在账户中把有些业务漏记或重记了、借贷金额记账方向彼此颠倒了，还有记账方向正确但记错了账户，这些都不会影响试算表的平衡。小李发现的漏记的经济业务、小王发现的把两个账户的金额同时记少了，也不会影响试算表的平衡。”

小魏边听边点头，心里想：“这些内容好像老师在上基础会计课的时候也讲过，以后在实践中还得好好琢磨呀。”

经过调整，一张真实反映公司本月全部经济业务的试算平衡表又在小魏的手里完成了。

要求：结合以上案例，运用学习过的试算平衡表的有关知识谈谈你的感受。

练习题参考答案

一、名词解释

1. 会计核算方法是指会计对单位已经发生的经济活动进行连续、系统和全面的反映与监督所采用的方法。会计核算方法体系包括设置会计科目与账户、复式记账、填制与审核会计凭证、登记会计账簿、成本计算、财产清查、编制财务会计报告。这七种方法构成了一个完整的、科学的方法体系。

2. 会计科目是指对内容纷繁复杂的会计对象，根据各会计对象具体内容的不同特点和管理要求，按照一定的标准进行分类而确定的具体项目名称。

3. 单式记账法是指对所发生的经济业务，只在一个账户中进行单方面记录的记账方法。

4. 复式记账法是指对所发生的经济业务都要以相等的金额在相互关联的两个或两个以上的账户中进行记录的记账方法。

5. 会计分录是指按照借贷记账法借记或贷记相关账户的会计记录。

二、判断题

1. ×

【解析】借贷记账法中的“借”表示资产的增加，费用成本的增加，负债及所有者权益的减少，收益的转销；“贷”表示资产的减少，负债和所有者权益的增加。

2. √

3. √

4. ×

【解析】负债和所有者权益类账户则与资产类账户相反，增加记贷方，减少记借方。因此，资产类账户的账户结构与负债和所有者权益类账户的账户结构是不一样的。

5. ×

【解析】借贷记账法要求：如果在一个账户中记借方，在另一个或几个账户中一定记贷方。因为借贷记账法的记账规则是“有借必有贷，借贷必相等”。

6. √

7. ×

【解析】单式记账法对所发生的经济业务只在一个账户进行登记。复式记账法是对所发生的经济业务，以相等的金额在两个或两个以上账户中进行登记的方法。单式记账法是一种简单而又不完整的记账方式。复式记账法则是从单式记账法发展演变而来的，复式记账法因为账户之间存在相互勾稽关系，是一种科学的记账方法。单式记账法只能反映引起货币资金、债权、债务增减变化的经济业务，而对发生变动的原因没有反映。单式记账法只适用于业务简单或很单一的经济个体。复式记账法可以了解每一项经济业务，更完整地反映了经济业务的全貌，为经营管理提供了必要的数据和信息。目前，我们广泛使用的借贷记账法就是复式记账法的一种。

8. √

9. ×

【解析】如果试算平衡表经过试算都是平衡的，也不能说明账户记录是正确的，因为有些错误的出现不会影响借贷双方的平衡关系。试算平衡时，漏记、重记、记账方向颠倒和用错会计科目的情况，均不能通过试算平衡被发现。

10. ×

【解析】总分类账户能提供总括核算指标，但详细核算指标则只有明细分类账户才能提供。

三、单项选择题

1. D

【解析】复式记账法对每项经济业务都以相等的金额在两个或两个以上的账户中进行登记。这是复式记账法的定义。

2. D

【解析】在借贷记账法下，账户的左方称为借方、右方称为贷方。所有账户的借方和贷方按相反方向记录增加数和减少数，即一方登记增加额，另一方登记减少额。至于是“借”表示增加，还是“贷”表示增加，则取决于账户的性质与所记录经济内容的性质。

3. C

4. A

【解析】资产类账户的期末余额一般在借方，和增加发生额的方向一致。

5. B

【解析】资产类账户：借方登记增加额，贷方登记减少额，期末余额在借方。负债和所有者权益类账户：贷方登记增加额，借方登记减少额，期末余额在贷方。

6. A

【解析】存在对应关系的账户为对应账户。账户对应关系是采用借贷记账法，根据“有借必有贷，借贷必相等”的记账规则对每笔经济业务事项进行记录时，相关账户之间形成的应借、应贷的相互关系。账户的对应关系可以判断是否符合有关政策、法规、法律、制度和计划与预算的规定。

7. D

【解析】借贷记账法的记账规则是“有借必有贷，借贷必相等”。运用借贷记账法登记经济业务应注意以下要点：第一，明确经济业务涉及哪些科目；第二，确定这些账户的金额是增加还是减少；第三，根据记账符号的含义，确定各账户应借、应贷方向及其金额。

8. C

9. A

10. C

【解析】借贷记账法发生额试算平衡的依据是本期所有会计科目借方余额合计与贷方余额合计的恒等关系，反映经济业务增减变化，可以用于检验本期会计科目记录是否正确的方法。试算平衡是指根据会计等式的平衡原理，按照记账规则的要求，通过对所有账户的发生额和余额汇总计算与比较，检查账户记录是否正确的一种方法。

11. D

【解析】复式记账法是指对任何一笔经济业务，都必须用相等的金额在两个或两个以上的有关账户相互联系地进行登记。复式记账法相较于单式记账法有两个明显的特征：一是对发生的各项经济业务，都要按规定的会计科目，至少在两个账户上相互联系地进行分类记录；二是对记录的结果可以进行试算平衡。采用复式记账法可以全面地、相互联系地反映各项经济业务的全貌，并可以利用会计要素之间的内在联系和试算平衡公式来检查账户记录的准确性。复式记账法是一种比较完善的记账方法。

12. D

【解析】借贷记账法余额试算平衡的依据是资产与权益的对等关系，即资产=负债+所有者权益。试算平衡是一种验算方法，就是根据会计平衡原理，对各账户记录的金额进行平衡试算，以检查账户记录是否正确。总分类账的试算平衡包括本期发生额试算平衡和期末余额试算平衡。借贷记账法是以会计等式作为记账原理，以借、贷作为记账符号，来反映经济业务增减变化的一种复式记账方法。在借贷记账法下，所有账户的结构都是左方为借方、右方为贷方，但借方、贷方反映会计要素数量变化的增减性质则是不固定的。

13. C

14. D

【解析】多借多贷的会计分录不能清晰地反映各账户之间的对应关系，不利于查对账目。在某些特殊情况下，如果某项经济业务本身需要专门编制“多借多贷”的会计科目时，为了完整反映该项经济业务全貌，可以采用“多借多贷”的会计科目对应关系，不必人为地为保证“一借多贷”或“一贷多借”而将业务涉及的会计科目分开，但也不能为了简单而把类型不同的业务合并编制会计分录，填制在一张凭证上。

15. B

16. D

17. D

【解析】在资产类账户中，其借方记录资产的增加额，贷方记录资产的减少额。在同一会计期间（年、月），借方记录的合计数额称为本期借方发生额，贷方记录的合计数称为本期贷方发生额，在每一会计期间的期末将借贷方发生额相比较，其差额称为期末余额。资产类账户的期末余额一般在借方。

18. B

19. C

20. D

【解析】对账户余额进行试算平衡是依据“资产=负债+所有者权益”。“有借必有贷，借贷必相等”的记账规则为发生额试算平衡的依据。

21. D

【解析】总分类账户与明细分类账户平行登记的要点包括方向相同、期间一致和金额相等。方向相同，即总分类账户记入借方，明细分类账户也记入借方，总分类账户记入贷方，明细分类账户也记入贷方；期间相同，即必须在同一会计期间（如同一个月、同一个季度、同一年度）全部登记入账；金额相等，即总分类账户借方（贷方）发生额=所属明细分类账户借方（贷方）发生额之和，总分类账户借方（贷方）余额=所属明细分类账户借方（贷方）余额之和。

四、多项选择题

1. ABC

【解析】账户是根据会计科目设置的，具有一定格式和结构，用于反映会计要素的增减变动情况及其结果的载体。会计账户一般应包括的内容有：第一，账户的名称，即会计科目；第二，日期和摘要，即记载经济业务的日期和概括说明经济业务的内容；第三，增加方和减少方的金额及余额；第四，凭证号数，即说明记载账户记录的依据。

2. ABC

【解析】复式记账法的优点是对发生的每一项经济业务，都要在两个或两个以上的账户中相互联系地进行分类记录。这样通过账户记录，不仅可以全面、清晰地反映经济业务的来龙去脉，还能全面、系统地反映经济活动的过程和结果。

3. AC

4. AC

【解析】资产类账户一般都是有余额的，如原材料、固定资产等；负债类账户一般也是有余额的，如应付账款、应付职工薪酬、应交税费等；费用类账户都是损益类账户，结转本年利润以后，一般没有余额。

5. ACD

【解析】在借贷记账法下，账户借方登记的内容包括资产的增加和负债的减少。在借贷记账法下，所有账户的结构是借方在左边、贷方在右边。然而，反映会计要素数量变化的借方或贷方增减的性质并不是固定的。在资产类账户中，借方记录资产的增加，贷方记录资产的减少。在同一会计期间（年、月），借记总额称为当期借记金额，贷记总额称为当期贷记金额。

6. ACD

【解析】会计分录的要素包括以下三个方面：第一，记账方向。记账方向以借和贷表示。它是以“借”“贷”作为记账符号，反映各项会计要素增减变动情况的一种记账方法，也是各种复式记账方法中应用最广泛的一种方法。第二，会计账户和会计科目。会计账户是根据会计科目开设的，具有一定的结构，用来系统、连续地记载各项经济业务的一种手段。会计科目是对会计要素对象的具体内容进行分类核算的类目。第三，记账金额是指会计工作人员根据凭证信息对所发生的业务金额进行记录。

7. AD

8. AC

9. CD

10. AC

【解析】严格来说，所有业务在借贷记账法下对账户期末余额都会产生影响。借贷记账法是一种复式记账方法，它以会计等式为记账原则，借方和贷方为记账符号，以反映经济业务的变化。借贷记账法的记账规则可以概括为“有借必有贷，借贷必相等”。准确地说，借贷记账法下基本上没有不被影响的科目。随着商品经济的发展，借贷记账法被广泛使用，记账的主体不再局限于债权人的债权债务关系，而是扩大到记录财产、物资的增减以及经营损益。借贷记账法代表的内容应包括所有经济活动中资金流动的来龙去脉。

11. ABC

12. CD

13. ABC

【解析】试算平衡不能发现的错误包括：第一，错误科目。借方发生额和贷方发生额相等，因此不能通过试算平衡发现错误。第二，金额少记。借贷金额相等，不能通过试算平衡发现错误。第三，方向记反，但借方发生额与贷方发生额相等，也不能通过试算平衡发现。

14. ABC

【解析】一笔会计分录主要包括三个要素：会计科目、记账符号和金额。因此，编制会计分录时必须考虑分析：第一，该项经济业务事项涉及哪些科目；第二，这些科目属于哪一类账户（资产类、负债类、所有者权益类、收入类、费用类），是增加还是减少，应该记在账户的借方还是贷方；第三，确认发生增减变动的金额是多少；第四，分录编制后，还必须检查编制的会计分录是否符合借贷记账法“有借必有贷，借贷必相等”的记账规则。

15. ABC

五、简答题

1. 记账方法按记账方式不同可以分为几种？分别是什么？

记账方法按记账方式的不同可以分为单式记账法和复式记账法两种方法。

单式记账法是指对一项经济业务的发生只在一个账户中进行记录的记账方法。复式记账法是指对发生的每一项经济业务都要以相等的金额同时在相互联系的两个或两个以上的账户中进行登记的一种记账方法。复式记账法主要有借贷记账法、增减记账法和收付记账法。目前，世界各国普遍采用的复式记账法是借贷记账法。

2. 复式记账法有哪些特点？

（1）对发生的每一项经济业务，复式记账法都要在两个或两个以上账户中相互联系地进行分类记录，可以反映每项经济业务的来龙去脉。

（2）由于每项经济业务发生后，都是以相等的金额在有关的账户中登记，因此复式记账法可以检查每笔经济业务是否合理、合法。复式记账法可以对账户记录的结果进行试算平衡。

六、计算题

1. 应归属的会计科目如表 3-3 所示。

表 3-3　应归属的会计科目　　单位：元

（1）库存现金	1 000	（2）银行存款	300 000
（3）原材料	19 000	（4）固定资产	900 000
（5）固定资产	800 000	（6）实收资本	1 755 000
（7）应收账款	80 000	（8）短期借款	120 000
（9）库存商品	50 000	（10）应付账款	350 000
（11）盈余公积	75 000	（12）累计折旧	150 000

2. 风发公司 202×年 12 月 31 日有关账户的部分资料如表 3-4 所示。

表 3-4　风发公司 202×年 12 月 31 日有关账户的部分资料　　单位：元

账户名称	期初余额		本期发生额		期末余额	
	借方	贷方	借方	贷方	借方	贷方
长期投资	800 000		440 000	20 000	1 220 000	
银行存款	120 000		220 000	160 000	180 000	
应付账款		160 000	140 000	120 000		140 000
短期借款		90 000	50 000	20 000		60 000
应收账款	80 000		60 000	10 000	40 000	
实收资本		700 000	0	540 000		1 240 000

七、业务题

（1）借：银行存款　　200 000
　　　贷：实收资本　　200 000
（2）借：固定资产　　40 000
　　　贷：银行存款　　40 000
（3）借：原材料　　15 000
　　　贷：应付账款　　15 000
（4）借：库存现金　　2 000
　　　贷：银行存款　　2 000
（5）借：银行存款　　20 000
　　　贷：短期借款　　20 000

（6）借：应付账款 35 000

　　贷：银行存款 35 000

（7）借：生产成本 12 000

　　贷：原材料 12 000

（8）借：短期借款 30 000

　　贷：银行存款 30 000

八、案例分析题

本案例表明，总分类账户发生额及余额试算平衡表只是用来检查一定会计期间全部账户的登记是否正确的一种基本方法，只有在所试算期间的经济业务全部登记入账的基础上才能利用该表进行试算平衡。试算平衡表并不是万能的，试算平衡表编制完毕，如果期初余额、本期发生额和期末余额三组数字是相互平衡的，只能说明账务处理过程基本正确，而不能保证账务处理过程万无一失。这是由于通过编制总分类账户发生额及余额试算平衡表可能会发现账务处理过程中的某些问题，如在登记账户过程中，漏记了一笔经济业务的借方或贷方某一方的发生额，将借方或贷方某一方的发生额写多或写少，在记账或从账户向试算平衡表抄列金额的过程中将数字的位次颠倒等。有些在账务处理过程发生的错账，如把整笔经济业务漏记或重记了，在登记账户过程中将借方、贷方金额的记账方向颠倒了，或者记账方向正确但记错了账户等情况，并不会影响试算平衡表的平衡关系。因此，财会人员一定要细心地处理好每一笔经济业务，只有保证每一笔经济业务处理的准确性，才有可能保证总分类账户发生额及余额试算平衡表编制的正确性。

第四章
会计凭证与账簿

学习目标

知识目标：理解并掌握会计凭证与会计财务账簿的概念和分类。
技能目标：具备填制会计凭证、登记会计账簿等的能力。
能力目标：理解会计凭证的作用，理解会计账簿设置的意义，了解账务处理的程序。

学习指导

1. 学习重点
（1）会计核算的具体组织形式。
（2）总分类账和明细分类账的平行登记原则。
（3）记账凭证的填制和审核。
2. 学习难点
（1）原始凭证的种类、填制与审核。
（2）会计凭证的传递与保管。

练习题

一、名词解释

1. 会计凭证

2. 原始凭证

3. 记账凭证

4. 会计凭证的传递

5. 会计账簿

二、判断题

1. 转账支票只能用于转账，而现金支票不仅可以用于提取现金还可以用于转账。（　　）

2. 所有的记账凭证都必须附有原始凭证，否则不能作为记账的依据。（　　）

3. 原始凭证原则上不得外借，其他单位如有特殊原因确实需要使用时，经本单位会计机构负责人、会计主管人员批准，可以外借。（　　）

4. 原始凭证是会计核算的原始资料和重要依据，是登记会计账簿的直接依据。（　　）

5. 发现以前年度记账凭证有错误，不必用红字冲销，直接用蓝字填制一张更正的记账凭证。（　　）

6. 记账凭证填制完经济业务事项后，如有空行，应当自金额栏最后一笔金额数字下的空行处至合计数上的空行处划线注销。（　　）

7. 对真实、合法、合理但内容不够完善、填写有错误的原始凭证，会计机构和会计人员不予接受。（　　）

8. 自制原始凭证都是一次凭证，外来原始凭证绝大多数是一次凭证。（　　）

9. 原始凭证发生的错误，正确的更正方法是由出具单位在原始凭证上更正。（　　）

10. 就现金业务言，目前我国企业设现金日记账和现金总分类账，同时还应设现金明细分类账。（　　）

11. 通用日记账既可以取代记账凭证，也可以取代总分类账。（　　）

12. 货币资金的日记账可以取代其总账。（　　）

13. 明细账应根据其经济业务的特点采用不同格式的账页。（　　）

14. 明细账必须逐日逐笔登记，总账必须定期汇总登记。（　　）

15. 三栏式账簿一般适用于费用、成本等明细账。（　　）

16. 多栏日记账实际上是普通日记账的一种特殊形式。（　　）

17. 结账之前，如果发现账簿中所记文字或数字有过账笔误或计算错误，而记账凭证并没有错，会计人员可以用划线更正法更正。（　　）

18. 总分类账及其明细分类账必须在同一会计期间内登记。（　　）

三、单项选择题

1. 下列选项中，不属于原始凭证基本内容的是（　　）。

A. 填制日期　　B. 经济业务内容

C. 应借应贷科目　　D. 有关人员签章

2. 产品生产领用材料应编制的记账凭证是（　　）。

A. 收款凭证　　B. 付款凭证　　C. 转账凭证　　D. 一次凭证

3. 记账凭证的填制是由（　　）完成的。

A. 出纳人员　　B. 会计人员　　C. 经办人员　　D. 主管人员

4. 记账凭证是根据（　　）填制的。

A. 经济业务　　B. 原始凭证

C. 账簿记录　　D. 审核无误的原始凭证

5. “限额领料单”是一种（　　）。

A. 一次凭证　　B. 累计凭证　　C. 单式凭证　　D. 汇总凭证

6. 将同类经济业务汇总编制的原始凭证是（　　）。

A. 一次凭证　　B. 累计凭证

C. 记账编制凭证　　D. 汇总原始凭证

7. 下列选项中，属于自制原始凭证的有（　　）。

A. 领料单　　B. 购料发票　　C. 运输发票　　D. 银行对账单

8. 企业从银行提取现金 500 元，应编制（　　）。

A. 银行存款的收款凭证　　B. 银行存款的付款凭证

C. 现金的收款凭证　　D. 现金的付款凭证

9. 企业以银行存款归还银行借款的业务，应编制（　　）。

A. 转账凭证　　B. 收款凭证　　C. 付款凭证　　D. 计算凭证

10. 会计凭证按（　　）分类，分为原始凭证和记账凭证。

A. 用途和填制程序　　B. 形成来源

C. 反映方式　　D. 填制方式

11. 下列原始凭证中，属于外来原始凭证的有（　　）。

A. 购货发票　　B. 工资结算汇总表

C. 发出材料汇总表　　D. 领料单

12. 关于现金和银行存款之间相互划转的经济业务，通常（　　）。

A. 不需编制记账凭证　　B. 需编制收款凭证

C. 需编制付款凭证　　D. 需编制转账凭证

13. 把一项经济业务涉及的有关账户分别按每个账户填制一张记账凭证称为（　　）。

A. 一次凭证　　B. 单项记账凭证

C. 复式记账凭证　　D. 借项记账凭证

14. 会计人员对不真实、不合法的原始凭证应当（　　）。

A. 给予受理，但应向单位领导口头报告

B. 给予受理，但应向单位领导书面报告

C. 不予受理

D. 视具体情况而定

15. 原始凭证的金额出现错误，正确的更正方法是（　　）。

A. 由出具单位更正，并在更正处盖章

B. 由取得单位更正，并在更正处盖章

C. 由出具单位重开

D. 由出具单位另开证明，作为原始凭证的附件

16. 记账凭证按其反映的经济内容不同，可以分为（　　）。

A. 单式凭证和复式凭证　　B. 收款凭证、付款凭证和转账凭证

C. 通用凭证和专用凭证　　D. 一次凭证、累计凭证和汇总凭证

17. 租入固定资产备查登记簿按用途分类属于（　　）。

A. 分类账簿　　B. 通用日记账　　C. 备查账簿　　D. 专用日记账

18. 会计人员在结转前发现，在根据记账凭证登记入账时，误将 600 元记成 6 000 元，而记账凭证无误，应采用（　　）。

A. 补充登记法　　B. 划线更正法　　C. 红字更正法　　D. 蓝字登记法

19. 活页账簿与卡片账簿可适用于（　　）。

A. 现金日记账　　B. 总分类账　　C. 通用日记账　　D. 明细分类账

20. 材料明细账的外表形式可采用（　　）。

A. 订本式　　B. 活页式　　C. 三栏式　　D. 多栏式

21. 固定资产明细账的外表形式一般采用（　　）。

A. 三栏式　　B. 数量金额式　　C. 多栏式　　D. 卡片式

22. 企业购进原材料 60 000 元，款项未付。该笔经济业务应编制的记账凭证是（　　）。

A. 收款凭证　　B. 付款凭证　　C. 转账凭证　　D. 以上均可

23. 企业将库存现金送存银行，应填制的记账凭证是（　　）。

A. 库存现金收款凭证　　B. 库存现金付款凭证

C. 银行存款收款凭证　　D. 银行存款付款凭

24. 根据连续反映某一时期内不断重复发生而分次进行的特定业务编制的原始凭证有（　　）。

A. 一次凭证　　B. 累计凭证　　C. 记账凭证　　D. 汇总原始凭证

25. 付款凭证左上角的“贷方科目”可能登记的科目有（　　）。

A.“预付账款”　　B.“银行存款”　　C.“预收账款”　　D.“其他应付款”

26. 必须逐日逐笔登记的账簿是（　　）。

A. 明细账　　B. 总账　　C. 日记账　　D. 备查账

四、多项选择题

1. 下列凭证中，属于原始凭证的有（　　）。

A. 对账单　　B. 产品成本计算单

C. 购货发票　　D. 发出材料汇总表

2. 会计凭证可以（　　）。

A. 记录经济业务　　B. 明确经济责任

C. 登记账簿　　D. 编制报表

3. 会计凭证按用途和填制程序分为（　　）。

A. 原始凭证　　B. 累计凭证　　C. 记账凭证　　D. 转账凭证

4. 收款凭证可以作为出纳人员（　　）的依据。

A. 收入货币资金　　B. 付出货币资金

C. 登记现金日记账　　D. 登记银行存款日记账

5.“发料凭证汇总表”属于（　　）。

A. 原始凭证　　B. 汇总凭证　　C. 一次凭证　　D. 自制凭证

6. 下列选项中，属于一次凭证的原始凭证有（　　）。
   A. 领料单　B. 限额领料单　C. 收料单　D. 销货发票
7. “限额领料单”属于（　　）。
   A. 原始凭证　B. 汇总凭证　C. 一次凭证　D. 自制凭证
8. 各种原始凭证必须具备的基本要素包括（　　）。
   A. 经济业务的摘要内容　B. 应借、应贷的会计科目名称
   C. 有关人员的签章　D. 填制单位的签章
9. 自制原始凭证按填制手续的不同，可分为（　　）。
   A. 累计凭证　B. 汇总原始凭证
   C. 记账编制凭证　D. 一次凭证
10. 收款凭证的贷方科目可能为（　　）科目。
   A. “库存现金”　B. “银行存款”
   C. “主营业务收入”　D. “应收账款”
11. 任何会计主体都必须设置的账簿有（　　）。
   A. 日记账　B. 辅助账簿　C. 总分类账簿　D. 备查账簿
12. 现金、银行存款日记账的账页格式有（　　）。
   A. 三栏式　B. 多栏式　C. 订本式　D. 数量金额式
13. 多栏式明细分类账的账页格式适用于（　　）。
   A. 应收账款明细账　B. 管理费用明细账
   C. 主营业务收入　D. 材料采购
14. 对账的具体内容包括（　　）。
   A. 账证核对　B. 账账核对　C. 账表核对　D. 账内核对
15. 账簿组成的基本内容是（　　）。
   A. 单位名称　B. 账簿封面　C. 账簿扉页　D. 账页
16. 企业到银行提取现金 500 元，此业务应登记（　　）。
   A. 现金日记账　B. 银行存款日记账
   C. 总分类账　D. 明细分类账
17. 明细分类账的登记依据可以是（　　）。
   A. 原始凭证　B. 汇总原始凭证
   C. 记账凭证　D. 汇总记账凭证
18. 银行存款日记账的登记依据可以是（　　）。
   A. 银行存款收款凭证　B. 银行存款付款凭证
   C. 转账凭证　D. 现金付款凭证

五、简答题

1. 简述原始凭证的审核内容。

2. 简述记账凭证的基本内容。

六、业务题

风发公司本月发生如下经济业务：

（1）企业购进甲材料一批，采购价 40 000 元，进项税额 6 800 元，材料已验收入库，款项用银行存款支付。

（2）周华出差预支差旅费 1 000 元，企业以现金支付。

（3）企业销售产品一批，销售价 30 000 元，销项税额 5 100 元，款项已收存银行。

（4）企业用 150 元现金购进办公用品，其中车间使用 50 元，厂部行政管理部门使用 100 元。

（5）周华出差返回，报销差旅费 870 元，余款交回现金。

（6）企业发出甲材料 6 000 元，其中生产 A 产品领用 2 000 元，生产 B 产品领用 3 400 元，车间一般耗用 600 元。

（7）企业收回华源公司所欠账款 12 000 元，存入银行。

（8）企业结转已售产品成本 26 000 元。

要求：（1）根据以上业务判断是应编制收款凭证、付款凭证还是应编制转账凭证。

（2）编制相关会计分录。

七、案例分析题

在手工会计记账的条件下，账簿是会计数据的储存转换器，也是实现内部控制、明确经济责任的重要工具。账簿的运用分为启用、日常登记、错账更正、对账、结账、交接等环节。要使账簿能够及时、有效地提供有用的会计信息，明确相关经济责任，发挥内部控制制度的效用，就必须加强账簿的启用、日常登记、错账更正、对账、结账、交接等环节的规范性；正确填写或登记从账簿封面、扉页到账页的全部内容，及时进行对账、更正错账和结账；在记账人员更换时，要按相关要求办理相关的财物和账簿交接手续，在盘存相关财物后，填制财物交接清册，并在相关账簿的扉页上详尽记录相关交接内容，履行相关交接手续。

2022 年 12 月 7 日，羽飞公司的 M（此前，M 已于 2022 年 9 月 1 日开始出任了 3 个月的出纳员工作。当时的启用财务负责人为 Y，此前的出纳员为 X）被调离了出纳岗位，接任材料会计工作，新接任出纳工作的是 L，前任材料会计为 W。M 和 W 对各自的原工作做了他们认为必要的处理，并办理了交接手续，办理完交接手续后现金日记账和材料明细账的扉页及相关账页资料如下：

现金日记账的扉页如表 4-1 所示。

表 4-1　现金日记账的扉页——账簿使用登记表

单位名称	羽飞公司			
账簿名称	现金日记账			
册次及起止页数	自壹页起	至	壹百页止	共壹百页
启用日期	2022 年 1 月 1 日			
停用日期	年　月　日			
经管人员姓名	接管日期	交出日期	经管人员盖章	会计主管人员盖章
M	2022 年 9 月 1 日	2022 年 12 月 7 日	M、L	Y
备考				

单位公章　　羽飞公司财务专用章

原材料明细账的扉页如表 4-2 所示。

表 4-2　原材料明细账的扉页——账簿使用登记表

单位名称	羽飞公司			
账簿名称	原材料明细账			
册次及起止页数	自壹页起	至	页止	共　　页
启用日期	2022 年 1 月 1 日			
停用日期	年　月　日			
经管人员姓名	接管日期	交出日期	经管人员盖章	会计主管人员盖章
W	2022 年 3 月 5 日	2022 年 12 月 7 日	W	Y
M	2022 年 12 月 7 日	2022 年 12 月 31 日	M	Y
备考				

单位公章　　羽飞公司财务专用章

现金日记账如表 4-3 所示。

表 4-3　现金日记账

年		凭证		摘要	对方科目	借方	贷方	借或贷	余额
月	日	种类	号数						
9	1		略	期初余额					5 000
	2		略	零星销售	主营业务收入	8 000			13 000
	12		略	报销旅费	管理费用		5 000		8 000

表4-3(续)

年		凭证		摘要	对方科目	借方	贷方	借或贷	余额
月	日	种类	号数						
	13		略	零星销售	主营业务收入	5 000			13 000
	13		略	付广告费	营业费用		4 000		9 000

要求：指出M处理的不当之处，并加以纠正。

练习题参考答案

一、名词解释

1. 会计凭证简称凭证，是记录经济业务、明确经济责任，并据以登记账簿的书面证明。

2. 原始凭证是指在经济业务发生时填制或取得的，载明经济业务具体内容和完成情况的书面证明。原始凭证是进行会计核算的原始资料和主要依据。

3. 记账凭证是指以审核无误的原始凭证为依据，填写借贷科目及金额等相关信息用来确定会计分录，并据以登记账簿的书面文件。记账凭证是会计分录的主要载体，也是登记账簿的直接依据。

4. 会计凭证的传递是指凭证从取得或填制时起，经过审核、记账、装订到归档保管时止，在单位内部各有关部门和人员之间按规定的时间、路线办理业务手续和进行处理的过程。

5. 会计账簿是指以会计凭证为依据，由若干具有专门格式、相互联结的账页组成，序时、连续、系统、全面地反映和记录会计主体经济活动全部过程的簿籍。

二、判断题

1. ×

【解析】转账支票只能用于转账，而现金支票只能用于提取现金不能用于转账。

2. ×

【解析】根据《会计基础工作规范》的要求，所有记账凭证都必须附原始凭证，只有两种情况例外：第一，结账的记账凭证；第二，更正错误的原始凭证。

3. ×

【解析】原始凭证不得外借。其他单位如有特殊原因确实需要使要原始凭证时，经本单位会计机构负责人、会计主管人员批准，可以复制。向外单位提供的原始凭证复制件，应在专设的登记簿上登记，并由提供人员和收取人员共同签名、盖章。单位负责人批准后可以复制的是会计档案。原始凭证比较特殊，需要由会计机构负责人、会计主管人员批准才可以复制。根据《会计档案管理办法》的规定，各单位的会计档案不得借出。如有特殊需要，经本单位负责人批准，可以提供查阅或复制，并办理登记手续。

4. ×

【解析】原始凭证是会计核算的原始资料和重要依据，记账凭证是登记会计账簿的直接依据。

5. √

6. √

7. ×

【解析】对真实、合法、合理，但内容不够完善、填写有错误的原始凭证，应退回给有关经办人员，由其负责将有关凭证补充完整，更正错误或重开后，再办理正式会计手续。

8. ×

【解析】外来原始凭证都是一次凭证，并非所有的自制原始凭证都是一次凭证，如限额领料单是自制原始凭证，属于累计凭证。

9. ×

【解析】原始凭证有错误的，应当由出具原始凭证的单位重开或更正，更正处应当加盖出具原始凭证单位的印章。原始凭证金额有错误的不得更正，只能由出具原始凭证的单位重开。

10. ×

【解析】就现金业务言，目前我国企业设现金日记账和现金总分类账，但不再设置现金明细分类账。

11. √

12. ×

【解析】货币资金包括现金和银行存款。现金日记账及银行存款日记账要求“日清月结”，即每天都要逐笔记录结出当日余额，从日记账中可以知道每日现金余额及银行存款余额。总账是汇总记录，一般一本凭证汇总记一笔，反映不了以上信息。日记账要定期与总账核对，以避免记账错误，并且要求账账相符、账实相符，若日记账取代总账，无法做到账账相符。

13. √

14. ×

【解析】总分类账可以直接根据各种记账凭证逐笔进行登记，也可以通过一定的汇总方式定期或分期汇总登记，这主要取决于各单位采用的账务处理程序。

15. √

16. √

17. √

18. √

三、单项选择题

1. C

2. C

【解析】转账凭证是用来记录除现金、银行存款以外的其他经济业务的记账凭证。在会计中，转账凭证用以编制不涉及“库存现金”和“银行存款”科目的会计分录。涉及“库存现金”或“银行存款”科目的会计分录，应当编制现金凭证或银行凭证(也可以是收款凭证或付款凭证)。产品生产领用材料应编制的记账凭证是转账凭证。产品生产领用材料时，借记“生产成本”，贷记“原材料”。因为生产领用原材料不涉及货币资金业务，所以属于转账业务，填制转账凭证。

3. B

【解析】记账凭证的填制是由会计人员完成的。记账凭证是财会部门根据原始凭证填制，记载经济业务简要内容，确定会计分录，作为记账依据的会计凭证。记账凭证又称分录凭证、记账凭单，是由会计部门根据审核无误的原始凭证或原始凭证汇总表编制，按照登记账簿的要求确定账户名称、记账方向（应借、应贷）和金额的一种记录，是登记明细分类账和总分类账的依据。

4. D

5. B

6. D

7. A

【解析】外来原始凭证是指在经济业务发生或完成时，从其他单位或个人直接取得的原始凭证，如购买原材料取得的增值税专用发票，职工出差报销飞机票、火车票和餐饮费发票等。自制原始凭证是指由本单位有关部门和人员，在执行或完成某项经济业务时填制的，仅供本单位内部使用的原始凭证，如领料单、产品入库单和借款单等。

8. B

9. C

10. A

【解析】会计凭证按其编制程序和用途的不同，分为原始凭证和记账凭证。前者又称单据，是在经济业务最初发生之时即行填制的原始书面证明，如销货发票、款项收据等。后者又称记账凭单，是以审核无误的原始凭证为依据，按照经济业务的内容加以归类，并据以确定会计分录后填制的会计凭证。记账凭证是登入账簿的直接依据，常用的记账凭证有收款凭证、付款凭证、转账凭证等。

11. A

12. C

【解析】为了避免重复记账，对涉及现金和银行存款之间相互划转的经济业务，即从银行提取现金或把现金存入银行的经济业务，统一只编制付款凭证，不编制收款凭证。

13. B

14. C

【解析】本题考核原始凭证的审核。根据规定，会计机构、会计人员对不真实、不合法的原始凭证有权不予受理，并向单位负责人报告，请求查明原因，追究有关当事人的责任。

15. C

16. B

17. C

【解析】备查账簿是对某些在序时账簿和分类账簿等主要账簿中都不予登记或登记不够详细的经济业务进行补充登记时使用的账簿。

18. B

【解析】会计人员在结账前发现账簿记录有文字或数字错误，而记账凭证没有错误，采用划线更正法。更正时，会计人员可在错误的文字或数字上划一条红线，在红线的上方填写正确的文字或数字，并由记账人员及会计机构负责人（会计主管人员）在更正处盖章，以明确责任。划线更正法的具体做法如下：会计人员先在错误的文字或数字上划一条红线，表示注销，划线时必须使原有字迹仍可辨认；之后将正确的文字或数字用蓝字写在划线处的上方，并由记账人员在更正处盖章，以明确责任。对文字的错误，会计人员可以只划去错误的部分，并更正错误的部分；对数字的错误，会计人员应当全部划红线更正，不能只更正其中的个别错误数字。记账凭证中的文字或数字发生错误，在尚未过账前，会计人员也可用划线更正法更正。

19. D

【解析】活页式账簿是指平时使用零散账页记录经济业务，将已使用的账页用账夹夹起来，年末将本年登记的账页装订成册并连续编号的账簿。其优点是便于记账分工，节省账页，并且登记方便；其缺点是账页容易散失和被人为抽换。因此，活页式账簿都适用于明细账。

20. B

21. D

22. C

【解析】因为该业务不涉及现金和银行存款，所以应该编制转账凭证。

23. B

24. B

【解析】累计凭证是指在一定时期内多次记录发生的同类型经济业务的原始凭证。累计凭证是多次有效的原始凭证，即可多次填写使用的凭证。最常见的累计原始凭证是企业为了控制生产成本，在领用材料时填写的限额领料单。

25. B

26. C

四、多项选择题

1. BCD

2. ABC

【解析】会计凭证是指记录经济业务发生或完成情况的书面证明，是登记账簿的依据。每个企业都必须按一定的程序填制和审核会计凭证，根据审核无误的会计凭证进行账簿登记，如实反映企业的经济业务。

3. AC

【解析】会计凭证按其填制程序和用途分为原始凭证与记账凭证。原始凭证又称单据，是指在经济业务发生或完成时取得或填制的，用以记录或证明经济业务的发生或完成情况的原始凭据。原始凭证的作用主要是记载经济业务的发生过程和具体内容。记账凭证又称记账凭单，是指会计人员根据审核无误的原始凭证，按照经济业务的内容加以归类，并据以确定会计分录后填制的会计凭证，作为登记账簿的直接依据。

4. CD

5. ABD

6. ACD

7. AD

8. ACD

【解析】原始凭证的基本内容包括以下几个方面：第一，原始凭证名称及编号；第二，填制原始凭证的日期；第三，接受原始凭证的单位名称；第四，经济业务内容；第五，经济业务的单价、数量和金额；第六，填制单位签章；第七，有关人员签章。

9. ABD

【解析】原始凭证按照填制手续不同，可分为一次凭证、累计凭证和汇总凭证三种。一次凭证是指一次填制完成，只记录一笔经济业务的原始凭证，如收据、领料单、收料单、发货票、借款单、银行结算凭证等。一次性凭证是一次有效的凭证。累计凭证是指在一定时期内多次记录发生的同类型经济业务的原始凭证。累计凭证的特点是在一张凭证内可以连续登记相同性质的经济业务，随时结出累计数及结余数，并按照费用限额进行费用控制，期末按实际发生额记账。累计凭证是多次有效的原始凭证。具有代表性的累计凭证是限额领料单。汇总凭证是指对一定时期内反映经济业务内容相同的若干张原始凭证，按照一定标准综合填制的原始凭证。汇总原始凭证合并了同类型经济业务，简化了记账工作量。常用的汇总原始凭证有发出材料汇总表、工资结算汇总表、差旅费报销单等。

10. CD

11. AC

【解析】任何会计主体都必须设置的账簿有日记账簿、总分类账簿以及明细分类账簿。序时账簿又称日记账，是按照经济业务发生时间的先后顺序逐日、逐笔登记的账簿，主要分为库存现金日记账和银行存款日记账。现金日记账是由出纳人员根据审核无误的现金收付凭证，序时逐笔登记的账簿。银行存款日记账是由出纳人员根据审核无误的银行存款收付凭证，序时逐笔登记的账簿。总分类账簿简称总账，是根据总分类账户开设的，总括地反映某经济活动的账簿。总分类账簿主要为编制财务报表提供直接数据资料，一般采用订本式账簿，通常采用三栏式。明细分类账簿简称明细账，是根据明细分类账户开设的，用来提供明细的核算资料的账簿。明细分类账簿可以采用的格式主要有三栏式明细账。

12. AB

13. BC

14. AB

【解析】所谓对账，就是核对账目。其目的是防止和避免编制记账凭证和登记账簿的差错，以提高会计核算的质量，切实做到账证、账账、账实相符。各单位应定期核对各种账簿记录，以确保会计信息真实可靠。对账的内容主要包括以下几个方面：账证核对应就原始凭证、记账凭证与账簿记录中的各项经济业务核对其内容、数量、金额是否相符以及会计科目是否正确。根据业务量的多少，会计人员可以逐笔核对，也可以抽查核对。如果发现有差错，会计人员应逐步查对到最初的依据，直至查出差错的原因为止。账账核对要求做到账账相符，一般有以下几种方法：第一，检查总分类账户的记录是否有差错。会计人员可以通过编制试算平衡表进行检查，如果借贷双方金额试算平衡，一般来说记账没有错误；如果借贷双方金额不平衡，则说明记账有错误，要做进一步的检查。第二，检查总分类账户与所属明细分类账户之间的记录是否有差错。账实核对要求账簿记录余额与各项财产物资和现金、银行存款以及各种有价证券的实存数核对相符。核对的方法是财产清查。固定资产、材料、在产品、产成品、现金等，均应通过盘点实物，并与账存数核对，看其是否相符。

15. BCD

16. AB

【解析】此项业务涉及库存现金和银行存款两个会计科目，这两个科目不需设置明细分类账，因此选项 D 被排除。

17. ABC

【解析】总账是根据记账凭证汇总表来登记的，明细账是依据记账凭证来登记的，只是逐张登记还是汇总登记的区别而已，而总账是根据明细账汇总发生额来登记的。总账和明细账的登记依据都是记账凭证，但是明细账是逐张逐笔登记。对于总账的登记来说，如果业务少，既可以逐笔登记也可以根据记账凭证汇总表汇总的发生额登记。

18. AB

【解析】现金日记账是由出纳人员根据现金收付款凭证，按照业务发生顺序逐笔登记。每日终了，出纳人员应当计算当日的现金收入合计数、现金支出合计数和结余数，并将结余数与实际库存数核对，做到随时发生随时登记，日清月结，账款相符。银行存款日记账是由出纳人员根据银行存款收付款凭证，按照业务的发生顺序逐笔登记。每日终了，出纳人员应结出余额。银行存款日记账应定期与银行对账单核对，至少每月核对一次，并按月编制银行存款余额调节表。

五、简答题

1. 简述原始凭证的审核内容。

原始凭证的审核内容应该包括：第一，真实性的审查；第二，合法性的审查；第三，合理性的审查；第四，完整性的审查；第五，正确性的审查；第六，及时性的审查。

2. 简述记账凭证的基本内容。

记账凭证的基本内容应该包括：第一，记账凭证的名称；第二，填制记账凭证的日期；第三，记账凭证的编号；第四，经济业务事项的内容摘要；第五，经济业务事项涉及的会计科目及其记账方向；第六，经济业务事项的金额；第七，记账标记；第八，所附原始凭证张数；第九，会计主管、记账、审核、出纳、制单等人员的签章。

六、业务题

(1) 付款凭证。

会计分录	借方	贷方
借：原材料	400 000	
应交税费——应交增值税（进项税额）	6 800	
贷：银行存款		406 800

(2) 付款凭证。

会计分录	借方	贷方
借：其他应收款	1 000	
贷：库存现金		1 000

(3) 收款凭证。

会计分录	借方	贷方
借：银行存款	35 100	
贷：主营业务收入		30 000
应交税费——应交增值税（销项税额）		5 100

(4) 付款凭证。

会计分录	借方	贷方
借：制造费用	50	
管理费用	100	
贷：库存现金		150

(5) 转账凭证。

会计分录	借方	贷方
借：管理费用	870	
贷：其他应收款		870

收款凭证。

会计分录	借方	贷方
借：库存现金	130	
贷：其他应收款		130

(6) 转账凭证。

会计分录	借方	贷方
借：生产成本——A 产品	2 000	
——B 产品	3 400	
制造费用	600	
贷：原材料		6 000

(7) 收款凭证。

会计分录	借方	贷方
借：银行存款	12 000	
贷：应收账款		12 000

(8) 转账凭证。

会计分录	借方	贷方
借：主营业务成本	26 000	
贷：库存商品		26 000

七、案例分析题

错误 1：M 是 2022 年 9 月 1 日接任出纳工作的，但在现金日记账的扉页中没有 M 接任出纳工作前的相关记录及 M 接任时的账簿交接记录。

错误 2：在原材料明细账的扉页中，W 的接管日前的账簿使用人与接管日不明，M 交出日期为 2022 年 12 月 31 日不一定正确，2022 年 12 月 31 日尚未到，2022 年 12 月 31 日会计主管人员 Y 的监交记录不应该有。

错误 3：在现金日记账中，2022 年 9 月 1 日的现金结余数是 5 000 元，在 2022 年 9 月 12 日报销差旅费时全部支出，从 2022 年 9 月 1 日至 9 月 13 日，羽飞公司没有从银行提取现金，但 2022 年 9 月 13 日又从企业金库中支取现金 4 000 元，M 至少坐支现金 4 000 元，违反了有关现金管理的规定。

第五章
货币资金及应收款项

学习目标

知识目标：理解并掌握货币资金的会计处理、应收账款核算的总价法。

技能目标：能够运用本章所学知识对货币资金、应收账款、应收票据、预付及其他应收款、坏账等内容进行正确的账务处理。

能力目标：理解并掌握货币资金、应收款项以及坏账的概念与会计核算。

学习指导

1. 学习重点

（1）现金管理的主要内容与库存现金核算、库存现金清查。

（2）银行结算制度的主要内容、银行存款核算与核对。

（3）其他货币资金核算。

（4）应收账款、应收票据、预付账款、其他应收款以及坏账核算。

2. 学习难点

（1）应收账款核算中商业折扣与现金折扣的会计处理。

（2）坏账的会计处理。

练习题

一、名词解释

1. 坐支

2. 未达账项

3. 现金折扣

4. 备抵法

5. 存出投资款

6. 其他应收款

二、判断题

1. 货币资金包括库存现金、银行存款和其他货币资金。（　　）

2. 企业不得从本单位的现金收入中直接支付现金。（　　）

3. 关于现金短缺的情形，属于应由责任人赔偿或保险公司赔偿的部分，计入其他应收款；属于无法查明的其他原因，计入营业外支出。（　　）

4. 对于库存现金业务而言，目前我国企业设置库存现金日记账和现金总分类账，同时还应设置库存现金明细分类账。（　　）

5. 银行本票可以用于转账，注明“现金”字样的银行本票也可用于支取现金。（　　）

6. 按照我国企业会计准则的要求，企业在销售商品时产生的现金折扣在实际发生时冲减企业的销售收入。（　　）

7. 企业从银行提取现金，登记库存现金日记账的专用记账凭证是库存现金收款凭证。（　　）

8. 银行存款余额调节表是调节银行存款日记账账面余额的原始凭证。（　　）

9. 托收承付结算形式不能用于同城结算。（　　）

10. 现金清查包括两部分：一是出纳每日终了进行账款核对，二是清查小组定期和不定期的清查。（　　）

11. 企业在银行开户后，除按核定的限额保留库存现金外，超过限额的现金必须存入银行。（　　）

12. 企业可以根据经营需要，在一家或几家银行开立基本存款账户。（　　）

13. 企业将银行日记账余额与银行对账单余额进行核对，发现有未达账项应当编制银行存款余额调节表，并依据银行存款调节表调节的内容进行对应的账务处理，以达到账实相符。（　　）

14. 在资产负债表上，应收账款应按扣除坏账准备后的账面价值反映。（　　）

15. 坏账准备一经计提，以后各期不得转回。（　　）

三、单项选择题

1. 下列选项中，不属于库存现金使用范围的是（　　）。

A. 职工工资、职工福利费

B. 根据国家规定颁发给个人的科学技术、文化艺术、体育等各种奖金

C. 出差人员必须随身携带的差旅费

D. 结算起点 1 000 元以上的大额支出

2. 下列选项中，不属于货币资金的是（　　）。

A. 银行存款　　B. 外埠存款

C. 银行本票存款　　D. 银行承兑汇票

3. 职工出差预支差旅费，企业应借记（　　）账户，贷记“库存现金”账户。

A. “其他应收款”　　B. “管理费用”

C. “其他应付款”　　D. “销售费用”

4. 企业在现金清查时，如果发现现金溢余，应贷记（　　）科目。

A. “其他应收款”　　B. “待处理财产损溢”

C. “库存现金”　　D. “其他应付款”

5. 在我国适用于国际结算的结算方式是（　　）。

A. 信用卡结算方式　　B. 银行汇票结算方式

C. 信用证结算方式　　D. 托收承付结算方式

6. 下列结算方式中，只能用于同一票据交换区域内的是（　　）结算方式。

A. 汇兑　　B. 托收承付　　C. 银行本票　　D. 银行汇票

7. 银行汇票的提示付款期为自出票日起（　　）。

A. 3 个月　　B. 4 个月　　C. 1 个月　　D. 6 个月

8. 支票的提示付款期为自出票日起（　　）。

A. 3 日　　B. 10 日　　C. 5 日　　D. 6 日

9. 商业汇票的付款期限最长不得超过（　　）。

A. 3 个月　　B. 6 个月　　C. 9 个月　　D. 1 年

10. 银行本票的提示付款期限一般为自出票日起最长不得超过（　　）。

A. 2 个月　　B. 1 个月　　C. 15 天　　D. 10 天

11. 2022 年 9 月 30 日，某企业银行存款日记账账面余额为 216 万元，收到银行对账单的余额为 212.3 万元。经逐笔核对，该企业存在以下记账错误及未达账项：从银行提取现金 6.9 万元，会计人员误记为 9.6 万元；银行为企业代付电话费 6.4 万元，但企业未接到银行的付款通知，尚未入账。9 月 30 日调节后的银行存款余额为（　　）万元。

A. 225.1　　B. 218.7　　C. 205.9　　D. 212.3

12. 下列选项中，在确认销售收入时不影响应收账款入账金额的是（　　）。

A. 销售价款　　B. 增值税销项税额

C. 代垫的运费　　D. 商业折扣

13. 下列选项中，按照有关规定，销售企业应当作为财务费用处理的是（　　）。

A. 购货方获得的现金折扣　　B. 购货方获得的商业折扣

C. 购货方获得的销售折让　　D. 购货方发生的销售退回

14. 某企业为增值税一般纳税人，本月销售一批商品，取得的货物增值税专用发票上注明的价款为 50 万元，适用的增值税税率为 13%，为购买方代垫装卸费 5 000 元，款项尚未收回。该企业应确认的应收账款为（　　）万元。

A. 57　　B. 50　　C. 56.5　　D. 50.5

15. 某企业 2022 年年末应收账款余额为 50 万元，“坏账准备”科目年末结账前借方余额为 1 000 元。假设该企业按应收账款余额的 0.5%计提坏账准备，则该企业年末应计提坏账准备（　　）元。

A. 1 000　　B. 2 500　　C. 3 500　　D. 1 500

16. 在会计实务中，如果企业的预付款项不多，可以不设置“预付账款”科目，将预付的货款记入（　　）科目的借方。

A. “其他应收款”　　B. “应付账款”

C. “预收账款”　　D. “应收账款”

17. 企业应收票据的利息收入应计入（　　）科目。

A. “制造费用”　　B. “管理费用”　　C. “销售费用”　　D. “财务费用”

18. “预付账款”账户的期初余额为借方 3 000 元，本期借方发生额 8 000 元，本期贷方发生额 7 000 元，该账户的期末余额为（　　）。

A. 借方 4 000 元　　B. 贷方 8 000 元

C. 贷方 5 000 元　　D. 借方 5 000 元

19. 某公司办公室用现金支票购买办公用品，其会计分录为（　　）。

A. 借：管理费用
　　贷：库存现金

B. 借：库存商品
　　贷：银行存款

C. 借：银行存款
　　贷：管理费用

D. 借：管理费用
　　贷：银行存款

20. 某企业支付的下列款项中，可以使用库存现金进行支付的是（　　）。

A. 广告费 1 500 元

B. 向农民（个人）收购农副产品 6 000 元

C. 车间办公费 2 000 元

D. 财务部购买账簿 1 200 元

四、多项选择题

1. 企业在现金清查中发现有待查明原因的现金短缺或溢余，已按管理权限批准。下列选项中，有关会计处理正确的是（　　）。

A. 属于无法查明原因的现金溢余，应借记“待处理财产损溢”科目，贷记“营业外收入”科目

B. 属于应由保险公司赔偿的现金短缺，应借记“其他应收款”科目，贷记“待处理财产损溢”科目

C. 属于应支付给有关单位的现金溢余，应借记“待处理财产损溢”科目，贷记“其他应付款”科目

D. 属于无法查明原因的现金短缺，应借记“营业外支出”科目，贷记“待处理财产损溢”科目

2. 下列选项中，应通过其他货币资金核算的有（　　）。

A. 外埠存款　　B. 存出投资款

C. 银行本票存款　　D. 信用证保证金存款

3. 下列未达账项中，会导致企业银行存款日记账余额小于银行对账单余额的有（　　）。

A. 企业送存支票，银行尚未入账

B. 企业开出支票，银行尚未支付

C. 银行代付款项，企业尚未接到付款通知

D. 银行代收款项，企业尚未接到收款通知

4. 下列选项中，属于银行转账结算方式的有（　　）。

A. 支票　　B. 银行本票　　C. 商业汇票　　D. 托收承付

5. 下列选项中，会引起其他货币资金发生变动的是（　　）。

A. 企业销售商品收到商业汇票

B. 企业用银行本票购买办公用品

C. 企业将款项汇往外地开立采购专用账户

D. 企业为购买基金将资金存入在证券公司指定银行开立的投资款专户

6. 下列选项中，关于银行存款业务的表述中，不正确的是（　　）。

A. 企业单位信用卡存款账户可以存取现金

B. 企业信用证保证金存款余额不可以转存其开户行结算户存款

C. 企业银行汇票存款的收款人不得将其收到的银行汇票背书转让

D. 企业外埠存款除采购人员可从中提取少量现金外，一律采用转账结算

7. 下列选项中，应通过“其他应收款”科目进行核算的是（　　）。

A. 应收保险公司的赔款

B. 代购货单位垫付的运杂费

C. 应收出租包装物租金

D. 应向职工收取的各种垫付款

8. 对于采用备抵法核算坏账损失的企业而言，下列选项中，应计提坏账准备的项目包括（　　）。

A. 其他应收款　　B. 预收账款　　C. 应收账款　　D. 应收票据

9. 下列选项中，在“应收票据”科目中核算的项目是（　　）

A. 银行汇票　　B. 银行本票

C. 银行承兑汇票　　D. 商业承兑汇票

10. 银行存款日记账是根据（　　）逐日逐笔登记的。

A. 银行存款收款凭证　　B. 银行存款付款凭证

C. 库存现金收款凭证　　D. 银行对账单

11. 企业取得银行承兑汇票时，应当构成应收票据入账金额的有（　　）。

A. 销售商品收入　　B. 应收取的增值税税款

C. 替购买方垫付的保险费　　D. 销售商品的检验费

12. 下列选项中，会影响工业企业应收账款入账金额的有（　　）。

A. 销售商品的价款　　B. 应收取的增值税销项税额

C. 销售商品发生的现金折扣　　D. 销售商品发生的商业折扣

13. 下列关于预付账款的表述中，正确的有（　　）。

A. 预付账款属于资产

B. 预付账款是因为购货等行为发生的

C. 预付款项不多的企业可以将预付的款项记入“应收账款”的贷方

D. 预付账款的减少是在企业收到购买商品时

14. 下列选项中，会导致企业应收账款账面价值减少的是（　　）。

A. 实际发生坏账损失　　B. 收回应收账款

C. 计提应收账款坏账准备　　D. 收回已转销的应收账款

五、简答题

1. 简述货币资金的概念与内容。

2. 简述我国会计准则要求采用备抵法来处理坏账损失的原因。

六、业务题

1. 某企业销售人员李林出差，预借差旅费 5 000 元，以库存现金支付。李林出差归来报销差旅费 4 350 元，余款退回。

要求：根据上述资料编制相关会计分录。

2. 某企业为增值税一般纳税人，本月销售商品一批，商品标价为 200 万元（不含税），因为是批量购买，所以给予购买方 10%的商业折扣。企业按折扣后的金额开具了增值税专用发票，适用的增值税税率为 13%。同时，企业为购买方垫付包装费 1 万元，保险费 0. 5 万元，款项尚未收回。

要求：根据上述资料编制相关会计分录。

3. 某企业为增值税一般纳税人企业，适用的增值税税率为13%。2022 年 10 月，该企业发生下列经济业务：

（1）10 月 5 日，该企业销售给 A 公司产品一批，增值税专用发票上注明的价款为 400 000 元，增值税税额为 52 000 元。该企业收到 B 公司开来的已承兑商业汇票一张，期限为 1 个月。

（2）10 月 8 日，该企业销售给 C 公司产品一批，增值税专用发票上注明的价款为 200 000 元，增值税税额为 26 000 元，产品已被购货方提走，但款项尚未收到。

（3）10 月 12 日，该企业销售给 T 公司产品一批，增值税专用发票上注明的价款为 300 000 元，增值税税额为 39 000 元，收到 T 公司开来的承兑期限为 60 天的商业汇票一张，年利率为 6%。

（4）10 月 15 日，Y 公司于本年 6 月 15 日签发给该企业的银行承兑汇票本日到期。该汇票的面值为 585 000 元，年利率为 6%，期限为 4 个月，该企业持票到银行办理进账，款项存入银行。

（5）10 月 26 日，由 H 公司于本年 8 月 26 日开出购买该企业产品的商业承兑汇票（不带息）本日到期，该汇票的面值为 800 000 元，因 H 公司无款支付，汇票被退回。

要求：编制上述业务的相关会计分录。

4. 某公司 2019 年年末应收账款余额为 1 000 万元，采用备抵法按 5%计提坏账准备；2020 年年末应收账款余额为 1 600 万元；2021 年发生坏账 100 万元，当年年末应收账款余额为 2 100 万元；2022 年收回 2021 年发生的 100 万元坏账，2022 年年末应收账款余额为 1 200 万元。

要求：根据上述资料编制相关会计分录。

七、案例分析题

某企业 2022 年 10 月 31 日的银行存款日记账余额为 94 508. 10 元，包括 10 月 28 日、29 日和 30 日分别已收但尚未送存银行的款项 15 000 元。10 月 31 日银行对账单的余额为 81 722. 05 元，包括企业尚未登记的银行托收的票据 6 000 元和利息 150 元。直至 10 月 31 日尚未兑现的支票见表 5-1。

表 5-1　尚未兑现的支票

支票号	金额/元	支票号	金额/元
#60	581.25	#331	953.55
#100	750	#386	1 034
#160	1 266.25	#405	726.4

10 月初，该企业的出纳王某提出辞职。企业经过审核之后同意王某辞职，但王某必须在 11 月初才能离开出纳工作岗位。王某在离职之前编制了 10 月 31 日的银行存款余额调节表，见表 5-2。

表 5-2　银行存款余额调节表　　单位：元

项目	金额
公司银行存款日记账余额	94 508.1
加：未兑现支票	
#331	953.55
#386	1 034
#405	726.4
减：已收尚未送存的款项	15 000
银行对账单余额	81 722.05
减：银行托收票据及利息	6 150
10 月 31 日实有银行存款余额	75 572.05

要求：

（1）王某是否挪用了企业的资金？如果挪用了，挪用的金额是多少？

（2）王某可能采用了哪些手段挪用资金？

（3）企业应该如何加强对银行存款的管理？

练习题参考答案

一、名词解释

1. 坐支是指有现金收入的单位，从本单位收入的现金中直接支付现金的做法。

2. 未达账项是指由于企业与银行取得凭证的实际时间不同，导致记账时间不一致，发生的一方已取得结算凭证且已登记入账，而另一方未取得结算凭证尚未入账的款项。

3. 现金折扣是指在赊销方式的交易中销售方为鼓励采购方在约定期限内提早付款而提供的付款优惠。

4. 备抵法是指在每一会计期间，先估计坏账损失，记入信用减值损失，同时建立坏账准备，待坏账实际发生时，根据其金额冲减坏账准备，同时转销相应的应收账款。

5. 存出投资款是指企业已存入证券公司但尚未购买股票、基金等投资对象的款项。企业在向证券市场进行股票、债券投资时，应向证券公司申请资金账号并划出资金。企业应按实际划出的金额，借记“其他货币资金——存出投资款”科目，贷记“银行存款”科目。企业购买股票、债券时，应按实际支付的金额，借记“交易性金融资产”等科目，贷记“其他货币资金——存出投资款”科目。

6. 其他应收款是指企业除应收票据、应收账款、预付账款、应收股利、应收利息、长期应收款、存出保证金等以外的各种应收及暂付款项，包括各种应收赔款、备用金、应收包装物租金以及应收的各种赔款、罚款和应向职工收取的各种垫付款项等。企业发生的拨出用于投资的各种款项，在尚未进行投资之前，属于企业的其他货币资金，不属于其他应收款的范围。

二、判断题

1. √

2. √

3. ×

【解析】对于现金短缺的情形而言，属于应由责任人赔偿或保险公司赔偿的部分，计入其他应收款；属于无法查明的其他原因，计入管理费用。

4. ×

【解析】目前，我国企业应当设置库存现金总分类账和库存现金日记账，分别进行库存现金的总分类核算和明细分类核算。

5. √

6. ×

【解析】根据我国企业会计准则的规定，销售货物涉及现金折扣的，应当以扣除现金折扣前的金额记录作为应收账款的入账价值；现金折扣在实际发生时计入“财务费用”科目，不能冲减企业的销售收入。

7. ×

【解析】企业涉及“库存现金”和“银行存款”之间的相互划转业务，如将现金存入银行或从银行提取现金，为了避免重复记账，一般只填制付款凭证，不再填制收款凭证。因此，企业从银行提取现金，登记库存现金日记账的专用记账凭证应该是银行存款付款凭证。

8. ×

【解析】银行存款余额调节表只能起到核对账目的作用，不得用于调整企业银行存款账面余额，不属于原始凭证。

9. √

10. √

11. √

12. ×

【解析】根据《人民币银行结算账户管理办法》的规定，一家单位只能选择一家银行申请开立一个基本存款账户。

13. ×

【解析】银行存款余额调节表只是一个核对账目的工具，不是原始凭证，不能依据银行存款余额调节表调整账目。

14. √

15. ×

【解析】企业计提的坏账准备在影响减值的因素消失时，可以在原计提金额内进行转回。

三、单项选择题

1. D

【解析】根据《现金管理条例》的规定，开户单位之间的经济往来，除了按该条例规定的范围可以使用现金外，应当通过开户银行进行转账结算。现金的使用范围如下：

（1）职工工资、津贴。

（2）个人劳务报酬。

（3）根据国家规定颁发给个人的科学技术、文化艺术、体育等各种资金。

（4）各种劳保、福利费用以及国家规定的对个人的其他支出。

（5）向个人收购农副产品和其他物资的价款。

（6）出差人员必须随身携带的差旅费。

（7）结算起点以下的零星支出。

（8）中国人民银行确定需要支付现金的其他支出。

《现金管理条例》规定的结算起点为1 000元。

2. D

【解析】货币资金包括库存现金、银行存款和其他货币资金。其他货币资金主要包括银行汇票存款、银行本票存款、信用卡存款、信用证保证金存款、存出投资款、外埠存款等。银行承兑汇票是商业汇票的一种，不是货币资金。

3. A

4. B

【解析】现金溢余相关账务处理如下：企业发现现金溢余时，借记“库存现金”科目，贷记“待处理财产损溢——待处理流动资产损溢”科目；原因不明，经批准计入营业外收入时，借记“待处理财产损溢——待处理流动资产损溢”科目，贷记“营业外收入”科目。

5. C

6. C

【解析】A 选项汇兑结算方式适用于异地之间的各种款项结算。B 选项托收承付是根据购销合同由收款人发货后委托银行向异地付款人收取款项，由付款人向银行承认付款的结算方式。D 选项银行汇票多用于办理异地转账结算和支取现金。C 选项银行本票只能用于同一票据交换区域。

7. C

8. B

9. B

10. A

11. D

【解析】调节后的银行存款余额 = 216+（9.6−6.9）−6.4 = 212.3（万元）

12. D

【解析】应收账款主要包括企业销售商品、产品或提供劳务等应向有关债务人收取的价款、增值税销项税额以及代购货单位垫付的包装费、运杂费等。企业销售商品涉及商业折扣的，应当按照扣除商业折扣后的金额确定销售商品收入的金额。因此，商业折扣不影响应收账款的入账金额。

13. A

14. A

【解析】应收账款的入账金额 = 50×1.13+0.5 = 57（万元）

15. C

【解析】年末应计提的坏账准备 = 1 000+500 000×0.5% = 3 500（元）

16. B

17. D

18. A

【解析】预付账款期末余额 = 3 000+8 000−7 000 = 4 000（元）

19. D

【解析】购买办公用品的支出计入管理费用，现金支票的实质是从企业银行账户中扣款的。

20. B

四、多项选择题

1. ABC

【解析】关于现金短缺的情形，属于应由责任人赔偿或保险公司赔偿的部分，计入其他应收款；属于无法查明的其他原因，计入管理费用。关于现金溢余的情形，属于应支付给有关人员或单位的，计入其他应付款；属于无法查明原因的，计入营业外收入。

2. ABCD

【解析】其他货币资金主要包括银行汇票存款、银行本票存款、信用卡存款、信用证保证金存款、存出投资款、外埠存款等。

3. BD

【解析】选项 A 和选项 C 导致企业银行存款日记账余额大于银行对账单余额。

4. ABCD

5. BCD

【解析】选项 A 通过应收票据核算，不会引起其他货币资金发生变动。选项 B、选项 C、选项 D 分别通过银行本票、外埠存款、存出投资款核算，属于其他货币资金。

6. ABC

【解析】选项 A，企业单位信用卡存款账户不可以存取现金。选项 B，企业信用证保证金存款余额可以转存其开户行结算账户存款。选项 C，企业银行汇票存款的收款人可以将其收到的银行汇票背书转让，但是带“现金”字样的银行汇票不可以。

7. ACD

【解析】代购货单位垫付的运杂费应通过应收账款核算。

8. ACD

【解析】预收账款是指企业向购货方预收的购货订金或部分货款，属于负债。

9. CD

10. AB

11. ABC

【解析】销售产品的检验费计入销售费用。

12. AB

13. ABD

14. BCD

【解析】企业实际发生坏账时，借记“坏账准备”科目，贷记“应收账款”科目，不会影响应收账款的账面价值，选项 A 错误。企业收回应收账款时，借记“银行存款”等科目，贷记“应收账款”科目，减少应收账款的账面价值，选项 B 正确。企业计提应收账款的坏账准备时，借记“信用减值损失”科目，贷记“坏账准备”科目，减少应收账款的账面价值，选项 C 正确。企业收回已转销的应收账款时，借记“应收账款”科目，贷记“坏账准备”科目，同时借记“银行存款”等科目，贷记“应收账款”科目，减少应收账款的账面价值，选项 D 正确。

五、简答题

1. 简述货币资金的概念与内容。

货币资金是指存在于货币形态的资金，是资产负债表的一个流动资产项目，包括库存现金、银行存款和其他货币资金。其他货币资金包括外埠存款、银行汇票存款、银行本票存款、信用证保证金存款、信用卡存款、存出投资款等。

2. 简述我国会计准则要求采用备抵法来处理坏账损失的原因。

备抵法是指在坏账损失实际发生前，依据权责发生制原则估计损失，并同时形成坏账准备，待坏账损失实际发生时再冲减坏账准备。应收账款风险客观存在，备抵法符合收入与费用的配比原则，可以正确反映应收账款的可实现净值，企业利润的报告也较为真实，避免企业的虚盈实亏。与直接注销法相比，备抵法更符合权责发生制和配比原则，也遵循了会计信息的谨慎性原则。

六、业务题

1. 借：其他应收款　　5 000
　　贷：库存现金　　5 000
借：销售费用　　4 350
　　库存现金　　650
　贷：其他应收款　　5 000

2. 销售收入＝2 000 000×（1−10%）＝1 800 000（元）
增值税销项税额＝2 000 000×（1−10%）×0. 13＝234 000（元）
应收账款入账金额＝2 000 000×（1−10%）×1. 13+10 000+5 000＝2 049 000（元）
会计分录编制如下：
借：应收账款　　2 049 000
　贷：主营业务收入　　1 800 000
　　应交税费——应交增值税（销项税额）　　234 000
　　银行存款　　15 000

3.（1）借：应收票据——A 公司　　452 000
　　贷：主营业务收入　　400 000
　　　应交税费——应交增值税（销项税额）　　52 000
（2）借：应收账款——B 公司　　226 000
　　贷：主营业务收入　　200 000
　　　应交税费——应交增值税（销项税额）　　26 000
（3）借：应收票据——C 公司　　339 000
　　贷：主营业务收入　　300 000
　　　应交税费——应交增值税（销项税额）　　39 000
（4）借：银行存款　　596 700
　　贷：应收票据　　585 000
　　　财务费用　　11 700
（5）借：应收账款　　800 000
　　贷：应收票据　　800 000

4.（1）2019 年年底计提坏账准备＝1 000×5%＝50（万元）
借：信用减值损失　　500 000
　贷：坏账准备　　500 000
（2）2020 年年底补提坏账准备＝1 600×5%−50＝30（万元）
借：信用减值损失　　300 000
　贷：坏账准备　　300 000
（3）2021 年发生坏账 100 万元。
借：坏账准备　　1 000 000
　贷：应收账款　　1 000 000

（4）2021 年年末应补提坏账准备 = 2 100×5% -（80-100）= 125（万元）

借：信用减值损失　　1 250 000

　贷：坏账准备　　1 250 000

（5）2022 年收回坏账。

借：应收账款　　1 000 000

　贷：坏账准备　　1 000 000

借：银行存款　　1 000 000

　贷：应收账款　　1 000 000

（6）2022 年年末应冲回坏账准备 = 1 200×5% -（105+100）= -145（万元）

借：坏账准备　　1 450 000

　贷：信用减值损失　　1 450 000

七、案例分析题

（1）银行存款余额调节表如表 5-3 所示。

表 5-3　银行存款余额调节表　　单位：元

项目	金额	项目	金额
企业银行存款日记账余额	94 508. 1	银行对账单余额	81 722. 05
加：银行托收票据及利息	6 150	加：企业已收尚未送存银行款项	15 000
		减：未兑现支票	5 311. 45
调节后余额	100 658. 1	调节后余额	9 140. 6

调节后企业银行存款日记账余额与银行对账单余额的差额即为该企业出纳可能挪用的金额。

（2）该公司出纳员可能采用的手段有收款不入账或没有及时将收到的款项存入银行。

（3）为了加强对银行存款的控制，企业对银行存款的存、取以及转账业务，要建立严格的审批手续，认真审查银行存款的合法性、合理性，并建立严密的内部控制制度。出纳负责银行存款收支业务，保管以及签发支票等票据，登记银行存款日记账。会计负责对银行存款收支业务的审核和登记银行存款总账，定期对银行存款日记账与银行存款总账进行核对。

第六章
存　货

学习目标

知识目标：熟悉存货的概念和内容，理解存货的确认条件与存货清查，掌握存货的购进与发出的会计核算，了解存货跌价准备的计提与转回。

技能目标：存货是企业一项重要的流动资产，能够对企业的存货进行合理的分类，并进行准确的会计核算。

能力目标：熟悉并理解存货在企业整个周转过程，包括存货的购进、领用和期末清查各阶段的价值变动情况。

学习指导

1. 学习重点

(1) 存货的概念与内容。

(2) 外购存货的账务处理。

(3) 发出存货的计价方法与账务处理。

(4) 存货清查。

2. 学习难点

(1) 存货成本的确定。

(2) 存货购进与发出的账务处理。

练习题

一、名词解释

1. 存货

2. 移动加权平均法

3. 账面盘存制

4. 在产品

二、判断题

1. 企业购入材料在运输途中发生的合理损耗应计入材料的采购成本。（　　）

2. 制造业企业销售外购原材料应通过“其他业务收入”和“其他业务成本”科目进行核算。（　　）

3. 企业采用月末一次加权平均法计量发出材料的成本，在本月有材料入库的情况下，物价上涨时，当月月初发出材料的单位成本小于月初发出材料的单位成本。（　　）

4. 在永续盘存制下，不需要对存货进行实地盘点。（　　）

5. 企业存货的成本是指存货的采购成本。（　　）

6. 在通货膨胀发生的时候，先进先出法下的期末结存存货的成本最低。（　　）

7. 企业在存货清查中发现存货盘盈，报经批准处理后，应转入营业外收入。（　　）

8. 采用移动加权平均法计算发出存货成本可以在月度内随时结转发出存货的成本。（　　）

9. 采用实地盘存制，优点是会计核算工作简单，缺点是不能及时反映存货的收、发、存情况。（　　）

10. 在途的材料也应当作为企业的存货来进行核算。（　　）

11. 商品流通企业在采购商品过程中发生的运杂费等进货费用，应当计入存货采购成本。进货费用数额较小的，也可以在发生时直接计入当期费用。（　　）

12. 企业租入包装物支付的押金应计入其他业务成本。（　　）

13. 企业拥有的存货一定存放在本企业。（　　）

14. 盘亏的存货在减去过失人或保险公司等赔偿款和残料价值之后，计入当期的管理费用；属于非常损失的，计入营业外支出。（　　）

15. 先进先出法假设先购入的存货先发出，采用这种方法的工作量大，但可以随时结转存货发出成本，有利于企业日常存货的监管。（　　）

16. 属于非常损失造成的存货毁损，应按该存货的实际成本计入营业外支出。（　　）

17. 企业采用月末一次加权平均法计量发出材料的成本，在本月有材料入库的情况下，物价下降时，当月月初发出材料的单位成本小于月末发出材料的单位成本。（　　）

18. 购入材料在运输途中发生的合理损耗不需单独进行账务处理，属于总成本的一部分。（　　）

三、单项选择题

1. 下列各项支出中，一般纳税人企业不计入存货成本的是（　　）。

A. 购入存货时发生的增值税进项税额

B. 入库前的挑选整理费

C. 购买存货而发生的运杂费

D. 购买存货而支付的进口关税

2. 某制造业企业为增值税一般纳税人，适用的增值税税率为13%。2022 年 12 月 1 日，该企业购入材料一批，增值税专用发票上注明的价款为 50 000 元，增值税税额为 6 500 元，运输途中合理损耗为 2%，支付装卸费为 500 元，材料入库前的挑选整理费为 200 元，材料已验收入库。该企业取得该材料的入账价值为（　　）元。

A. 50 000　　B. 49 700　　C. 50 700　　D. 56 200

3. 某企业为增值税小规模纳税人，5 月 5 日购进一批原材料，取得增值税普通发票，发票上含税价格为 10.3 万元，采购时支付运输费 2 万元，其他相关费用 1 万元，运输途中合理损耗 0.5 万元。该批材料的成本为（　　）万元。

A. 11.7　　B. 13.7　　C. 15.2　　D. 13.3

4. 某企业采用月末一次加权平均法计算发出材料成本。2022 年6 月1 日，该企业结存甲材料 200 件，单位成本 40 元；6 月 15 日，该企业购入甲材料 400 件，单位成本 35 元；6 月 20 日，该企业购入甲材料 400 件，单位成本 38 元。当月，该企业共发出甲材料 500 件。6 月，该企业发出甲材料的成本为（　　）元。

A. 18 500　　B. 18 600　　C. 19 000　　D. 20 000

5. 下列选项中，不属于企业的存货的是（　　）。

A. 尚在加工中的在产品　　B. 款项已支付但尚未运达企业的存货

C. 委托加工的存货　　D. 购货单位已交款但尚未提走的存货

6. 某企业为增值税小规模纳税人，购入甲材料 600 千克，每千克含税单价为 50 元，发生运杂费 2 000 元，运输途中发生合理损耗 10 千克，入库前发生挑选整理费用 450 元。另外，该企业支付材料的保险费 2 000 元，包装物押金 3 000 元。该批甲材料的实际单位成本为（　　）元。

A. 50　　B. 50.85　　C. 54　　D. 58.39

7. 下列各种存货计价方法中，不能随时结转发出存货成本的方法是（　　）。

A. 先进先出法　　B. 移动加权平均法

C. 月末一次加权平均法　　D. 个别计价法

8. 企业存货采用先进先出法计价，在物价上涨的情况下，将会使企业（　　）。

A. 期末存货成本升高，当期利润减少　　B. 期末存货成本升高，当期利润增加

C. 期末存货成本降低，当期利润增加　　D. 期末存货成本降低，当期利润减少

9. 2022 年9 月1 日，某企业的甲材料结存 200 千克，单价为 300 元。9 月 7 日，该企业购入甲材料 350 千克，单价为 310 元。9 月 21 日，该企业购入甲材料 400 千克，单价为 290 元。9 月 28 日，该企业发出甲材料 500 千克。采用先进先出法计价时，9 月甲材料发出成本为（　　）元。

A. 145 000　　B. 150 000　　C. 153 000　　D. 155 000

10. 实际成本法下，企业购进存货尚未入库时，应将其成本计入（　　）。

A. 在途物资　　B. 原材料　　C. 周转材料　　D. 存货

11. 某企业为增值税小规模纳税人，本期外购一批原材料，含税价款为 23 200 元，入库前发生的挑选整理费用为 1 000 元，则该批材料的成本为（　　）元。

A. 20 000　　B. 23 200　　C. 21 000　　D. 24 200

12. 企业在清查存货时发现存货盘盈，报经批准处理后应当（　　）。

A. 计入营业外收入　　B. 冲减管理费用

C. 计入其他业务收入　　D. 冲减销售费用

13. 某公司月初结存甲材料 125 千克，单价 20 元。本月 3 日，该公司购进甲材料 50 千克，单价为 22 元。本月 15 日，该公司购进甲材料 50 千克，单价为 27 元。本月 17 日，该公司领用甲材料 200 千克。如果采用月末一次加权平均法确定发出材料的成本，则期末结存甲材料的成本为（　　）元。

A. 643.5　　B. 900　　C. 550　　D. 575.5

14. 某企业为增值税一般纳税人，本月购进原材料 400 千克，取得的货物增值税专用发票上注明的价款为 24 000 元，适用的增值税税率为 13%，发生的保险费为 1 400 元，入库前发生的整理挑选费用为 520 元。在验收入库时，该企业发现数量短缺 10%。经查，短缺属于运输途中的合理损耗。该企业确定的该批原材料的实际单位成本为（　　）元。

A. 64.8　　B. 66　　C. 74.4　　D. 72

15. 某企业月初结存甲材料 13 吨，单价为 8 290 元。本月购入情况如下：3 日，该企业购入 5 吨，单价为 8 800 元；17 日，该企业购入 12 吨，单价为 7 900 元。本月领用情况如下：10 日，该企业领用 10 吨；28 日，该企业领用 10 吨。如果采用移动加权平均法核算，该企业月末结存甲材料成本为（　　）元。

A. 81 126.70　　B. 78 653.25　　C. 85 235.22　　D. 67 221.33

16. 某企业在财产清查中发现存货的实存数小于账面数，原因待查。对出现的差额，会计人员在调整存货账面价值的同时，应（　　）。

A. 增加营业外收入　　B. 增加待处理财产损溢

C. 增加营业外支出　　D. 增加管理费用

17. 下列关于原材料的相关损失的选项中，应计入营业外支出的是（　　）。

A. 计量差错引起的原材料盘亏　　B. 自然灾害造成的原材料净损失

C. 原材料运输途中发生的合理损耗　　D. 人为责任造成的原材料损失

18. 某企业原材料按实际成本法核算。2022 年 5 月 1 日，该企业结存甲材料 600 千克，单价为 20 元。5 月 15 日，该企业购入甲材料 400 千克，单价为 25 元。5 月 31 日，该企业发出甲材料 700 千克。请分别按月末一次加权平均法和先进先出法计算 5 月发出甲材料的实际成本，两种方法计算的结果相比较，其差额为（　　）元。

A. 900　　B. 450　　C. 600　　D. 400

19. 企业在记录原材料、产成品等存货时，应采用的明细账的账页格式一般是（　　）。

A. 三栏式明细账　　B. 多栏式明细账

C. 横线登记式明细账　　D. 数量金额式明细账

20. 对于购货方而言，在现金折扣期内付款所取得的现金折扣应当（　　）。

A. 冲减财务费用　　B. 计入营业外收入

C. 冲减管理费用　　D. 计入营业外支出

四、多项选择题

1. 企业在进行存货清查时，对盘亏的存货，应先计入“待处理财产损溢”科目，待期末或报经批准后，根据不同的原因分别计入（　　）科目。

A.“管理费用”　　B.“其他应付款”

C.“营业外支出”　　D.“其他应收款”

2. 下列选项中，应当作为企业存货进行核算的有（　　）。

A. 工程物资　　B. 低值易耗品

C. 库存商品　　D. 在产品

3. 下列选项中，一般纳税人企业外购原材料的采购成本包括（　　）。

A. 材料购买价款　　B. 途中合理损耗

C. 增值税进项税额　　D. 外地运杂费

4. 存货计价方法包括（　　）。

A. 先进先出法　　B. 个别计价法

C. 后进先出法　　D. 加权平均法

5. 企业采用实地盘存制，在期末确定实际库存存货数量时应考虑（　　）。

A. 实地盘点存货数量　　B. 已提未销存货数量

C. 在途存货数量　　D. 已销未提存货数量

6. 下列选项中，适合采用数量金额式明细分类账的有（　　）。

A. 原材料明细分类账　　B. 库存商品明细分类账

C. 应收账款明细分类账　　D. 应付账款明细分类账

7. 下列关于发出存货的计价方法的说法中，正确的是（　　）。

A. 月末一次加权平均法可以随时结转存货成本

B. 月末一次加权平均法比移动加权平均法操作简单

C. 先进先出法可以随时结转存货成本

D. 个别计价法适用范围较窄

8. 企业期末进行存货盘点时，发生的下列存货盘亏或毁损中，应将净损失计入管理费用的包括（　　）。

A. 定额内自然损耗　　B. 收发计量差错造成的盘亏

C. 管理不善造成的丢失　　D. 管理不善造成的霉烂变质

9. 下列关于个别计价法的表述中，正确的有（　　）。

A. 假设实物流转与成本流转一致

B. 按照各种存货逐一辨认各批发出存货和期末存货所属的购进批别或生产批别，分别按其购入或生产时确定的单位成本计算各批发出存货和期末存货成本

C. 存货收发频繁的情况下不适宜采用此方法

D. 成本计算准确

10. 一般纳税人企业会计误将当月发生的增值税进项税额计入材料采购成本，其结果会使（　　）。

A. 月末资产增加　　B. 月末利润增加

C. 月末负债增加　　D. 月末财务费用增加

11. 在采用实地盘存制的企业中，如果会计人员错误地低估了本期的期末存货成本，将会（　　）。

A. 高估本期销售成本　　B. 低估本期销售成本
C. 低估本期销售利润　　D. 高估本期销售利润

12. 企业存货数量的确定方法有（　　）。

A. 实地盘存制　　B. 永续盘存制
C. 加权平均法　　D. 先进先出法

13. 下列关于存货清查的表述中，正确的有（　　）。

A. 盘盈的存货净收益一般应计入营业外收入
B. 存货盘盈或盘亏均应通过“待处理财产损溢”科目核算
C. 管理不善造成的存货盘亏净损失应计入管理费用
D. 自然灾害造成的存货盘亏净损失应计入营业外支出

14. 企业外购原材料时，借记“在途物资”或“原材料”账户，可能贷记（　　）账户。

A. “银行存款”　B. “库存现金”　C. “应交税费”　D. “应付账款”

15. 企业期末存货计价过高，可能会导致企业（　　）。

A. 当期利润增加　　B. 当期所得税费用增加
C. 当期销售成本减少　　D. 当期销售成本增加

五、简答题

1. 企业外购存货的成本包括哪些内容？

2. 什么是存货盘盈和盘亏？如何进行会计处理？

六、业务题

1. 某公司 2022 年 5 月购进 A、B 两种材料。购进 A、B 两种材料的具体情况如表 6-1 所示。

表 6-1　购进 A、B 两种材料的具体情况

材料种类	重量/吨	单价/元	买价/元	外地运费/元	装卸费/元
A	25	80	2 000	220	300
B	30	110	3 300	270	

要求：分别计算 A、B 两种材料的总成本和单位成本（注意：装卸费按重量进行分配。保留小数点后两位）。

2. 某公司采用永续盘存制。2022 年 6 月，甲、乙、丙三种材料的期初结存、本期购进和期末结存如表 6-2 所示。

表 6-2　甲、乙、丙三种材料购进及结存情况

材料名称	日期	摘要	数量/件	单位成本/元
甲材料	6 月 1 日	期初结存	350	160
	6 月 8 日	购进	700	152
	6 月 18 日	购进	350	168
	6 月 30 日	期末结存	336	
乙材料	6 月 1 日	期初结存	2 100	32
	6 月 7 日	购进	1 120	34
	6 月 20 0	购进	2 380	32. 8
	6 月 30 日	期末结存	1 680	
丙材料	6 月 5 日	购进	980	220
	6 月 12 日	购进	700	232
	6 月 22 日	购进	1 120	216
	6 月 30 日	期末结存	140	

要求：根据表 6-2 的资料，分别采用先进先出法和月末一次加权平均法计算甲、乙、丙材料的本期发出成本和期末结存材料成本。

3. 某企业为增值税一般纳税人，适用的增值税税率为 13%，采用实际成本进行日常核算。2022 年 5 月，该企业发生以下经济业务：

（1）该企业从光明工厂购入 A 材料 300 千克，不含税单价为 200 元，增值税进项税额为 7 800 元，运费为 200 元。全部款项尚未支付，材料尚在运输途中（假设不考虑与运费有关的增值税）。

（2）该企业以银行存款 30 000 元向中原工厂预付购买 B 材料的货款。

（3）该企业从兴旺工厂购入 C 材料 30 千克，不含税单价为 100 元，增值税进项税额为 390 元；购入 D 材料 50 千克，不含税单价为 200 元，增值税进项税额为 1 300 元，购入材料共发生运费 1 600 元（按材料重量比例分配）。上述款项全部用存款支付，材料尚在运输途中。

（4）该企业以银行存款 68 000 元偿还所欠光明工厂的货款。

（5）该企业从久旺工厂购入 B 材料 50 千克，不含税单价为 120 元，运费为 200 元，增值税进项税额为780 元。该企业承兑 3 个月到期的商业汇票一张，材料尚未运达企业。

（6）该企业收到中原工厂发来的已预付货款的 B 材料 200 千克，不含税单价为 115 元，对方代垫运费 800 元，增值税进项税额为 2 990 元，材料尚未验收入库。同时，该企业收到中原工厂退回多余的货款。

（7）该企业收到南江工厂发来的 A 材料 100 千克，单价为 205 元，代垫运费为 600 元，增值税进项税额为 3 485 元，材料尚未验收入库。货款以上月预付款 20 000 元抵付，剩余部分用银行存款支付。

（8）该企业本月购入的 A、B、C、D 材料均已验收入库，结转其实际成本。

要求：根据上述经济业务编制会计分录。

4. 某企业 2022 年 1 月发生下列业务：

（1）生产车间生产产品领用材料 50 000 元，生产管理部门领用材料 10 000 元，行政管理部门领用材料 6 000 元。

（2）该企业销售原材料一批，售价为 80 000 元，增值税销项税额为 10 400 元，货款尚未收到。该批材料的成本为 50 000 元。

（3）该企业为进行固定资产机器设备安装工程领用生产用原材料 60 000 元。

要求：根据上述经济业务编制会计分录。

七、案例分析题

正在某大学会计学专业就读的王洋暑假期间到某公司财务部实习。在公司会计人员的指导下，王洋的业务实操能力进步很大，把在学校学习到的理论知识运用到实践之中。但是，王洋对有关存货的核算还有些疑问，如他发现公司的存货种类非常多，有点混乱。在学校学习会计专业课时，王洋已经学习了存货一般包括原材料、在产品、产成品、包装物和低值易耗品等。在一次对存货的盘点中，王洋将仓库中的存货一一登记在一张盘存单上，经过汇总之后交给会计。会计仔细察看了盘存单的内容之后，告诉王洋盘存单上所列内容并不是公司的全部存货，王洋觉得有点奇怪。

另外，在确定公司的各种商品明细分类核算的问题时，王洋也感到很为难。他发现公司的商品很多，品种有十几种，每个品种下又有很多不同的规格，但到底是应该按照商品的品种分类进行明细核算还是应该按照商品的规格分类进行明细核算呢？与分类相关的问题还有发出商品如何计价。按照我国企业会计准则的规定，公司可以采用先进先出法、加权平均法和个别计价法对发出的商品进行计价，但如何选择也成为王洋思考的一个问题。

要求：(1) 王洋在汇总公司的存货时可能存在什么问题？

(2) 发出商品应如何计价？考虑哪些因素？

(3) 根据该公司的存货情况，你认为对存货应该如何分类？

练习题参考答案

一、名词解释

1. 存货是指企业在日常活动中持有以备出售的产品或商品、处在生产过程中的在产品，准备在生产过程或提供劳务过程中耗用的材料和物料等。

2. 移动加权平均法是指平时每入库一批存货，就以原有存货数量和本批入库存货数量为权数，计算一个加权平均单位成本，据以对其后发出存货进行计价的一种方法。

3. 账面盘存制又称永续盘存制，是指在会计核算过程中，对各种存货平时根据有关的凭证，按其数量在存货明细账中既登记存货的收入数又登记存货的发出数，可以随时根据账面记录确定存货结存数的制度。

4. 在产品是指企业正在制造尚未完工的生产物，包括正在各个生产工序加工的产品和已经加工完毕但尚未检验或已检验但尚未办理入库手续的产品。

二、判断题

1. √

2. √

3. ×

【解析】企业采用月末一次加权平均法，只在月末进行一次计算，因此当月发出材料的单位成本是相同的。

4. ×

【解析】在永续盘存制下，企业对存货仍须定期或不定期地进行实地盘点，以便核对账存数和实存数是否相符。

5. ×

【解析】存货的成本包括采购成本、加工成本和其他成本。

6. ×

【解析】在通货膨胀的情况下，先购进的采购价格低，后购进的采购价格高，先购进的先发出，剩下的是后购进的价格高的，因此结存存货的成本最高。

7. ×

【解析】盘盈的存货应冲减当期的管理费用。

8. √

9. √

10. √

11. √

12. ×

【解析】企业租入包装物支付的押金，在“其他应收款”科目核算。

13. ×

14. √

15. √

16. ×

【解析】属于非常损失造成的存货毁损，应将毁损净损失计入营业外支出。

17. ×

【解析】月末一次加权平均法是指以本月全部进货数量加上月初存货数量作为权数，去除以本月全部进货成本加上月初存货成本，计算出存货的加权平均单位成本，以此为基础计算本月发出存货的成本和期末结存存货的成本的一种方法。月末一次加权平均法只在月末进行一次计算，因此当月发出材料的单位成本是相同的。

18. √【解析】运输途中合理的损耗应作为存货的“其他可归属于存货采购成本的费用”计入采购成本，由采购的材料负担，不需从总成本中剔除。

三、单项选择题

1. A

【解析】一般纳税人购入存货时发生的增值税进项税额可以抵扣，不计入存货成本。

2. C

【解析】该材料的入账价值＝50 000+500+200＝50 700（元）

3. D

【解析】小规模纳税人的增值税进项税额不得抵扣，计入材料成本中。因此，该批材料的成本＝10. 3+2+1＝13. 3（万元）

4. B

【解析】甲材料的加权平均单位成本＝(200×40+400×35+400×38)÷(200+400+400)＝37. 2（元/件），6 月发出甲材料的成本＝37. 2×500＝18 600（元）

5. D

6. D

【解析】甲材料总成本 = 600×50+2 000+450+2 000 = 34 450（元），实际单位成本 = 34 450 ÷ 590 = 58.39（元）

7. C

8. B

【解析】企业采用先进先出法，先购入的存货先发出，在物价上涨的情况下，期末存货成本会升高，当期销售成本会减少，当期利润会增加。

9. C

【解析】9 月甲材料发出成本 = 200×300+300×310 = 153 000（元）

10. A

11. D

【解析】该批材料成本 = 23 200+1 000 = 24 200（元）

12. B

13. C

【解析】加权平均单位成本 =（125×20+50×22+50×27）÷225 = 22（元），期末结存甲材料成本 = 22×25 = 550（元）

14. D

【解析】该批原材料的实际单位成本 =（24 000+1 400+520）÷（400×90%）= 72（元）

15. A

【解析】3 日购入后的移动加权平均成本 =（13×8 290+5×8 800）÷18 = 8 431.67（元）

17 日购入后的移动加权平均成本 =（8×8 431.67+12×7 900）÷20 = 8 112.67（元）

月末结存甲材料数量 = 13+5+12−10−10 = 10（吨）

结存甲材料成本 = 10×8 112.67 = 81 126.70（元）

16. B

【解析】企业发生存货盘盈时，应借记“原材料”“库存商品”等存货类科目，贷记“待处理财产损溢——待处理流动资产损溢”科目。企业查明盘盈原因并经过批准后，应将金额从“待处理财产损溢”科目转出，冲减“管理费用”科目。

17. B

【解析】选项 A，计量差错引起的原材料盘亏应计入管理费用；选项 C，原材料运输途中发生的合理损耗应计入存货的成本；选项 D，人为责任造成的原材料损失应计入其他应收款。

18. A

【解析】月末一次加权平均法：加权平均成本 =（600×20+400×25）÷1 000 = 22（元），5 月发出甲材料成本 = 700×22 = 15 400（元）。先进先出法：5 月发出甲材料成本 = 600×20+100×25 = 14 500（元）。差额为 900 元。

19. D

20. A

【解析】如果购货方享受到了现金折扣则应当作为理财收入，计入“财务费用”账户的贷方，也就是冲减财务费用。

四、多项选择题

1. ACD

【解析】存货发生的盘亏或毁损，应作为待处理财产损溢进行核算。企业按管理权限报经批准后，根据造成存货盘亏或毁损的原因，分别按以下情况进行处理：属于计量收发差错和管理不善等原因造成的存货短缺，经批准后计入管理费用；属于过失人或保险公司同意赔偿的损失，应计入其他应收款；属于自然灾害等不可抗拒的原因造成的存货毁损，应在扣除处置收入（如残料价值）和保险赔偿后，将净损失计入营业外支出。

2. BCD

【解析】工程物资是用于建造固定资产的物资，不属于企业的存货。

3. ABD

【解析】一般纳税人购入存货时发生的增值税进项税额可以抵扣，不计入存货成本。

4. ABD

【解析】后进先出法已被取消。

5. ABCD

6. AB

【解析】数量金额式明细分类账适用于既要进行金额明细核算，又要进行数量明细核算的财产物资项目。例如，“原材料”“库存商品”等账户的明细核算。数量金额式明细分类账能提供各种财产物资收入、发出、结存等的数量和金额资料，便于开展业务和加强管理的需要。“三栏式”明细分类账只设“借方”“贷方”和“余额”三个金额栏，适用于“应收账款”“应付账款”等只需进行金额核算的明细账。

7. BCD

【解析】采用月末一次加权平均法只在月末计算一次加权平均单价，比较简单，有利于简化成本计算工作，但由于平时无法从账上提供发出和结存存货的单价及金额，因此不利于对存货成本的日常管理与控制。

8. ABCD

【解析】存货发生的盘亏或毁损，应作为待处理财产损溢进行核算。企业按管理权限报经批准后，根据造成存货盘亏或毁损的原因，分别按以下情况进行处理：第一，属于计量收发差错和管理不善等原因造成的存货短缺，应先扣除残料价值、可以收回的保险赔偿和过失人赔偿，将净损失计入管理费用。第二，属于自然灾害等非常原因造成的存货毁损，应先扣除处置收入（如残料价值）、可以收回的保险赔偿和过失人赔偿，将净损失计入营业外支出。

9. ABCD

【解析】个别计价法是以每一批商品的实际进价作为计算销售成本的一种方法。采用这一方法是假设存货的成本流转与实物流转相一致，按照各种存货，逐一辨认各批发出存货和期末存货所属的购进批别或生产批别，分别按其购入或生产时所确定的单位成本作为计算各批发出存货和期末存货成本的方法，因此成本计算准确。但是，在存货收发频繁的情况下，企业不适宜采用此方法。

10. AC

【解析】一般纳税人企业购入存货时发生的增值税进项税额可以抵扣，不计入存货成本。如果会计误将当月发生的增值税进项税额计入材料采购成本，那么原材料成本会增加，即资产会增加。同时，增值税进项税额本来可以从本期应交税费中抵扣，计入存货成本无法抵扣，导致本期应交税费增加，即负债会增加。

11. AC

【解析】在实地盘存制下，销售存货成本=期初存货成本+当期采购存货成本-期末存货成本。如果期末存货被低估，那么本期销售成本就会被高估，本期销售利润就会被低估。

12. AB

【解析】存货的盘存制度有两种：实地盘存制和永续盘存制。

13. BCD

【解析】盘盈的存货净收益经批准后应冲减当期的管理费用。

14. ABD

【解析】外购原材料时，如果是增值税一般纳税人，应借记“应交税费——应交增值税（进项税额）”账户。

15. ABC

【解析】本期销售存货成本=期初存货成本+本期采购存货成本-期末存货成本。如果期末存货计价过高，那么本期销售成本就会减少，本期销售利润就会增加，本期所得税费用也会随之增加。

五、简答题

1. 企业外购存货的成本包括哪些内容？

企业外购存货的成本是指存货从采购到入库前所发生的全部支出，即采购成本，一般包括购买价款、相关税费、保险费、运输费、装卸费、运输途中的合理损耗、入库前的挑选整理费用以及其他可归属于存货采购成本的费用。

2. 什么是存货盘盈和盘亏？如何进行会计处理？

存货盘盈是指存货的实存数量超过账面结存数量的差额。

存货盘亏是指存货的实存数量少于账面结存数量的差额。

存货盘盈和盘亏的会计处理如下：

（1）存货发生盘盈应按其重置成本作为入账价值，及时予以登记入账，借记“原材料”“周转材料”“库存商品”等存货类科目，贷记“待处理财产损溢——待处理流动资产损溢”科目；待查明原因，按管理权限报经批准处理后，冲减当期管理费用。

（2）存货发生盘亏应将其账面价值及时转销，借记“待处理财产损溢——待处理流动资产损溢”科目，贷记“原材料”“周转材料”“库存商品”等存货类科目，待查明原因，按管理权限报经批准处理后，根据造成盘亏的原因，分别按以下情况进行会计处理：

①属于定额内自然损耗造成的短缺，计入管理费用。

②属于收发计量差错和管理不善等原因造成的短缺或毁损，将扣除可收回的保险公司和过失人赔款以及残料价值后的净损失，计入管理费用。其中，因管理不善造成被盗、丢失、霉烂变质的存货，相应的进项税额不得从销项税额中抵扣，应当予以转出。

③属于自然灾害等非常原因造成的毁损，将扣除可收回的保险公司和过失人赔款以及残料价值后的净损失，计入营业外支出。

六、业务题

1. A、B两种材料共同负担装卸费300元，按材料重量比例分配如下：

分配率=300÷（25+30）=5.45（元/吨）

A 材料应分配的装卸费=25×5.45=136.25（元）

B 材料应分配的装卸费=30×5.45=163.5（元）

A 材料总成本=2 000+220+136.25=2 356.25（元）

B 材料总成本=3 300+270+163.5=3 733.5（元）

A 材料的单位成本=2 356.25÷25=94.25（元）

B 材料的单位成本=3 733.5÷30=124.45（元）

2. 甲材料本月发出数量=350+700+350-336=1 064（件）

乙材料本月发出数量=2 100+1 120+2 380-1 680=3 920（件）

丙材料本月发出数量=980+700+1 120-140=2 660（件）

（1）先进先出法：

甲材料本期发出成本=350×160+700×152+14×168=164 752（元）

乙材料本期发出成本=2 100×32+1 120×34+700×32.8=128 240（元）

丙材料本期发出成本=980×220+700×232+980×216=589 680（元）

甲材料期末结存成本=(350×160+700×152+350×168)-164 752=56 448（元）

乙材料期末结存成本=(2 100×32+1 120×34+2 380×32.8)-128 240=55 104（元）

丙材料期末结存成本=(980×220+700×232+1 120×216)-589 680=30 240（元）

（2）月末一次加权平均法：

甲材料加权平均成本=(350×160+700×152+350×168)÷(350+700+350)=158（元/件）

乙材料加权平均成本=(2 100×32+1 120×34+2 380×32.8)÷(2 100+1 120+2 380)=32.74（元/件）

丙材料加权平均成本=(980×220+700×232+1 120×216)÷(980+700+1 120)=221.4（元/件）

甲材料本期发出成本=1 064×158=168 112（元）

乙材料本期发出成本=3 920×32.74=128 340.8（元）

丙材料本期发出成本=2 660×221.4=588 924（元）

甲材料期末结存成本=(350×160+700×152+350×168)-168 112=53 088（元）

乙材料期末结存成本=(2 100×32+1 120×34+2 380×32.8)-128 340.8=55 003.2（元）

丙材料期末结存成本=(980×220+700×232+1 120×216)-588 924=30 996（元）

3.（1）借：在途物资——A 材料　　60 200
　　　　应交税费——应交增值税（进项税额）　　7 800
　　　贷：应付账款——光明工厂　　68 000

（2）借：预付账款——中原工厂　　30 000
　　贷：银行存款　　30 000

（3）借：在途物资——C 材料　　3 600
　　　　　　　　——D 材料　　11 000
　　　　应交税费——应交增值税（进项税额）　　1 690
　　贷：银行存款　　16 290

（4）借：应付账款——光明工厂　　68 000
　　贷：银行存款　　68 000

(5) 借：在途物资——B 材料	6 200	
应交税费——应交增值税（进项税额）	780	
贷：应付票据		6 980
(6) 借：在途物资——B 材料	23 800	
应交税费——应交增值税（进项税额）	2 990	
贷：预付账款——中原工厂		26 790
借：银行存款	3 210	
贷：预付账款——中原工厂		3 210
(7) 借：在途物资——A 材料	21 100	
应交税费——应交增值税（进项税额）	2 665	
贷：预付账款——南江工厂		20 000
银行存款		3 765
(8) 借：原材料——A 材料	81 300	
——B 材料	30 000	
——C 材料	3 600	
——D 材料	11 000	
贷：在途物资——A 材料		81 300
——B 材料		30 000
——C 材料		3 600
——D 材料		11 000
4.（1）借：生产成本	50 000	
制造费用	10 000	
管理费用	6 000	
贷：原材料		66 000
(2) 借：应收账款	90 400	
贷：其他业务收入		80 000
应交税费——应交增值税（销项税额）		10 400
借：其他业务成本	50 000	
贷：原材料		50 000
(3) 借：在建工程	60 000	
贷：原材料		60 000

七、案例分析题

（1）王洋在汇总存货时，很可能将不属于本公司的存货，如客户未提的存货等，也进行汇总了，也可能进行存货汇总时有遗漏。会计人员在确认存货时，应注意分清存货的所有权，凡在盘存日法定所有权属于企业的存货，不论其存放在何处或处于何种状态，都应确认为企业的存货，不能简单地将存放在企业仓库的存货都视为企业的存货。

（2）因为本期销售存货成本=期初存货成本+本期采购存货成本-期末存货成本，所以当选择不用的存货计价方法时，计算出来的销售成本也就不同，从而影响当期利润、当期应交企业所得税。存货计价方法一经选择，不得随意变更。企业在选择存货计价方法时，应考虑存货自身的特点以及管理要求、对财务（尤其是对纳税）的影响、对企业管理层业绩考核的影响等。

（3）存货如何分类与存货计价方法的选择相关。

第七章
金融资产与投资

学习目标

知识目标：理解交易性金融资产、以摊余成本计量的金融资产、以公允价值计量且其变动计入其他综合收益的金融资产以及长期股权投资的概念。

技能目标：能对各类金融资产和投资进行会计核算，包括初始确认和后续确认计量。

能力目标：能区分各类金融资产，对金融资产进行合理的分类。

学习指导

1. 学习重点

（1）金融资产的分类。

（2）交易性金融资产的会计处理。

（3）债券投资的会计处理。

（4）其他金融工具投资的会计处理。

2. 学习难点

长期股权投资的会计处理。

练习题

一、名词解释

1. 交易性金融资产

2. 其他权益工具投资

3. 债权投资

4. 长期股权投资

二、判断题

1. 企业应当根据金融资产的合同现金流量特征对金融资产进行合理的分类。 （ ）

2. 应收账款不能分类为以摊余成本计量的金融资产。 （ ）

3. 企业管理金融资产的业务模式既以收取合同现金流量为目标又以出售该金融资产为目标，则该金融资产应分类为以公允价值计量且其变动计入其他综合收益的金融资产。 （ ）

4. 企业在初始确认时将某项金融资产划分为交易性金融资产后，如果管理金融资产的业务模式发生了改变，可以重分类为以摊余成本计量的金融资产。 （ ）

5. 企业各方之间支付或收取的、属于实际利率组成部分的各项费用、交易费用以及溢价或折价等，应当在确定实际利率时予以考虑。 （ ）

6. 在资产负债表日，无论交易性金融资产的公允价值是大于还是小于账面价值，其差额均计入当期损益。 （ ）

7. 债券投资应当按取得时的公允价值作为初始入账金额，支付的相关交易费用应当计入当期损益。 （ ）

8. 企业取得以摊余成本计量的金融资产时，发生的交易费用，应计入“债权投资——成本”科目。 （ ）

9. 企业取得交易性金融资产支付的相关交易费用应计入当期损益，而取得其他债权投资支付的相关交易费用应当计入初始入账金额。 （ ）

10. 交易性金融资产与其他债权投资均按公允价值计量，但公允价值的变动前者计入当期损益，后者计入其他综合收益。 （ ）

11. 采用实际利率法对分期付息的以摊余成本计量的金融资产进行利息调整的摊销时，若其账面价值逐期递增或递减，则每期实际利息收入也是逐期递增或递减的。 （ ）

12. 长期股权投资采用权益法核算，被投资方发生其他权益变动时，投资方应按持股比例相应调整长期股权投资的账面价值，同时计入投资收益。 （ ）

13. 同一控制下企业合并形成的长期股权投资，初始投资成本取决于合并方作为合并对价付出资产的账面价值。 （ ）

14. 长期股权投资采用权益法核算时，如果初始投资成本小于投资时应享有被投资方可辨认净资产公允价值的份额，则其差额应当计入当期营业外收入。 （ ）

15. 企业取得交易性金融资产时，支付给证券交易所的手续费和佣金应计入其初始确认金额。 （ ）

16. 采用权益法核算的长期股权投资，处置投资时应将原计入资本公积的相关金额转出，计入处置投资当期投资损益。 （ ）

三、单项选择题

1. 下列关于金融资产的说法中，错误的是（ ）。

A. 金融资产包含从其他单位收取现金或其他金融资产的合同权利

B. 金融资产包含持有的其他单位的权益工具

C. 金融资产若在初始确认时被指定为以公允价值计量且其变动计入当期损益的金融资产，该指定必须可以完全消除由于该金融资产的计量基础不同所导致的相关利得或损失在确认或计量方面不一致的情况

D. 在活跃市场中没有报价、公允价值不能可靠计量的权益工具投资，不得指定为以公允价值计量且其变动计入当期损益的金融资产

2. 企业购入股票作为交易性金融资产，其初始入账金额为（　　）。

A. 股票的公允价值　　B. 股票的面值

C. 实际支付的全部价款　　D. 股票的公允价值与交易费用之和

3. 企业取得交易性金融资产的主要目的是（　　）。

A. 利用闲置资金短期获利　　B. 分散经营风险

C. 控制对方的经营政策　　D. 向对方提供财务援助

4. 下列关于交易性金融资产的计量的说法中，正确的是（　　）。

A. 应当按取得该金融资产的公允价值和相关交易费用之和作为初始确认金额

B. 应当按取得该金融资产的公允价值作为初始确认金额，相关交易费用在发生时计入当期损益

C. 在资产负债表日，企业应将该金融资产的公允价值变动计入当期所有者权益

D. 处置该金融资产时，其公允价值与初始入账金额之间的差额应确认为投资收益，不调整公允价值变动损益

5. 以摊余成本计量的债权投资与以公允价值计量且其变动计入其他综合收益的其他债权投资最根本的区别是（　　）。

A. 投资风险不同　　B. 持有时间不同

C. 管理金融资产的业务模式不同　　D. 合同现金流量的特征不同

6. 下列关于金融资产的说法中，错误的是（　　）。

A. 衍生工具可以划分为交易性金融资产

B. 交易性金融资产可以重分类为其他金融资产

C. 其他金融资产可以重分类为交易性金融资产

D. 企业的应收账款和应收票据不属于金融资产

7. 企业购入股票支付的价款中如果包含已宣告但尚未领取的现金股利，应当（　　）。

A. 计入初始入账金额　　B. 计入投资收益

C. 作为其他应收款　　D. 作为应收股利

8. 企业取得交易性金融资产支付的手续费等相关交易费用，应当计入（　　）。

A. 初始入账金额　　B. 投资损益

C. 财务费用　　D. 管理费用

9. 债权投资的初始入账金额为（　　）。

A. 取得时的面值　　B. 取得时的面值加相关交易费用

C. 取得时的公允价值　　D. 取得时的公允价值加相关交易费用

10. 企业购入债券作为以摊余成本计量的债权投资，该债券初始入账金额与其面值的差额，在取得债券时应当作为（　　）。

A. 投资收益　　B. 应计利息　　C. 财务费用　　D. 利息调整

11. 企业按低于面值的成本购入债券作为以摊余成本计量的债权投资，如果该债券在持有期间没有计提减值准备也没有收回部分本金，其摊余成本是指（　　）。

A. 债券面值加上尚未摊销的利息调整

B. 债券面值减去尚未摊销的利息调整

C. 债券面值加上已经摊销的利息调整

D. 债券面值减去已经摊销的利息调整

12. 在资产负债表日，交易性金融资产的价值应按（　　）。

A. 初始入账金额计量　　B. 成本与市价孰低计量

C. 公允价值计量　　D. 可变现净值计量

13. 企业在持有交易性金融资产期间，公允价值的变动应当计入（　　）。

A. 投资收益　　B. 公允价值变动损益

C. 资本公积　　D. 营业外收入

14. 甲公司为增值税一般纳税人，2022 年 2 月 1 日，甲公司购入乙公司发行的公司债券，支付价款 600 万元，其中包括已到付息但尚未领取的债券利息 12 万元，另支付相关交易费用 3 万元，取得的增值税专用发票上注明的增值税税额为 0. 18 万元。甲公司将其划分为交易性金融资产进行核算，该项交易性金融资产的入账资金为（　　）万元。

A. 603　　B. 591　　C. 600　　D. 588

15. 企业购入股票并指定为以公允价值计量且其变动计入其他综合收益的金融资产，该项投资的初始入账金额应当是（　　）。

A. 股票面值　　B. 股票面值加交易费用

C. 股票公允价值　　D. 股票公允价值加交易费用

16. 采用公允价值对金融资产进行后续计量，体现了会计信息质量要求中的（　　）。

A. 实质重于形式　　B. 相关性

C. 可靠性　　D. 重要性

17. 合并方为进行企业合并而发生的各项直接相关费用，如审计费用、评估费用、法律服务费等，应当于发生时（　　）。

A. 计入投资收益　　B. 计入管理费用

C. 冲减资本公积　　D. 计入初始投资成本

18. 非同一控制下企业合并取得的长期股权投资，初始投资成本应当是（　　）。

A. 支付合并对价的公允价值

B. 支付合并对价的公允价值加直接合并费用

C. 支付合并对价的账面价值

D. 支付合并对价的账面价值加直接合并费用

19. 在（　　）的情况下持有的长期股权投资应当采用权益法核算。

A. 具有控制　　B. 具有控制或共同控制

C. 具有共同控制或重大影响　　D. 具有控制或共同控制

20. 长期股权投资采用权益法核算，投资方在被投资方确认的其他综合收益中占有的份额，应计入（　　）。

A. 投资收益　　B. 资本公积

C. 其他综合收益　　D. 营业外收入

四、多项选择题

1.“交易性金融资产”科目下应设置的明细科目有（　　）。

A.“成本”　　B.“公允价值变动”

C.“投资收益”　　D.“应计利息”

2.“债权投资”科目下应设置的明细科目有（　　）。

A.“成本”　　B.“利息调整”　　C.“应计利息”　　D.“损益调整”

3.“其他债权投资”科目下应设置的明细科目有（　　）。

A.“成本”　　B.“利息调整”

C.“应计利息”　　D.“公允价值变动”

4.“其他权益工具投资”科目下应设置的明细科目有（　　）。

A.“成本”　　B.“利息调整”

C.“应计利息”　　D.“公允价值变动”

5.“交易性金融资产”科目核算为交易目的而持有的（　　）。

A. 股票投资　　B. 债券投资　　C. 基金投资　　D. 认购权证

6. 在资产负债表日，应当按公允价值计量的投资有（　　）。

A. 交易性金融资产　　B. 债权投资

C. 其他债权投资　　D. 其他权益工具投资

7. 企业购入公司债券作为交易性金融资产时可能用到的借方科目有（　　）。

A.“交易性金融资产”　　B.“应收利息”

C.“财务费用”　　D.“投资收益”

8. 下列关于金融资产分类的说法中，正确的有（　　）。

A. 企业从证券市场购入准备随时出售的股票投资应划分为以公允价值计量且其变动计入当期损益的金融资产，通过“交易性金融资产”科目进行会计处理

B. 企业管理该金融资产的业务模式是以收取合同现金流量为目标，且该金融资产的合同条款规定，在特定日期产生的现金流量，仅为对本金和以未偿付本金金额为基础的利息的支付，应划分为以公允价值计量且其变动计入其他综合收益的金融资产，应当通过“其他债权投资”科目进行核算

C. 企业管理该金融资产的业务模式既以收取合同现金流量为目标又以出售该金融资产为目标，该金融资产的合同条款规定，在特定时期产生的现金流量，仅为对本金和以未偿付本金金额为基础的利息的支付，应划分为以摊余成本计量的金融资产。其中，债权投资应当通过“债权投资”科目进行核算

D. 企业购入没有公开报价且不准备随时变现的股票投资不能划分为其他债权投资，而应划为长期股权投资

9. 下列关于以摊余成本计量的债权投资的会计处理中，正确的是（　　）。

A. 债权投资应按面值和票面利率确认投资收益

B. 债权投资应按账面余额和实际利率确认投资收益

C. 债权投资期末应按摊余成本计量

D. 债权投资的对象不能是股票

10. 下列选项中，属于交易费用的有（　　）。

A. 支付给代理机构的手续费　　B. 支付给代理机构的佣金

C. 债券溢价　　D. 内部管理成本

11. 下列选项中，应计入当期损益的有（　　）。

A. 购买交易性金融资产支付的交易费用

B. 交易性金融资产在资产负债表日的公允价值小于账面价值的差额

C. 债权投资发生的减值损失

D. 其他债权投资在资产负债表日的公允价值小于账面价值的差额

12. 在下列情况中，企业持有的长期股权投资应当采取权益法核算的有（　　）。

A. 具有控制　　B. 具有共同控制

C. 具有重大影响　　D. 具有控制或重大影响

13. 在企业持有的下列权益性投资中，应划分为长期股权投资的有（　　）。

A. 具有控制的权益性投资　　B. 具有共同控制的权益性投资

C. 具有重大影响的权益性投资　　D. 不具有重大影响的权益性投资

14. 长期股权投资采用成本法核算，不会导致投资方调整股权投资账面价值的事项有（　　）。

A. 被投资方派发现金股利　　B. 被投资方派发股票股利

C. 被投资方取得利润　　D. 被投资方发生亏损

15. 长期股权投资采用权益法进行核算，下列选项中，会影响股权投资账面价值的是（　　）。

A. 被投资方取得利润　　B. 被投资方发生亏损

C. 被投资方派发现金股利　　D. 被投资方派发股票股利

五、简答题

1. 简述交易性金融资产与其他债权投资两者初始确认金额的主要区别及两者期末计量的异同点。

2. 什么是实际利率法？如何确定实际利率？

六、业务题

1. 2022 年 3 月 20 日，光明公司按每股 3.8 元的价格购入每股面值 1 元的 H 公司股票 50 000 股作为交易性金融资产，并支付交易税费 1 000 元。2022 年 6 月 5 日，H 公司宣告发放每股 0. 2 元的现金股利，并于 2022 年 7 月 10 日发放。2022 年 9 月 20 日，光明公司将光明股票转让，取得转让收入 220 000 元。

要求：编制光明公司有关该交易性金融资产的下列会计分录：

（1）2022 年 3 月 20 日，光明公司购入股票。

（2）2022 年 6 月 5 日，H 公司宣告发放现金股利。

（3）2022 年 7 月 10 日，光明公司收到现金股利。

（4）2022 年 9 月 20 日，光明公司转让股票。

2. 2020 年 1 月 1 日，某公司购入 A 公司发行的股票，支付价款 50 万元（含已宣告但尚未发放的现金股利 4 万元及交易费用 2 万元），该公司将该股票分类为以公允价值计量且其变动计入当期损益的金融资产。其他资料如下：

（1）2020 年 1 月 5 日，该公司收到股利 4 万元。

（2）2020 年 12 月 31 日，该股票的公允价值为 43 万元。

（3）2021 年 3 月 5 日，A 公司宣告分派现金股利，该公司可得股利 1. 5 万元。

（4）2021 年 3 月 25 日，该公司收到现金股利 1. 5 万元。

（5）2022 年 3 月 31 日，该公司将股票出售，取得价款 45 万元。

要求：根据以上资料编制该公司 2020—2022 年与该项投资有关的会计分录。

3. 2022 年 1 月 10 日，甲公司以每股 6. 50 元的价格购入 B 公司每股面值为 1 元的普通股 10 000 股并指定为以公允价值计量且其变动计入其他综合收益的权益工具投资，支付税金和手续费 500 元。2022 年 4 月 5 日，B 公司宣告 2018 年度股利分配方案，每股分派现金股利 0. 10 元，并于 4 月 25 日派发。2022 年 6 月 30 日，B 公司股票每股公允价值为 7. 50 元。2022 年 9 月 25 日，甲公司将 B 公司股票出售，收到出售价款 86 000 元。

要求：编制甲公司有关该项其他权益工具投资的会计分录。

（1）2022 年 1 月 10 日，甲公司购入股票。

（2）2022 年 4 月 5 日，B 公司宣告分派现金股利。

（3）2022 年 4 月 25 日，甲公司收到现金股利。

（4）2022 年 6 月 30 日，甲公司确认公允价值变动。

（5）2022 年 9 月 25 日，甲公司转让股票。

4. 某公司有关投资的业务如下：

（1）2019 年 1 月 3 日，该公司以每股 9.8 元的价格购入 M 股份有限公司（以下简称“M 公司”）的股票 300 万股，另支付相关税费 20 万元。该公司购入的股票占 M 公司发行在外股份的 30%，并准备长期持有，且能够对 M 公司的财务和经营政策施加重大影响。该公司将该项投资划分为长期股权投资并采用权益法核算。M 公司所有者权益账面价值（等于公允价值）为 12 000 万元，各项可辨认的资产、负债的账面价与公允价值相等。

（2）2019 年度，M 公司实现净利润 1 500 万元，宣告不分配现金股利，但同时宣告分配股票股利，每 10 股送 2 股。

（3）2020 年度，M 公司发生净亏损 200 万元。

（4）2020 年，M 公司的其他债权投资发生公允价值变动，使其他综合收益增加 100 万元。

（5）2021 年 6 月 2 日，该公司将持有的 1/3 的 M 公司股票售出，每股售价 15 元，款项已由银行收妥，出售后仍对 M 公司具有重大影响（不考虑其他相关税费）。

（6）2021 年 12 月 31 日，长期股权投资的可收回金额为 2 000 万元。

要求：根据以上资料编制该公司 2019—2021 年与该项投资有关的会计分录。

七、案例分析题

某公司 2020 年 1 月 1 日购入 A 公司同日发行的 5 年期一次还本付息的债券一批，利息不以复利计算，票面利率为 4.72%，债券面值为 1 250 万元，债券发行时的市场利率为 9.05%。该公司以 1 000 万元的价格将该债券购入。该公司根据其管理该债券的业务模式和该债券的合同现金流量特征，将该债券分类为以摊余成本计量的金融资产。

要求：完成该公司有关以摊余成本计量的金融资产的会计处理。

练习题参考答案

一、名词解释

1. 交易性金融资产主要是指企业为了近期内出售而持有的金融资产，如企业以赚取差价为目的从二级市场上购买的股票、债券、基金等。

2. 其他权益工具投资主要是指非交易性股票以及不具有控制、共同控制和重大影响的且没有公允价值的股权等。企业取得其他权益工具投资，一般应指定为以公允价值计量且其变动计入其他综合收益的金融资产。企业应当设置“其他权益工具投资”科目，用来核算持有的指定为以公允价值计量且其变动计入其他综合收益的非交易性权益工具投资，并按照其他权益工具投资的类别和品种，分别按“成本”和“公允价值变动”进行明细核算。其他权益工具投资一般应当以公允价值计量。其他权益工具投资的公允价值变动应计入其他综合收益。在终止确认时，之前计入其他综合收益的累计利得或损失应当从其他综合收益中转出，计入留存收益。其他权益工具投资不需要计提减值准备。

3. 债权投资是以摊余成本计量的金融资产。金融资产同时符合下列条件的，应当分类为以摊余成本计量的金融资产：

（1）企业管理该金融资产的业务模式是以收取合同现金流量为目标。

（2）该金融资产的合同条款规定，在特定日期产生的现金流量，仅为对本金和以未偿付本金金额为基础的利息的支付。

4. 长期股权投资是指投资方对被投资方能够实施控制或具有重大影响的权益性投资以及对其合营企业的权益性投资。

二、判断题

1. ×

【解析】企业应当根据其管理金融资产的业务模式和金融资产的合同现金流量特征，对金融资产进行合理的分类。

2. ×

【解析】如果企业拟根据应收账款的合同现金流量收取现金，且不打算提前处置应收账款，则该应收账款可以分类为以摊余成本计量的金融资产。

3. ×

【解析】题干还要同时满足在特定日期产生的现金流量，仅为对本金和以未偿付本金金额为基础的利息支付的条件。

4. √

5. √

【解析】在确定实际利率时，企业应当在考虑金融资产或金融负债所有合同条款的基础上预计其未来现金流量。对合同各方之间支付或收取的、属于实际利率组成部分的各项费用等，企业也应予以考虑。

6. √

7. ×

【解析】债券投资应当按取得时的公允价值与相关交易费用作为初始入账金额。

8. ×

【解析】企业取得的以摊余成本计量的金融资产，应按该投资的面值，借记“债权投资——成本”科目，按支付的价款中包含的已到付息期但尚未领取的利息，借记“应收利息”科目，按实际支付的金额，贷记“银行存款”等科目，按其差额，借记或贷记“债权投资——利息调整”科目。

9. √

10. √

11. √

【解析】实际利息收入=期初摊余成本(账面价值)×实际利率。实际利率不变，利息收入与账面价值成正比。

12. ×

【解析】投资方对按照持股比例计算的应享有或承担的被投资方其他权益变动份额，应调整长期股权投资的账面价值，同时计入资本公积（其他资本公积）。

13. ×

【解析】同一控制下企业合并形成的长期股权投资，应当按照合并日取得的被合并方所有者权益在最终控制方合并财务报表中的账面价值份额作为初始投资成本。

14. √

【解析】在权益法下，如果长期股权投资的初始投资成本小于取得投资时应享有被投资方可辨认净资产公允价值的份额，应按两者之间的差额调整长期股权投资的账面价值，同时计入当期营业外收入。

15. ×

【解析】取得交易性金融资产产生的交易费用确认为投资收益，不计入初始确认金额。

16. √

【解析】采用权益法核算的长期股权投资，处置时还应将与所处置的长期股权投资相对应的原计入其他综合收益（不能结转损益的除外）或资本公积项目的金额转出，计入处置当期投资损益。

三、单项选择题

1. C

【解析】C 选项，在初始确认时，如果能够消除或显著减少会计错配，企业可以将金融资产指定为以公允价值计量且其变动计入当期损益的金融资产，并不是“必须可以完全消除”。

2. A

3. A

4. B

【解析】A、B 选项，计量交易性金融资产时，应按取得时的公允价值作为初始确认金额，相关的交易费用在发生时冲减投资收益；C 选项，在资产负债表日，企业应将该金融资产的公允价值变动计入公允价值变动损益；D 选项，处置该金融资产时，其公允价值与账面余额之间的差额应确认为投资收益。

5. C

6. D

【解析】企业的应收账款和应收票据属于金融资产。

7. D

【解析】应收股利是指企业因股权投资而应收取的现金股利以及应收其他单位的利润，包括企业股票实际支付的款项中所包括的已宣告发放但尚未领取的现金股利和企业对外投资应分得的现金股利或利润等，但不包括应收的股票股利。

8. B

9. D

10. D

11. B

12. C

【解析】根据企业会计准则的规定，资产负债表日交易性金融资产应按公允价值反映，公允价值的变动计入当期损益。

13. B

14. D

15. D

【解析】企业应当设置“其他权益工具投资”科目，用来核算持有的以公允价值计量且其变动计入其他综合收益的非交易性权益工具投资。其他权益工具投资应当将取得时的公允价值和相关交易费用之和作为初始入账金额。

16. B

17. B

18. A

19. C

【解析】投资方对被投资方具有共同控制或重大影响的长期股权投资，即对合营企业或联营企业的长期股权投资，应当采用权益法核算。

20. C

【解析】被投资方因确认其他综合收益而导致其所有者权益发生变动时，投资方应按照持股比例计算应享有或承担的份额，一方面调整长期股权投资的账面价值，另一方面计入其他综合收益。

四、多项选择题

1. AB

【解析】企业应当按照交易性金融资产的类别和品种，分别设置“成本”“公允价值变动”明细科目进行核算。

2. ABC

【解析】企业应当按照债权投资的类别和品种，分别按“成本”“利息调整”“应计利息”明细科目进行核算。

3. ABCD

【解析】企业应当按照其他债权投资的类别和品种，分别按“成本”“利息调整”“应计利息”“公允价值变动”明细科目进行核算。

4. AD

【解析】企业应当按照其他权益工具的类别和品种，分别设置“成本”“公允价值变动”明细科目进行核算。

5. ABC

【解析】企业应当设置“交易性金融资产”科目，用来核算企业为交易目的所持有的债券投资、股票投资、基金投资等交易性金融资产的公允价值。

6. ACD

【解析】B 选项，债权投资以摊余成本计量。

7. ABD

【解析】企业取得交易性金融资产，应当按照该金融资产取得时的公允价值，借记“交易性金融资产——成本”科目；按照发生的交易费用，借记“投资收益”科目；发生交易费用取得增值税专用发票的，所支付价款中包含的已宣告但尚未发放的现金股利或已到付息期但尚未领取的债券利息，应当借记“应收股利”或“应收利息”科目；按照实际支付的金额，贷记“银行存款”等科目。

8. AD

【解析】B 选项，企业管理该金融资产的业务模式是以收取合同现金流量为目标的，且该金融资产的合同条款规定，在特定日期产生的现金流量，仅为对本金和以未偿付本金金额为基础的利息支付的，应划分为以摊余成本计量的金融资产。其中，债权投资应当通过“债权投资”科目进行核算。C 选项，企业管理该金融资产的业务模式既以收取合同现金流量为目标又以出售该金融资产为目标，且该金融资产的合同条款规定，在特定日期产生的现金流量，仅为对本金和以未偿付本金金额为基础的利息支付的，应划分为以公允价值计量且其变动计入其他综合收益的金融资产，应当通过“其他债权投资”科目进行核算。

9. BCD

10. AB

【解析】交易费用是指可以直接归属于购买、发行或处置金融工具的增量费用。交易费用包括支付给代理机构、咨询公司、券商等的手续费和佣金及其他必要支出，不包括债券溢价、折价、融资费用、内部管理成本及其他与交易不直接相关的费用。

11. ABC

【解析】D 选项，其他债权投资的公允价值低于其账面余额时，应按两者之间的差额，调减其他债权投资的账面余额，同时按公允价值变动减记其他综合收益，借记“其他综合收益——其他债权投资公允价值变动”科目，贷记“其他债权投资——公允价值变动”科目。

12. BC

13. ABC

【解析】长期股权投资按照对被投资方施加影响的程度，可以分为能够实施控制的权益性投资、具有重大影响的权益性投资和具有共同控制的权益性投资。

14. ABCD

【解析】在成本法下，长期股权投资的账面价值按初始投资成本计量，除追加或收回投资外，一般不对长期股权投资的账面价值进行调整。

15. ABC

【解析】A 选项和 B 选项，投资方取得长期股权投资后，应当按照在被投资方实现的净利润或发生的净亏损中，投资方应享有或应分担的份额确认投资损益，同时相应调整长期股权投资的账面价值。C 选项，当被投资方宣告分派现金股利或利润时，投资方按应获得的现金股利或利润确认应收股利，同时抵减长期股权投资的账面价值。D 选项，被投资方分派股票股利，投资方不进行账务处理，但应于除权日在备查簿中登记增加的股份。

五、简答题

1. 简述交易性金融资产与其他债权投资两者初始确认金额的主要区别及两者期末计量的异同点。

（1）交易性金融资产与其他债权投资初始确认金额的主要区别在于所发生的相关交易费用的处理不同。

①交易性金融资产初始取得时，应当按照金融资产取得时的公允价值作为其初始确认金额，所发生的相关交易费用应当计入投资收益。取得时所支付的价款中包含了已宣告但尚未发放的现金股利或已到付息期但尚未领取的债券利息的，应当单独确认为应收项目，所发生的相关交易费用应当计入投资收益。

②其他债权投资初始确认时，应当按照公允价值和相关交易费用之和作为初始入账金额。实际支付的价款中包括的已到付息期但尚未领取的债券利息，应单独确认为应收项目。同时，企业应当计算确定其实际利率，并在该其他债权投资预期存续期间或适用的更短期间内保持不变。

（2）交易性金融资产与其他债权投资期末计量的异同点。

①相同点。第一，在资产负债表日，两类金融资产都要按资产负债表日的公允价值计量，调整账面余额。第二，出售的时候，金融资产的账面价值与取得价款之间的差额以及持有过程中累积的公允价值变动都要计入当期损益。

②不同点。第一，公允价值变动的记入方向不同。交易性金融资产的公允价值变动

计入当期损益。核算的对应科目为“公允价值变动损益”科目。其他债权投资的公允价值变动计入其他综合收益。核算的对应科目为“其他综合收益”科目。第二，资产减值测试的需求性不同。交易性金融资产期末无需进行减值测试。企业应当在资产负债表日对以公允价值计量且其变动计入当期损益的金融资产以外的金融资产的账面价值进行检查。其他债权投资期末需要进行减值测试，有客观证据表明该金融资产发生减值的，应当确认减值损失，计提减值准备。

2. 什么是实际利率法？如何确定实际利率？

（1）实际利率法是指按照摊余成本和实际利率计算确认利息收入并确定期末摊余成本的方法。对没有发生信用减值的债权投资，企业采用实际利率法确认利息收入并确定账面余额的程序如下：

①应收利息=债权投资的面值×票面利率

②利息收入（总额法）=债权投资期初账面余额×实际利率

③当期利息调整摊销额=应收利息+利息收入

④期末账面余额=债权投资期初账面余额加上或减去当期利息调整的摊销额

对已发生信用减值的债权投资，企业应当以该债权投资的摊余成本乘以实际利率（或经信用调整的实际利率）计算确定其利息收入（净额法）。

（2）实际利率是指将金融资产在预期存续期间或适用的更短期间内的未来现金流量，折现为该金融资产当前账面价值所使用的利率。实际利率应当在取得金融资产时确定在该金融资产预期存续期间或适用的更短期间内保持不变。

六、业务题

1.（1）2022年3月20日，光明公司购入股票。

初始入账金额=3.8×50 000=190 000（元）

借：交易性金融资产——H公司股票（成本）　190 000

　　投资收益　1 000

　贷：银行存货　191 000

（2）2022年6月5日，H公司宣告分派现金股利。

应收股利=0.2×50 000=10 000（元）

借：应收股利　10 000

　贷：投资收益　10 000

（3）2022年9月10日，光明公司收到现金股利。

借：银行存款　10 000

　贷：应收股利　10 000

（4）2022年12月20日，光明公司转让股票。

借：银行存款　220 000

　贷：交易性金融资产——H公司股票（成本）　190 000

　　　投资收益　30 000

2.（1）2020年，该公司取得交易性金融资产。

初始入账金额=50-4-2=44（万元）

借：交易性金融资产——A 公司股票（成本）　440 000
　　应收股利　40 000
　　投资收益　20 000
　贷：银行存款　500 000
（2）2020 年 1 月 5 日，该公司收到股利。
借：银行存款　40 000
　贷：应收股利　40 000
（3）2020 年 12 月 31 日，交易性金融资产公允价值变动。
借：公允价值变动损益　10 000
　贷：交易性金融资产——A 公司股票（公允价值变动）　10 000
（4）2021 年 3 月 5 日，该公司确认投资收益 1.5 万元。
借：应收股利　15 000
　贷：投资收益　15 000
（5）2021 年 3 月 25 日，该公司收到股利。
借：银行存款　15 000
　贷：投资收益　15 000
（6）2021 年 3 月 31 日，该公司出售股票。
借：银行存款　450 000
　　交易性金融资产——A 公司股票（公允价值变动）　10 000
　贷：交易性金融资产——A 公司股票（成本）　440 000
　　　投资收益　20 000
3.（1）2022 年 1 月 10 日，甲公司购入股票。
初始入账金额 = 6.5×10 000+500 = 65 500（元）
借：其他权益工具投资——B 公司股票（成本）　65 500
　贷：银行存款　65 500
（2）2022 年 4 月 5 日，B 公司宣告分派现金股利。
借：应收股利　1 000
　贷：投资收益　1 000
（3）2022 年 4 月 25 日，甲公司收到现金股利。
借：银行存款　1 000
　贷：应收股利　1 000
（4）2022 年 6 月 30 日，甲公司确认公允价值变动。
公允价值变动 = 7.5×10 000−65 500 = 9 500（元）
借：其他权益工具投资——B 公司股票（公允价值变动）　9 500
　贷：其他综合收益　9 500
（5）2022 年 9 月 25 日，甲公司转让股票。
借：银行存款　86 000
　贷：其他权益工具投资——B 公司股票（成本）　65 500
　　　　　　　　　　　——B 公司股票（公允价值变动）　9 500
　　　盈余公积　1 100
　　　利润分配——未分配利润　9 900

借：其他综合收益——其他权益工具投资公允价值变动　　9 500
　贷：盈余公积　　950
　　利润分配——未分配利润　　8 550

4.（1）该公司购入 M 公司股票。

应享有 M 公司可辨认净资产公允价值的份额 = 12 000×30% = 3 600（万元）

初始投资成本调整额 = 3 600－2 960 = 640（万元）

借：长期股权投资——M 公司（投资成本）　　36 000 000
　贷：银行存款　　29 600 000
　　营业外收入　　6 400 000

（2）确认损益。

该公司实现净利润，确认损益。M 公司宣告分配的是股票股利，该公司只做备查登记，不作账务处理。

应确认投资收益 = 1 500×30% = 450（万元）

借：长期股权投资——M 公司（损益调整）　　4 500 000
　贷：投资收益　　4 500 000

（3）发生净亏损。

应确认投资损失 = 200×30% = 60（万元）

借：投资收益　　600 000
　贷：长期股权投资——M 公司（损益调整）　　600 000

（4）M 公司增加其他综合收益。

应享有其他综合收益份额 = 100×30% = 30（万元）

借：长期股权投资——M 公司（其他综合收益）　　300 000
　贷：其他综合收益　　300 000

（5）该公司出售部分股票。

借：银行存款　　15 000 000
　贷：长期股权投资——M 公司（投资成本）　　12 000 000
　　　　　　　　——损益调整　　1 300 000
　　　　　　　　——其他综合收益　　100 000
　　投资收益　　1 600 000

（6）该公司计提减值准备。

长期股权投资账面价值 = 2 400+260+20 = 2 680（万元）。可收回金额低于账面价值，应当计提减值准备。

借：资产减值损失　　6 800 000
　贷：长期股权投资减值准备　　6 800 000

七、案例分析题

（1）该公司购入债券时，借记“债权投资——成本”明细科目，贷记“银行存款”科目。由于是折价购入，贷记“债权投资——利息调整”科目。

（2）2020—2024 年年末，该公司按票面金额和票面利率计息，并按实际利率摊销“债权投资——利息调整”，2020 年年末计入投资收益的金额为 905 000 元，2021 年年末计入投资收益的金额为 986 900 元，2022 年年末计入投资收益的金额为 1 076 200 元，2023 年年末计入投资收益的金额为 1 173 600 元，2024 年年末计入投资收益的金额为 1 308 300 元。

（3）2024 年年末，债券到期，利息本金全部收回，“债权投资——利息调整”科目摊销完毕，“债权投资——应计利息”科目计入 2 950 000 元。

第八章
固定资产与投资性房地产

学习目标

知识目标：了解《企业会计准则第 4 号——固定资产》及其应用指南，熟悉固定资产标准和价值构成。

技能目标：熟悉固定资产增加业务，能够根据不同固定资产选择使用折旧方法并且计提折旧，掌握固定资产后续支出及处置的会计处理。

能力目标：掌握固定资产期末计量的方法，能够对固定资产减值进行判断并计提减值准备。

学习指导

1. 学习重点

（1）固定资产入账价值的确定。

（2）固定资产折旧与减值的核算。

2. 学习难点

（1）计提减值后固定资产折旧的计算及会计处理。

（2）投资性房地产的会计处理。

练习题

一、名词解释

1. 固定资产

2. 原始价值

3. 净值

4. 固定资产折旧

5. 固定资产可收回金额

6. 固定资产减值

二、判断题

1. 固定资产减值损失一经确认，在以后期间不得转回。（　）

2. 固定资产的各组成部分具有不同使用寿命或以不同方式为企业提供经济利益，适用不同折旧率或折旧方法的，此时仍然应该将该资产作为一个整体考虑。（　）

3. 以一笔款项购入多项没有单独标价的固定资产，应当按照各项固定资产的账面价值比例对总成本进行分配，分别确定各项固定资产的成本。（　）

4. 在建工程项目达到预定可使用状态前，试生产产品对外出售取得的收入应冲减工程成本。（　）

5. 按双倍余额法计提的折旧额在任何时期都大于按平均年限法计提的折旧额。（　）

6. 正常报废和非常报废的固定资产均应通过“固定资产清理”科目予以核算。（　）

7. 与固定资产有关的后续支出，符合企业会计准则规定的固定资产确认条件的，应当计入固定资产成本；不符合企业会计准则规定的固定资产确认条件的，应当在发生时计入当期损益。（　）

8. 固定资产的入账价值中应当包括企业为取得固定资产而缴纳的契税、耕地占用税、车辆购置税等相关税费。（　）

9. 已达到预定可使用状态但在年度内尚未办理竣工决算手续的固定资产，应按估计价值暂估入账，并计提折旧，办理竣工决算手续后，如果与原暂估入账的金额不等，需要调整固定资产科目的金额，同时调整已经计提的累计折旧金额。（　）

10. 企业对固定资产进行更新改造时，当将该固定资产账面价值转入在建工程，并在此基础上核算经更新改造后的固定资产原价。（　）

11. 关于固定资产借款发生的利息支出，在竣工决算前发生的，应予资本化，将其计入固定资产的建造成本；在竣工决算后发生的，则应作为当期费用处理。（　）

12. 企业接受投资者投入的固定资产按照双方确认的价值作为入账价值。（　）

13. 企业通过经营租赁方式租入的建筑物再出租的不属于投资性房地产的范围。（　）

14. 企业对经营租入的固定资产和融资租入的固定资产均应按照自有资产对其计提折旧。（　）

15. 企业不论是在成本模式下还是在公允价值模式下投资性房地产取得的租金收入，

均确认为其他业务收入。 (　　)

16. 工作量法计提折旧的特点是每年提取的折旧额相等。 (　　)

17. 企业一般应当按月提取折旧，当月增加的固定资产，当月计提折旧；当月减少的固定资产，当月不计提折旧。 (　　)

18. 企业采用公允价值模式进行后续计量的，不应当对投资性房地产计提折旧或进行摊销。 (　　)

19. 投资性房地产的计量模式由成本模式转为公允价值模式应当作为会计估计变更，采用未来适用法进行处理。 (　　)

20. 按照企业会计准则的规定，对计提的固定资产减值准备，在以后期间价值恢复时，不转回任何原已计提的减值准备金额。 (　　)

三、单项选择题

1. M公司为增值税一般纳税人，采用自营方式建造一条生产线，实际领用工程物资234万元。另外，M公司领用本公司生产的应税消费品一批，账面价值为200万元。该产品适用的增值税税率为13%，消费税税率为10%，公允价值是220万元，计税价格为210万元。M公司发生的在建工程人员工资和应付福利费分别为100万元和14万元。假定该生产线已达到预定可使用状态，不考虑除增值税、消费税以外的其他相关税费。该生产线的入账价值为（　　）万元。

A. 607.4　　B. 596.3　　C. 602　　D. 587.7

2. 固定资产改良过程中取得的变价收入应计入（　　）科目。

A. “营业外收入”　　B. “其他业务收入”

C. “管理费用”　　D. “在建工程”

3. 企业盘盈的固定资产，应在报告批准后，转入（　　）科目。

A. “其他业务收入”　　B. “以前年度损益调整”

C. “资本公积”　　D. “营业外收入”

4. 企业车间使用的固定资产发生的修理费应计入的会计科目是（　　）。

A. “管理费用”　　B. “制造费用”　　C. “生产成本”　　D. “销售费用”

5. 企业接受投资者投入的一项固定资产，应按（　　）作为入账价值。

A. 公允价值

B. 投资方的账面原值

C. 投资合同或协议约定的价值（但合同或协议约定的价值不公允的除外）

D. 投资方的账面价值

6. 企业某设备采用工作量法计提折旧设备原价153万元，预计生产产品产量为450万件，预计净残值率为3%，本月生产产品10万件，则该设备本月折旧额是（　　）万元。

A. 2.67　　B. 2.63　　C. 3.3　　D. 3.4

7. 企业对一建筑物进行改建，其原价为100万元，已提折旧为60万元，改建过程中发生支出为30万元，取得变价收入为5万元。该建筑物改建后的入账价值为（　　）万元。

A. 130　　B. 125　　C. 70　　D. 65

8. 下列固定资产中，应计提折旧的固定资产有（　　）。

A. 经营租赁方式租入的固定资产　　B. 季节性停用的固定资产

C. 正在改扩建的固定资产　　D. 融资租出的固定资产

9. 某项固定资产的原始价值为 600 000 元，预计可使用年限为 5 年，预计残值为 50 000 元。企业对该项固定资产采用双倍余额递减法计提折旧，则第 4 年对该项固定资产计提的折旧额为（　　）元。

A. 39 800　　B. 51 840　　C. 20 800　　D. 10 400

10. W 企业购进一台设备，设备的入账价值为 172 万元，预计净残值为 16 万元，预计使用年限为 5 年。在采用年数总和法计提折旧的情况下，该项设备第二年应提折旧额为（　　）万元。

A. 40　　B. 41.6　　C. 30　　D. 45.87

11. 按照《企业会计准则第 3 号——投资性房地产》的规定，下列选项中，属于投资性房地产的是（　　）。

A. 房地产开发企业销售的商品房　　B. 企业生产经营用的厂房、车间

C. 企业融资租赁出租的建筑物　　D. 企业用于经营性出租的办公楼

12. 下列资产项目中，属于投资性房地产的是（　　）。

A. 用于生产产品的建筑物

B. 已出租的土地使用权

C. 已开发完成将用于出租的商品房

D. 超过闲置期正接受土地管理部门处理的土地使用权

13. 下列选项中，不属于投资性房地产的是（　　）。

A. 已出租的建筑物

B. 持有并准备增值后转让的土地使用权

C. 已出租的土地使用权

D. 以经营租赁方式租入再转租给其他单位的建筑物

14. 下列关于投资性房地产的说法中，正确的是（　　）。

A. 投资性房地产是指为赚取租金或取得资本增值，或者两者兼有而持有的房产地产和机器设备等

B. 认定的闲置土地不属于投资性房地产

C. 一项房地产，部分用于赚取租金或资本增值，部分用于生产商品提供劳务或经营管理，即使用于赚取租金或资本增值的部分能够单独计量和出售，也不可以确认为投资性房地产

D. 企业计划用于出租但尚未出租的建筑物，属于投资性房地产

15. 自用房地产转换为采用公允价值模式计量的投资性房地产，对转换日该房地产公允价值大于账面价值的差额，正确的会计处理是（　　）。

A. 计入资本公积　　B. 计入期初留存收益

C. 计入营业外收入　　D. 计入公允价值变动损益

16. 下列选项中，正确的有（　　）。

A. 固定资产改良支出，应当计入固定资产账面价值，其增计后的金额不应超过该固定资产的可收回金额；超过部分直接计入当期管理费用

B. 固定资产修理费用，应当计入在建工程中

C. 与固定资产有关的后续支出，如果不可能使流入企业的经济利益超过原先的估计，则应在发生时确认为费用

D. 经营租赁方式租入的固定资产视同自有资产处理，并按照一定的方法计提折旧

17. 2022 年 1 月 1 日，甲公司购入一幢建筑物用于出租，取得的增值税发票上注明价款为 100 万元，办理产权证书的费用为 5 万元，款项以银行存款支付。购入该建筑物发生的谈判费用为 0.2 万元，差旅费为 0.3 万元。该投资性房地产的入账价值为（　　）万元。

A. 100　　B. 105　　C. 100.5　　D. 105.5

18. 与投资性房地产有关的后续支出，不满足投资性房地产确认条件的，应当在发生时计入当期损益。企业对投资性房地产进行日常维修时，发生的支出应借记（　　）科目。

A. “其他业务成本”　　B. “管理费用”

C. “在建工程”　　D. “营业外支出”

19. 下列有关投资性房地产的计量模式的说法中，正确的是（　　）。

A. 企业可以任意选择采用成本模式或公允价值模式进行后续计量

B. 企业对所有投资性房地产进行后续计量时，可以同时采用成本模式和公允价值模式两种计量模式

C. 成本模式转为公允价值模式的，应当作为会计政策变更处理

D. 公允价值模式转为成本模式的，应当作为会计政策变更处理

20. 某企业采用成本模式对投资性房地产进行后续计量。2022 年 9 月 20 日，该企业达到预定可使用状态的自行建造的办公楼对外出租。该办公楼建造成本为 2 600 万元，预计使用年限为 25 年，预计净残值为 100 万元。在采用年限平均法计提折旧的情况下，2022 年该办公楼应计提的折旧额为（　　）万元。

A. 0　　B. 25　　C. 100　　D. 500

21. 某企业投资性房地产采用公允价值计量模式。2022 年 1 月 1 日，该企业购入一幢建筑物用于出租。该建筑物的成本为 510 万元，用银行存款支付。该建筑物预计使用年限为 20 年，预计净残值为 10 万元。2022 年 6 月 30 日，该建筑物的公允价值为 508 万元。2022 年 6 月 30 日，该企业应进行的会计处理为（　　）。

A. 借：其他业务成本
　　贷：累计折旧

B. 借：管理费用
　　贷：累计折旧

C. 借：投资性房地产
　　贷：公允价值变动损益

D. 借：公允价值变动益
　　贷：投资性房地产

22. 下列关于投资性房地产的会计处理的说法中，正确的是（　　）。

A. 对投资性房地产采用成本模式进行后续计量时，也应按固定资产或无形资产的有关规定，按期计提折旧或进行摊销，借记“管理费用”科目，贷记“投资性房地产累计折旧”科目

B. 投资性房地产存在减值迹象的，应当按资产减值有关规定，借记“资产减值损失”科目

C. 取得的租金收入，借记“银行存款”科目，贷记“其他业务收入”科目

D. 外购投资性房地产达到预定可使用状态时，按公允价值，借记“投资性房地产”科目，贷记“银行存款”“在建工程”等科目

23. 投资性房地产不论是采用成本模式计量还是采用公允价值模式计量，取得的租金收入均通过（　　）科目核算。

A. “营业外收入”　　B. “投资收益”

C. “其他业务成本”　　D. “其他业务收入”

24. 下列选项中，能够影响企业当期损益的是（　　）。

A. 采用成本计量模式，期末投资性房地产的可收回金额高于账面价值

B. 采用成本计量模式，期末投资性房地产的可收回金额等于账面余额

C. 采用公允价值计量模式，期末投资性房地产的公允价值高于账面余额

D. 自用的房地产转换为采用公允价值模式计量的投资性房地产时，转换日房地产的公允价值大于账面价值

25. 关于投资性房地产的转换，在公允价值模式下，下列说法中，正确的是（　　）。

A. 采用公允价值模式计量的投资性房地产转换为自用房地产时，应当以其转换当日的公允价值作为自用房地产的账面价值，公允价值与原账面价值的差额计入当期损益

B. 采用公允价值模式计量的投资性房地产转换为自用房地产时，应当以其转换当日的公允价值作为自用房地产的账面价值，公允价值与原账面价值的差额直接计入所有者权益

C. 自用房地产或存货转换为采用公允价值模式计量的投资性房地产，该项投资性房地产应当按照转换日的公允价值计量，公允价值与原账面价值的差额计入当期损益

D. 自用房地产或存货转换为采用公允价值模式计量的投资性房地产，该项投资性房地产应当按照转换日的公允价值计量，公允价值与原账面价值的差额直接计入所有者权益

四、多项选择题

1. 购入固定资产的入账价值包括（　　）。

A. 运杂费　　B. 买价　　C. 途中保险费　　D. 进口关税

2. 下列固定资产中，按会计制度规定应计提折旧的有（　　）。

A. 季节性停用的机器设备　　B. 融资租入的固定资产

C. 不需用的机器设备　　D. 已提足折旧的固定资产

3. 下列选项中，不能在“固定资产”账户中核算的有（　　）。

A. 购入正在安装的设备　　B. 经营性租入的设备

C. 融资租入的不需安装的设备　　D. 购入的不需安装的设备

4. 下列选项中，需要通过“在建工程”科目核算的有（　　）。

A. 不需安装的固定资产　　B. 需要安装的固定资产

C. 固定资产的改扩建　　D. 在建工程人员的工资

5. “固定资产清理”科目贷方登记的项目有（　　）。

A. 转入清理的固定资产的净值　　B. 清理的固定资产的变价收入

C. 结转的固定资产清理净损失　　D. 结转的清理净收益

6. 影响固定资产折旧的因素有（　　）

A. 固定资产的预计使用年限　　B. 固定资产取得时的原始价值

C. 固定资产的净残值　　D. 固定资产减值准备

7. 下列选项中，应计入固定资产成本的有（　　）。

A. 固定资产进行日常修理发生的人工费用

B. 固定资产安装过程中领用原材料所负担的增值税

C. 固定资产达到预定可使用状态后发生的专门借款利息

D. 固定资产达到预定可使用状态前发生的工程物资盘亏净损失

8. 下列选项中，引起固定资产账面价值发生增减变化的有（　　）。

A. 购买固定资产时支付的有关契税、耕地占用税

B. 发生固定资产修理支出

C. 发生固定资产改良支出

D. 对固定资产计提折旧

9. 确定固定资产处置损益时，应考虑的因素有（　　）。

A. 固定资产账面价值　　B. 残值收入

C. 累计折旧　　D. 管理费用

10. 双倍余额递减法和年数总和法这两种方法计算固定资产折旧的共同点有（　　）。

A. 属于加速折旧法　　B. 每期折旧率固定

C. 前期折旧高，后期折旧低　　D. 不考虑净残值

11. 下列选项中，不属于投资性房地产的有（　　）。

A. 以经营租赁方式租入再转租的建筑物

B. 企业拥有并自行经营的饭店

C. 企业持有并准备增值后转让的土地使用权

D. 企业采用融资租赁方式出租的房地产

12. 按照《企业会计准则第 3 号——投资性房地产》的规定，下列选项中，属于投资性房地产的有（　　）。

A. 企业生产经营用的土地使用权

B. 企业出租给本企业职工居住并按照市场价格收取租金的宿舍

C. 房地产开发企业将作为存货的商品房以经营租赁方式出租

D. 房地产开发企业建造的楼盘部分出租部分销售，出租部分能够单独计量的

13. 下列交易或事项的会计处理中，符合《企业会计准则第 3 号——投资性房地产》规定的有（　　）。

A. 已出租的投资性房地产租赁期届满，因暂时空置但继续用于出租的，仍作为投资性房地产

B. 投资性房地产主要为出租用

C. 持有待增值的“炒楼”不作为投资性房地产

D. 闲置土地属于投资性房地产

14. 投资性房地产采用公允价值模式进行计量需要设置的账户有（　　）。

A. “投资性房地产累计折旧”　　B. “投资性房地产减值准备”

C. “投资性房地产”　　D. “公允价值变动损益”

15. 下列关于投资性房地产的处理的说法中，正确的有（　　）。

A. 在一般情况下，同一企业只能采用一种模式对所有投资性房地产进行后续计量，不得同时采用两种计量模式

B. 已采用公允价值模式计量的投资性房地产，不得从公允价值模式转为成本模式

C. 投资性房地产由成本模式变为公允价值模式计量属于会计政策变更

D. 采用公允价值模式对投资性房地产进行后续计量的企业，对其拥有的任何投资性房地产均不得采用成本模式进行后续计量

16. 下列关于投资性房地产的计量模式的说法中，正确的有（　　）。

A. 在一般情况下，已经采用公允价值模式计量的同一项投资性房地产，不得从公允价值模式转为成本模式

B. 已经采用成本模式计量的投资性房地产不得从成本模式转为公允价值模式

C. 采用公允价值模式计量的，不对投资性房地产计提折旧或进行摊销

D. 企业对投资性房地产的计量模式一经确定不得随意变更

五、简答题

1. 自行建造固定资产的核算与出包方式建造固定资产的核算有何区别？

2. 固定资产的折旧方法有哪些？如何计算？都有什么特点？

六、业务题

1. 长江公司20×1年至20×5年与固定资产有关的业务资料如下：

（1）20×1年12月12日，长江公司购进一台不需要安装的设备，取得的增值税专用发票上注明的设备价款为456万元，另支付运杂费5万元，款项以银行存款支付，假设没有发生其他相关税费。该设备于当日投入使用，预计使用年限为6年，预计净残值为11万元，采用年限平均法计提折旧。

（2）20×2年6月，长江公司对该设备进行简单维修，领用维修材料9 000元，发生修理人员工资1 000元。

（3）20×3年12月31日，因存在减值因素，长江公司对该设备进行减值测试。20×3年12月31日该设备的公允价值减去处置费用的净额为271万元。该设备预计未来使用及处置产生的现金流量现值为291万元。假定计提减值准备后设备的预计净残值、使用年限和折旧方法不变。

（4）20×5年6月，长江公司因转产使该设备停止使用。20×5年11月30日，长江

公司以 90 万元的价格将该设备出售给甲公司，处置时发生固定资产清理费用为 10 万元，以银行存款支付。

要求（假定不考虑增值税等其他相关税费）：

（1）计算长江公司购入设备的入账价值。

（2）计算 20×5 年上述设备应计提的折旧额。

（3）编制 20×5 年长江公司出售该设备的会计分录。

2. 某企业发生下列与自营建筑安装工程相关的经济业务：

（1）该企业用银行存款购入为工程准备的各种物资，取得的增值税专用发票上注明的价款为 100 000 元，增值税税率为 13%。

（2）工程实际领用工程物资（含增值税）为 105 300 元。

（3）工程领用企业生产用原材料一批，实际成本为 20 000 元，增值税税率为 13%。

（4）该企业分配工程人员工资 40 000 元。

（5）该企业辅助生产车间为工程提供劳务支出为 3 000 元。

（6）工程达到预定可使用状态并交付使用。

要求：根据上述资料计算固定资产的入账价值，并编制相关会计分录。

3. 某企业发生下列固定资产的取得业务：

（1）该企业购入复印机一部，价值为 40 000 元，增值税为 5 200 元，运杂费为 200 元。价款以银行存款支付，复印机已交付办公室使用。

（2）该企业购入一条生产线，价值为 800 000 元，增值税为 104 000 元，途中运杂费为 4 000 元。价款签发商业汇票支付，设备交付生产车间安装。

（3）该企业以银行存款支付安装费 3 000 元，应付安装工人工资为 1 000 元。

（4）设备已安装完毕，交付车间使用。

（5）该企业接受甲公司投入设备一台，对方账面价值为 50 000 元，双方协商作价为 40 000 元，该企业另以现金支付运杂费 400 元。

（6）该企业以银行存款预付出包工程进度款 200 000 元。

（7）该企业接受基建部门的办公楼移交手续，工程造价为 500 000 元。

（8）该企业以银行存款支付车辆购置税 100 000 元。

要求：根据上述资料编制有关固定资产的会计分录。

4. 某企业将其拥有的房屋采用经营租赁方式租出，租期为 3 年，租金总额为 300 000 元。在租赁期开始日（20×0 年 1 月 1 日），该企业预收租金 180 000 元，其余租金待租期届满退还房屋时（20×3 年 1 月 1 日）结清。该企业于每年 12 月 31 日确认当期租金收入。

要求：假设不考虑相关税费，编制有关投资性房地产租金收入的以下会计分录。

（1）20×0 年 1 月 1 日，该企业预收租金。

（2）20×0 年 12 月 31 日，该企业确认租金收入。

（3）20×1 年 12 月 31 日，该企业确认租金收入。

（4）20×2 年 12 月 31 日，该企业确认租金收入。

（5）20×3 年 1 月 1 日，该企业收回房屋和其余租金。

5. 甲股份有限公司（以下简称“甲公司”）为增值税一般纳税企业，适用的增值税税率为 13%（不考虑除增值税以外的其他税费）。甲公司按净利润的 10% 计提盈余公积。甲公司将其一栋写字楼经营租赁给乙公司，租赁期为 1 年，年租金为 300 万元，租金于每年年末结清。租赁期开始日为 20×1 年 1 月 1 日。在租赁期间，甲公司提供该写字楼的日常维护。该写字楼的原造价为 3 000 万元，按直线法计提折旧，使用寿命为 30 年，预计净残值为零，已计提折旧为 1 000 万元，账面价值为 2 000 万元。甲公司采用成本模式对投资性房地产进行后续计量。

20×1 年 12 月，该写字楼出现减值迹象。经减值测试，该写字楼当年减值 200 万元。20×1 年，该写字楼共发生日常维护费用 40 万元，均以银行存款支付。

20×2 年 1 月 1 日，甲公司决定于当日开始对该写字楼进行再开发，开发完成后将继续用于经营租赁。20×2 年 4 月 20 日，甲公司与丙公司签订经营租赁合同，约定自 20×2 年 7 月 1 日起将写字楼出租给丙公司，租赁期为 2 年，年租金为 500 万元，租金每半年支付一次。

20×2 年 6 月 30 日，该写字楼再开发完成，共发生支出 200 万元，均以银行存款支付。预计该项投资性房地产可使用年限为 25 年，预计净残值为零，折旧方法仍为直线法。

要求：（1）编制20×1年1月1日甲公司出租写字楼的有关会计分录。

（2）编制20×1年12月31日该投资性房地产的有关会计分录。

（3）编制20×2年甲公司该投资性房地产再开发的有关会计分录。

（4）编制20×2年12月31日该投资性房地产的有关会计分录。

七、案例分析题

财政部、国家税务总局先后于2014年、2015年下发文件，明确相关固定资产加速折旧优惠政策。2019年，《财政部 税务总局关于扩大固定资产加速折旧优惠政策适用范围的公告》明确将固定资产加速折旧优惠政策扩大至全部制造业领域。2019年1月1日后的加速折旧优惠政策如表8-1所示。

表8-1　2019年1月1日后的加速折旧优惠政策

优惠期间	适用行业	固定资产类别	优惠事项
2019年1月1日起	全部制造业+信息传输、软件和信息技术服务业等行业企业	新购进的固定资产（包括自行建造）	允许按不低于《中华人民共和国企业所得税法》规定折旧年限的60%缩短折旧年限，或者选择采取双倍余额递减法或年数总和法进行加速折旧
2019年1月1日起	所有行业	专门用于研发活动的仪器、设备，单位价值不超过100万元的	可以一次性在计算应纳税所得额时扣
		专门用于研发活动的仪器、设备，单位价值超过100万元的	允许按不低于《中华人民共和国企业所得税法》规定折旧年限的60%缩短折旧年限，或者选择采取双倍余额递减法或年数总和法进行加速折旧
2019年1月1日起	全部制造业+信息传输、软件和信息技术服务业等行业中的小型微利企业	研发和生产经营共用的仪器、设备不超过100万元的	可以一次性在计算应纳税所得额时扣除
		研发和生产经营共用的仪器、设备超过100万元的	允许按不低于《中华人民共和国企业所得税法》规定折旧年限的60%缩短折旧年限，或者选择采取双倍余额递减法或年数总和法进行加速折旧
2019年1月1日起	所有行业	单位价值不超过5 000元的固定资产	可以一次性在计算应纳税所得额时扣除

固定资产加速折旧是一项既利当前，更惠长远的重大举措，对提高传统产业竞争力，增强经济发展后劲和活力，实现提质增效升级和持续稳定增长，促进就业，完善我国支持企业创新的税收政策体系等都具有重要意义。

要求：分析此案例中体现的思政元素。

练习题参考答案

一、名词解释

1. 固定资产是指同时具有下列特征的有形资产：

（1）为生产商品、提供劳务、出租或经营管理而持有的；

（2）使用寿命超过一个会计年度。

未作为固定资产管理的工具、器具等，作为周转材料（低值易耗品）核算。

2. 原始价值又称历史成本，是指企业购建某项固定资产达到预定可使用状态前所发生的一切合理、必要的支出。原始价值具有客观性和可验证性等特点，因此是企业新购建固定资产时采用的计价标准，也是计提折旧的依据。但是，这种计价方法也有明显的缺点，当经济环境和物价水平发生变化时，它不能及时反映固定资产的真实价值。

3. 净值是指固定资产的原始价值减去累计折旧后的余额，也叫折余价值。净值可以反映企业实际被占用在固定资产上的资金数额和固定资产的新旧程度。

4. 固定资产折旧是指固定资产在使用过程中逐渐损耗而消失的那部分价值。

5. 固定资产可收回金额是指根据固定资产的公允价值减去处置费用后的净额与固定资产预计未来现金流量的现值两者之间的较高者确定的金额。处置费用包括与固定资产处置有关的法律费用、相关税费、搬运费以及使固定资产达到可销售状态所发生的直接费用等。

6. 固定资产减值是指当固定资产发生损坏、技术陈旧或其他经济原因时，导致其可收回金额低于其账面价值。

二、判断题

1. √

2. ×

【解析】固定资产的各组成部分具有不同使用寿命或以不同方式为企业提供经济利益，适用不同折旧率或折旧方法的，企业应当分别将各组成部分确认为单项固定资产。

3. ×

【解析】以一笔款项购入多项没有单独标价的固定资产，应当按照各项固定资产公允价值比例对总成本进行分配，分别确定各项固定资产的成本。

4. √

5. ×

【解析】不一定。

6. √

【解析】正常报废和非常报废的固定资产的会计处理都是通过“固定资产清理”科目核算，最后将净损益转入“营业外收入”科目或“营业外支出”科目。

7. √

8. √

9. ×

【解析】已达到预定可使用状态的固定资产，如果在年度内尚未办理竣工决算，应当按照估计价值暂估入账，并计提折旧；待办理了竣工决算手续后，再按照实际成本调整原来的暂估价值，对已计提的折旧额不再进行调整。

10. √

11. ×

【解析】固定资产借款发生的利息支出，在资产达到预定可使用状态前发生的，若符合资本化条件，应予资本化，计入固定资产的建造成本；在资产达到预定可使用状态后发生的，则应作为当期费用处理。

12. ×

【解析】接受投资者投入的固定资产，按投资合同或协议约定的价值作为入账价值（但合同或协议约定的价值不公允的除外）。

13. √

14. ×

【解析】经营租入的固定资产所有权不属于承租方，因此不用对其计提折旧。按照实质重于形式原则，融资租入的固定资产应该作为承租人的自有固定资产处理，并采用与自有应计提折旧资产相一致的折旧政策计提折旧。

15. √

16. ×

【解析】工作量法的特点是单位工作量的折旧额相等。每年提取的折旧额相等属于年限平均法的特点。

17. ×

【解析】企业一般应当按月提取折旧，当月增加的固定资产，当月不计提折旧；当月减少的固定资产，当月照提折旧。

18. √

19. ×

【解析】当成本模式转化为公允价值模式时，企业应该按照会计政策变更处理，追溯调整时按照投资性房地产的公允价值，借记“投资性房地产”科目，贷记成本模式下的投资性房地产的账面价值，账面价值和公允价值之间的差额，计入盈余公积和未分配利润。

20. √

【解析】固定资产减值损失一经确认，在以后会计期间不得转回（注意：计提的存货跌价准备和坏账准备可以转回）。

三、单项选择题

1. B

【解析】该生产线的入账价值=234+200+210×(13%+10%)+100+14=596.3（万元）。

2. D

【解析】改良过程中发生的变价收入和支出，应在“在建工程”科目核算。完工后，企业将改良工程的净支出并入原有固定资产账面原价，原有固定资产的累计折旧不变。

3. B

【解析】盘盈的固定资产属于会计差错处理，在“以前年度损益调整”科目核算。

4. B

5. C

【解析】接受投资者投入的固定资产，按投资合同或协议约定的价值作为入账价值(但合同或协议约定的价值不公允的除外)。

6. C

【解析】净残值=153×3%=4.59（万元）

剩余值=153-4.59=148.41（万元）

每万件折旧额=148.41÷450=0.33（万元）

月折旧额=0.33×10=3.3)（万元）

7. D

【解析】在原有固定资产的基础上进行改建、扩建的，按原固定资产的账面价值，加上由于改建、扩建而使该项资产达到预定可使用状态前发生的全部支出，减改建、扩建过程中发生的变价收入，作为入账价值。该建筑物改建后的入账价值=（100-60）+30-5=65（万元）

8. B

【解析】经营租赁的固定资产由出租方计提折旧，选项 A 不正确；尚未达到预定可使用状态的在建工程项目不提折旧，选项 C 错误；选项 D 由承租人计提折旧。

9. A

【解析】第一年计提折旧=600 000×2÷5=240 000（元）

第二年计提折旧=(600 000-240 000)×2÷5=144 000（元）

第三年计提折旧=(600 000-240 000-144 000)×2÷5=86 400（元）

第四年计提折旧=(600 000-240 000-144 000-86 400-50 000)÷2=39 800（元）

10. B

【解析】在采用年数总和法计提折旧的情况下，该项设备第二年应提折旧额=(172-16)×4÷15=41.6（万元）

11. D

12. B

13. D

14. B

15. A

【解析】自用房地产转换为公允价值模式计量的投资性房地产时，转换日公允价值大于账面价值的差额计入“资本公积——其他资本公积”科目。

16. C

【解析】固定资产修理费用应当直接计入当期费用。固定资产改良支出应当计入固定资产账面价值，其增计后的金额不应超过该固定资产的可收回金额；超过部分直接计入当期营业外支出。

17. B

18. A

19. C

【解析】选项 A、选项 B，投资性房地产后续计量，通常应当采用成本模式，满足特定条件的情况下，也可以采用公允价值模式；选项 D，已采用公允价值模式计量的投资性房地产，不得从公允价值模式转为成本模式。

20. B

【解析】2022 年该办公楼应计提的折旧额 =（2 600−100）÷25×3÷12 = 25（万元）

21. D

22. C

【解析】选项 A，借记“其他业务成本”科目；选项 B，公允价值模式调整账面价值，成本模式才计提减值损失；选项 D，外购是按付出成本借记“投资性房地产”科目。

23. D

【解析】不管采用何种计量模式，投资性房地产取得的租金收入均计入其他业务收入。

24. C

【解析】选项 A、选项 B，不需要进行会计处理；选项 D，计入资本公积；选项 C，差额计入公允价值变动损益，影响当期损益。

25. A

【解析】采用公允价值模式计量的投资性房地产转换为自用房地产时，应当以其转换当日的公允价值作为自用房地产的账面价值，公允价值与原账面价值的差额计入当期损益。

四、多项选择题

1. ABCD

2. ABC

3. AB

【解析】购入正在安装的设备应通过“在建工程”账户核算；经营性租入的设备不属于企业的固定资产；融资租入的不需安装的设备视同自有固定资产管理，因为不需安装，所以在“固定资产”账户核算；购入的不需安装的设备在“固定资产”账户核算。

4. BCD

5. BC

6. ABCD

7. BD

【解析】选项 A，计入管理费用中；选项 C，计入财务费用中。

8. ACD

【解析】对固定资产计提折旧，将使固定资产账面价值减少；发生固定资产改良支出和购买固定资产时所支付的有关契税、耕地占用税，将使固定资产账面价值增加；发生固定资产修理支出应计入当期费用，不影响固定资产账面价值。

9. ABCD

10. AC

【解析】双倍余额递减法和年数总和法两种方法都属于加速折旧法，前期折旧高，后期折低。

11. ABD

【解析】选项 A、选项 D，没有所有权；选项 B，企业拥有并自行经营的旅馆、饭店等属于固定资产。

12. CD

【解析】选项 A，属于无形资产；选项 B，属于固定资产。

13. ABC

【解析】投资性房地产是指为赚取租金或资本增值，或者两者兼有而持有的房地产。投资性房地产主要包括已出租的土地使用权、持有并准备增值后转让的土地使用权和已出租的建筑物。自用房地产和作为存货的房地产则不属于投资性房地产。投资性房地产应当能够单独计量和出售。

14. CD

【解析】投资性房地产采用公允价值模式进行计量需要设置的账户有“投资性房地产”“公允价值变动损益”。

15. ABC

16. ACD

【解析】选项 B，在存在确凿证据表明投资性房地产的公允价值能够持续可靠取得且能够满足采用公允价值模式条件的情况下，允许企业对投资性房地产从成本模式计量变更为公允价值模式计量。

五、简答题

1. 自行建造固定资产的核算与出包方式建造固定资产的核算有何区别?

自营工程是指企业自行组织工程物资采购、自行组织施工人员施工的建筑工程和安装工程。在进行会计核算的时候，所有购进的需要的材料等都按照实际成本通过“工程物资”账户核算，允许抵扣的增值税进项税额借记“应交税费——应交增值税（进项税额）”账户，按照价税合计贷记相关账户。工程领用的工程物资、材料等按照实际成本借记“在建工程”账户；贷记“工程物资”“原材料”等账户，并同时转出应缴的增值税进项税额。其间发生的借款利息、工人工资和其他的费用贷记相关的账户。工程达到预定可使用状态的时候，企业按照“在建工程”的全部支出合计转入“固定资产”账户。

出包工程是指企业通过招标等方式将工程项目发包给建筑承包商，由建筑承包商施工的建筑工程和安装工程。在进行会计核算时，支出主要由建筑承包商进行核算。企业预付给承包商的工程价款借记“在建工程”账户，贷记“银行存款”等有关账户。企业补付工程款时做与上述同样的会计处理，借记“在建工程”账户。工程达到预定可使用状态的时候，企业按照全部成本从“在建工程”账户转入“固定资产”账户。

2. 固定资产的折旧方法有哪些？如何计算？都有什么特点？

（1）年限平均法（将固定资产的应计折旧额均衡地分摊到固定资产预计使用寿命内，采用这种方法计算的每期的折旧额是相等的）。

公式：年折旧率=[（1-预计净残值率）÷预计使用寿命]×100%

月折旧率=年折旧率÷12

月折旧额=固定资产原价×月折旧率

（2）工作量法（根据实际工作量计算每期应计提折旧额的一种方法）。

公式：单位工作量折旧额=[固定资产原价×(1-预计净残值率）]÷预计总工作量

某项固定资产月折旧额=该项固定资产当月工作量×单位工作量折旧额

（3）双倍余额递减法（一般应在固定资产使用寿命到期前两年内，将固定资产账面净值扣除预计净残值后的净值平均摊销）。

公式：年折旧率=(2÷预计使用年限)×100%

月折旧率=年折旧率÷12

月折旧额=每月月初固定资产账面净值×月折旧率

（4）年数总和法（将固定资产的原价减去预计净残值后的余额，乘以一个逐年递减的分数计算每年的折旧额）

公式：年折旧率=尚可使用年限÷预计使用寿命的年数总和×100%

月折旧率=年折旧率÷12

月折旧额=(固定资产原价-预计净残值)×月折旧率

六、业务题

1.（1）长江公司购入设备入账价值=456+5=461（万元）

（2）20×2 年度和 20×3 年度该设备计提的折旧额合计=(461-11)÷6×2=150（万元）

20×2 年发生的设备修理费属于费用化的后续支出，不影响固定资产账面价值。

20×3 年 12 月 31 日该设备的账面价值=461-150=311（万元），其可收回金额为 291 万元，低于账面价值，因此应计提的固定资产减值准备金额=311-291=20（万元）

20×4 年应计提的折旧额=(291-11)÷(6-2)=70（万元）

20×5 年 1 月至 11 月计提的折旧额=(291-11-70)÷(3×12)×11=64. 17（万元）

（3）20×5 年 11 月 30 日。

借：固定资产清理　　1 568 300
　　累计折旧（150+70+64. 17）　　2 841 700
　　固定资产减值准备　　200 000
　贷：固定资产　　4 610 000

借：固定资产清理　100 000
　贷：银行存款　100 000
借：银行存款　900 000
　　资产处置损益　768 300
　贷：固定资产清理　1 668 300
2.（1）借：工程物资　100 000
　　　　应交税费——应交增值税（进项税额）　13 000
　　　贷：银行存款　113 000
（2）借：在建工程　105 300
　　贷：工程物资　105 300
（3）借：在建工程　23 400
　　贷：原材料　20 000
　　　　应交税费——应交增值税（进项税额转出）　3 400
（4）借：在建工程　40 000
　　贷：应付职工薪酬　40 000
（5）借：在建工程　3 000
　　贷：生产成本——辅助生产成本　3 000
（6）借：固定资产　171 700
　　贷：在建工程　171 700
3.（1）借：固定资产　40 200
　　　　应交税费——应交增值税（进项税额）　5 200
　　　贷：银行存款　45 400
（2）借：在建工程　804 000
　　　应交税费——应交增值税（进项税额）　104 000
　　贷：应付票据　908 000
（3）借：在建工程　4 000
　　贷：银行存款　3 000
　　　　应付职工薪酬　1 000
（4）借：固定资产　80 800
　　贷：在建工程　80 800
（5）借：固定资产　40 400
　　贷：实收资本　40 000
　　　　库存现金　400
（6）借：在建工程　200 000
　　贷：银行存款　200 000
（7）借：固定资产　500 000
　　贷：在建工程　500 000
（8）借：固定资产　10 000
　　贷：银行存款　10 000

4.（1）20×0 年 1 月 1 日，预收租金。

借：银行存款　180 000

　贷：合同负债　180 000

（2）20×0 年 12 月 31 日，确认租金收入。

借：合同负债　10 000

　贷：其他业务收入　100 000

（3）20×1 年 12 月 31 日，确认租金收入。

借：合同负债　100 000

　贷：其他业务收入　100 000

（4）20×2 年 12 月 31 日确认租金收入。

借：合同负债　100 000

　贷：其他业务收入　100 000

（5）20×3 年 1 月 1 日，收回房屋和其余租金。

借：银行存款　120 000

　贷：合同负债　120 000

5.（1）20×1 年 1 月 1 日。

借：投资性房地产——写字楼　30 000 000

　　累计折旧　10 000 000

　贷：固定资产　30 000 000

　　投资性房地产累计折旧　10 000 000

（2）20×1 年 12 月 31 日。

借：银行存款　3 000 000

　贷：其他业务收入　3 000 000

借：其他业务成本　1 000 000

　贷：投资性房地产累计折旧　1 000 000

借：其他业务成本　400 000

　贷：银行存款　400 000

借：资产减值损失　2 000 000

　贷：投资性房地产减值准备　2 000 000

（3）20×2 年 1 月 1 日至 6 月 30 日。

借：投资性房地产——写字楼（在建）　17 000 000

　　投资性房地产累计折旧　11 000 000

　　投资性房地产减值准备　2 000 000

　贷：投资性房地产——写字楼　30 000 000

借：投资性房地产——写字楼（在建）　2 000 000

　贷：银行存款　2 000 000

20×2 年 6 月 30 日，写字楼再开发完成。

借：投资性房地产——写字楼　19 000 000

　贷：投资性房地产——写字楼（在建）　19 000 000

（4）20×2 年 12 月 31 日。

借：银行存款　　2 500 000

　贷：其他业务收入　　2 500 000

借：其他业务成本［1 900÷25×(6÷12)］　　380 000

　贷：投资性房地产累计折旧　　380 000

七、案例分析题

加速折旧政策是支持企业发展的税收优惠政策，可以促进企业技术改造、创业创新。加速折旧符合马克思主义的价格理论。当代大学生通过加速折旧的学习，一要树立经世济民的职业情怀和爱国爱民的高尚情怀；二要学会运用马克思主义的科学立场、方法解决各类理论与实践问题。

第九章
无形资产与其他资产

学习目标

知识目标：了解无形资产的基本概念、特征和内容，理解无形资产的确认、初始计量以及后续计量。

技能目标：掌握长期待摊费用的会计处理。

能力目标：掌握无形资产减值及处置的账务处理，理解其他资产的内容。

学习指导

1. 学习重点

（1）无形资产的概念和特点。

（2）熟悉长期待摊费用的含义。

2. 学习难点

（1）熟悉不同渠道取得的无形资产，正确进行无形资产的初始计量和后续计量。

（2）区别无形资产出售、出租和报废，掌握无形资产处置和报废的核算。

练习题

一、名词解释

1. 无形资产

2. 专利权

3. 商标权

4. 无形资产减值

5. 长期待摊费用

6. 开发阶段

二、判断题

1. 无形资产是指企业为生产商品、提供劳务、出租给他人，或者为管理目的而持有的、没有实物形态的非货币性长期资产，包括商誉。（　）

2. 使用寿命不确定的无形资产不用进行摊销，也不用进行减值测试计提减值准备。（　）

3. 无形资产的残值一经确定，不得更正。（　）

4. 对自行开发并按法律程序申请取得的无形资产，按在研究与开发过程中发生的材料费用、直接参与开发人员的工资及福利费、开发过程中发生的租金、借款费用以及注册费、聘请律师费等费用作为无形资产的实际成本。（　）

5. 不论无形资产的用途如何，其摊销价值一律记入“管理费用”科目。（　）

6. 无形资产的残值都为零。（　）

7. 企业的无形资产均应按照直线法进行摊销。（　）

8. 使用寿命有限的无形资产应当自无形资产取得当月起分期进行摊销。（　）

9. 投资者投入的无形资产，以投资各方确认的价值作为账面价值。（　）

10. 企业内部研究开发项目研究阶段的支出，应于发生时计入当期损益（管理费用）。（　）

11. 无法区分研究阶段支出和开发阶段支出，应当将其发生的研发支出全部资本化，计入无形资产成本。（　）

12. 无形资产无法合理确定为企业带来经济利益的期限的，才能将其作为使用寿命不确定的无形资产。（　）

13. 无形资产预期不能为企业带来经济利益的，应将无形资产的账面价值转入“管理费用”科目。（　）

14. 企业至少应当于每年年度终了，对使用寿命有限的无形资产的使用寿命及摊销方法进行复核，无形资产的使用寿命及摊销方法与以前估计不同的，应当改变摊销期限和摊销方法。（　）

15. 由于出售无形资产属于企业的日常活动，因此出售无形资产所取得的收入应通过“其他业务收入”科目核算。（　）

16. 企业应在会计期末对取得的所有无形资产进行摊销。（　）

三、单项选择题

1. A 公司为甲、乙两个股东共同投资设立的股份有限公司。经营一年后，甲、乙股东之外的另一个投资者丙要求加入 A 公司。经协商，甲、乙股东同意投资者丙以一项非专利技术投入，三方确认该项非专利技术的价值为 100 万元。该项非专利技术在丙公司的账面余额为120万元，市价为100万元，那么该项非专利技术在A公司的入账价值为（　　）万元。

A. 100　　B. 120　　C. 0　　D. 150

2. 无形资产是指企业拥有或控制的没有实物形态的可辨认的（　　）。

A. 资产　　B. 非流动性资产

C. 货币性资产　　D. 非货币性资产

3. 由投资者投资转入无形资产，应按合同或协议约定的价值（假定该价值是公允的），借记“无形资产”科目；按其在注册资本中所占的份额，贷记“实收资本”科目；按其差额计入（　　）科目。

A. “资本公积——资本(或股本)溢价”　B. “营业外收入”

C. “资本公积——股权投资准备”　　D. “最低租赁付款额”

4. 企业出售无形资产发生的净损失，应计入（　　）科目。

A. “资产处置损益”　　B. “其他业务成本”

C. “主营业务成本”　　D. “管理费用”

5. 企业在研发阶段发生的无形资产支出应先计入（　　）科目。

A. “无形资产”　　B. “管理费用”　　C. “研发支出”　　D. “累计摊销”

6. 按照现行会计制度的规定，下列选项中，企业应作为无形资产入账的是（　　）。

A. 开办费

B. 为获得土地使用权支付的土地出让金

C. 广告费

D. 开发新技术过程中发生的研究开发费

7. 企业摊销自用的、使用寿命确定的无形资产时，借记“管理费用”等科目，贷记（　　）科目。

A. “无形资产”　　B. “累计摊销”

C. “累计折旧”　　D. “无形资产减值准备”

8. 企业出租无形资产取得的收入，应当计入（　　）科目。

A. “主营业务收入”　　B. “其他业务收入”

C. “营业外收入”　　D. “投资收益”

9. 在会计期末，股份有限公司所持有的无形资产的账面价值高于其可收回金额的差额，应当计入（　　）科目。

A. “管理费用”　　B. “资产减值损失”

C. “其他业务成本”　　D. “营业外支出”

10. 用于产品生产的专利权的摊销，应计入（　　）。

A. “管理费用”　　B. “制造费用”

C. “销售费用”　　D. “其他业务成本”

11. 在会计期末，企业持有的无形资产经过减值测试，表明已经发生减值，则需要计提减值准备，应借记（　　）科目，贷记“无形资产减值准备”科目。

A. “管理费用”　　B. “公允价值变动损益”

C. “营业外支出”　　D. “资产减值损失”

12. 对使用寿命有限的无形资产进行摊销时应贷记的会计科目为（　　）。

A. “累计摊销”　　B. “公允价值变动损益”

C. “无形资产”　　D. “资产减值损失”

13. 甲公司因生产某项新产品需要购入一项非专利技术，实际支付价款 500 万元，并支付相关税费 5 万元，支付相关专业服务费 12 万元。甲公司为新产品进行宣传发生广告费 20 万元，并发生其他相关管理费用 3 万元。假定不考虑其他因素，甲公司购入该项非专利技术的入账价值为（　　）万元。

A. 500　　B. 517　　C. 540　　D. 500

14. 如果无法区分研究阶段和开发阶段的支出，企业应当在支出发生时（　　）。

A. 全部费用化，计入当期损益

B. 全部确认为无形资产

C. 按适当比例划分计入当期损益和无形资产的金额

D. 由企业自行决定计入当期损益或无形资产

15. 甲公司 20×1 年 1 月 1 日购入一项无形资产。该无形资产的实际成本为 500 万元，摊销年限为 10 年，采用直线法摊销。20×5 年 12 月 31 日，该无形资产发生减值，预计可收回金额为 180 万元。计提减值准备后，该无形资产原摊销年限不变。20×6 年 12 月 31 日，该无形资产的账面价值为（　　）万元。

A. 500　　B. 214　　C. 200　　D. 144

16. 下列关于无形资产会计处理的表述中，正确的是（　　）。

A. 计算机软件依赖于实物载体，应确认为无形资产

B. 计提的无形资产减值准备在该资产价值恢复时应予转回

C. 使用寿命不确定的无形资产账面价值均应按 10 年平均摊销

D. 无形资产属于非货币性资产

17. 下列关于无形资产会计处理的表述中，正确的是（　　）。

A. 将外购商誉确认为无形资产

B. 将已转让所有权的无形资产的账面价值计入其他业务成本

C. 研究开发活动无法区分研究阶段和开发阶段的，应当在发生时全部费用化

D. 将以支付土地出让金方式取得的自用土地使用权确认为固定资产

18. 20×1 年 2 月 5 日，甲公司以 2 000 万元的价格从产权交易中心竞价获得一项专利权，另支付相关税费 90 万元。为推广由该专利权生产的产品，甲公司发生广告宣传费用 25 万元、展览费 15 万元，上述款项均用银行存款支付。该项无形资产达到预定可使用状态后，发生员工培训费等相关费用 60 万元。假定不考虑其他因素，该项无形资产的入账价值为（　　）万元。

A. 2 190　　B. 2 090　　C. 2 130　　D. 2 105

19. 20×5 年 7 月 1 日，甲公司与乙公司签订合同，自乙公司购买一项非专利技术，合同价款为 4 000 万元（不含增值税），款项分五次支付，其中合同签订之日支付购买价款的 20%，其余款项分四次自次年起每年 7 月 1 日支付 800 万元。该项非专利技术购买价款的现值为 3 509. 76 万元，折现率为 7%。甲公司采用实际利率法摊销未确认融资费用，则 20×5 年度甲公司应摊销的未确认融资费用为（　　）万元。

A. 189. 68　　B. 122. 84　　C. 94. 84　　D. 140

20. A 公司为甲、乙两个股东共同投资设立的股份有限公司。经营一年后，甲、乙股东之外的另一个投资者丙意图加入 A 公司。经协商，甲、乙股东同意投资者丙以一项非专利技术投入，三方确认该项非专利技术的价值为 200 万元。该项非专利技术在丙公司的账面余额为 280 万元，市价为 260 万元。假定不考虑增值税等其他因素影响，该项非专利技术在 A 公司的入账价值为（　　）万元。

A. 200　　B. 280　　C. 0　　D. 260

四、多项选择题

1. 下列选项中，可以确认为无形资产的有（　　）。

A. 计算机公司购入的为客户开发的软件

B. 高级专业技术人才

C. 企业通过行政划拨无偿取得的土地使用权

D. 有偿取得的一项为期 15 年的高速公路收费权

E. 购买的商标权

2. 企业自行开发并取得的专利权发生的下列费用，如果开发成功，则可以计入专利权入账价值的有（　　）。

A. 发生的注册费　　B. 发生的聘请律师费

C. 发生的材料费用　　D. 发生的开发人员的人工费

3. 下列选项中，会引起无形资产账面价值发生增减变动的有（　　）。

A. 对无形资产计提减值准备　　B. 发生无形资产后续支出

C. 摊销无形资产成本　　D. 转让无形资产所有权

4. 下列有关无形资产的后续计量的说法中，不正确的是（　　）。

A. 使用寿命不确定的无形资产，其应摊销的金额应该按照 10 年进行摊销

B. 无形资产的摊销方法必须采用直线法进行摊销

C. 使用寿命不确定的无形资产应该按照系统合理的方法摊销

D. 企业无形资产的摊销方法应当反映与该项无形资产有关的经济利益的预期实现方式

5. 下列有关无形资产的会计处理中，不正确的是（　　）。

A. 转让无形资产使用权所取得的收入应计入资产处置损益

B. 使用寿命不确定的无形资产，不应摊销

C. 转让无形资产所有权发生的支出应计入其他业务成本

D. 购入但尚未投入使用的、使用寿命确定无形资产的价值不应进行摊销

6. 下列有关无形资产会计处理的表述中，正确的有（　　）。

A. 无形资产后续支出应该在发生时计入当期损益

B. 企业自用的、使用寿命确定的无形资产的摊销金额，应该全部计入当期管理费用

C. 不能为企业带来经济利益的无形资产的摊余价值，应该全部转入当期的管理费用

D. 使用寿命有限的无形资产应当在取得当月起开始摊销

7. 按现行制度的规定，下列选项中，正确的有（　　）。

A. 使用寿命有限的无形资产，其摊销时应假定残值为零

B. 无形资产应自取得次月起进行摊销

C. 无形资产应采用摊余价值与可收回金额孰低进行期末计价

D. 企业的研究开发费用应作为无形资产核算

8. 下列选项中，属于会计上的无形资产的有（　　）。

A. 专利权　　B. 非专利技术　　C. 商誉　　D. 土地使用权

9. 无形资产的摊销金额，可以记入（　　）科目。

A. “管理费用”　　B. “其他业务成本”

C. “研发支出”　　D. “制造费用”

10. 下列关于企业取得的土地使用权的处理中，正确的有（　　）。

A. 通常应当按照取得时支付的价款及相关税费确认无形资产

B. 土地使用权用于自行开发建造厂房等地上建筑物时，相关的土地使用权账面价值转入在建工程成本，与地上建筑物合并计算其成本

C. 土地使用权用于建造对外出售的房屋建筑物的，相关的土地使用权价值应当计入所建造的房屋建筑物成本

D. 企业改变土地使用权的用途，停止自用土地使用权而用于赚取租金或获取资本增值时，不需要对其进行相关处理，仍作为无形资产核算

11. 在一般情况下，有使用寿命的无形资产应当在其预计使用年限内摊销。但是，如果预计使用年限超过了相关合同规定的受益年限或法律规定的有效年限，应按以下原则确定摊销年限的是（　　）。

A. 合同规定受益年限，法律没有规定有效年限的，摊销年限不应该超过受益年限

B. 合同没有规定受益年限，法律规定有效年限的，摊销年限不应该超过有效年限

C. 合同规定受益年限，法律也规定了有效年限的，摊销年限选择两者中较短者

D. 如果无法预计无形资产带来经济利益的年限，应当确定为寿命不确定的无形资产

12. 下列关于土地使用权的说法中，正确的有（　　）。

A. 房地产开发企业取得的土地使用权用于建造对外出售的商品房，相关的土地使用权应计入所建造商品房的成本

B. 非房地产开发企业取得的土地使用权用于建造自用厂房时，土地使用权的账面价值不应计入地上建筑物的成本中

C. 非房地产开发企业外购房屋支付的价款中包括土地使用权和建筑物价值的，应当对实际支付的价款按照合理的方法进行分配，无法进行分配的，应当全部作为无形资产核算

D. 以外购方式取得的土地使用权，应当按照取得时支付的价款及相关税费作为土地使用权的入账价值

13. 下列关于无形资产初始计量的表述中，不正确的有（　　）。

A. 通过债务重组取得无形资产，应当以其公允价值为基础入账

B. 通过债务重组取得无形资产，应当以其账面价值为基础入账

C. 通过非货币性资产交换取得无形资产，按照公允价值为基础计量

D. 通过非货币性资产交换取得无形资产，按照账面价值为基础计量

14. 下列有关无形资产的说法中，正确的有（　　）。

A. 无形资产当月增加，当月开始摊销；当月减少，当月停止摊销

B. 无形资产减值准备一经计提，以后期间不得转回

C. 使用寿命有限的无形资产，无需在会计期间进行减值测试

D. 无形资产均应当采用直线法摊销

15. 英明公司于 2015 年 7 月接受投资者投入一项无形资产，该无形资产原账面价值为 1 000 万元，投资协议约定的价值为 1 200 万元（与公允价值相同），预计使用年限为 10 年，预计净残值为 0，采用直线法进行摊销。2019 年年末，英明公司预计该无形资产的可收回金额为 500 万元，计提减值准备后预计尚可使用年限为 4 年，摊销方法和预计净残值不变。2021 年 7 月 20 日，英明公司对外出售该无形资产，取得 200 万元处置价款存入银行。假定不考虑其他因素，下列说法中，正确的有（　　）。

A. 2019 年年末计提减值准备前该无形资产的账面价值为 660 万元

B. 2021 年 7 月 20 日英明公司对外出售该无形资产时的净损益为-112.5 万元

C. 2019 年年末计提减值准备前该无形资产的账面价值为 550 万元

D. 2021 年 7 月 20 日英明公司对外出售该无形资产时的净损益为 200 万元

五、简答题

1. 企业无形资产包括哪些内容？

2. 简要说明无形资产的分类。

3. 无形资产应如何进行初始计量？

4. 在哪些情况下应计提无形资产减值准备？如何计提无形资产减值准备？

5. 研究阶段与开发阶段如何区分？两者在会计处理上有何不同？

六、业务题

1. 20×3 年 1 月 6 日，A 公司从 B 公司购买一项管理用专利技术。A 公司由于资金周转比较紧张，经与 B 公司协商采用分期付款方式支付款项。合同规定，该项专利技术总计 1 200 万元，从 20×3 年起每年年末付款 400 万元，3 年付清。该专利技术尚可使用年限为 10 年，采用直线法摊销，无残值。假定银行同期贷款年利率为 8%，已知（P/A，8%，3）= 2. 577 1，不考虑相关税费等因素。

要求：（1）计算无形资产入账价值并编制 20×3 年 1 月 6 日相关会计分录。

（2）计算并编制 20×3 年年底有关会计分录。

（3）计算并编制 20×4 年年底有关会计分录。

（4）计算并编制 20×5 年年底有关会计分录。

2. 20×8 年 1 月 1 日，A 股份有限公司购入一块土地的使用权，以银行存款转账支付 8 000 万元，并在该土地上自行建造厂房等工程，领用工程物资 12 000 万元，工资费用 8 000 万元，其他相关费用等 10 000 万元。该工程已经完工并达到预定可使用状态。假定土地使用权的使用年限为 50 年，该厂房的使用年限为 25 年，两者都没有净残值，都采用直线法进行摊销和计提折旧。为简化核算，不考虑其他相关税费。

要求：编制 A 股份有限公司相应的会计分录。

3.（1）20×8 年 1 月 1 日，B 公司拥有某项专利技术的成本为 1 000 万元，已摊销金额为 500 万元，已计提减值准备为 20 万元。该公司将该项专利技术出售给 C 公司，取得出售收入 600 万元，应缴纳的增值税为 36 万元（适用的增值税税率为 6%，不考虑其他税费）。

（2）如果该公司转让该项专利技术取得收入为 400 万元，应缴纳的增值税为 24 万元。

要求：编制相应的会计分录。

4. 甲企业 20×9 年度发生以下有关无形资产的业务：

（1）1 月 1 日，甲企业从当地政府购入一块土地的使用权，以银行存款支付转让价款 800 万元，并开始进行建造厂房等开发工程，预计使用 50 年，年末计提本年摊销。

（2）2 月 1 日，甲企业以 1 800 万元的价格购入一项管理用无形资产，以银行存款支付。该无形资产的法律保护期限为 15 年。甲公司预计其在未来 10 年内会给公司带来经济利益。甲公司计划在使用 5 年后出售该无形资产。G 公司承诺 5 年后按 1 260 万元的价格购买该无形资产。甲企业年末计提本年摊销。

（3）7 月 1 日，甲企业购入一项专利权和相关设备，实际支付的价款为 9 750 万元。由于专利权和相关设备价款没有分别标明，甲企业假定专利权公允价值与相关设备公允价值的相对比例为 4 : 1。设备交车间使用，预期使用 5 年；专利权尚可使用 8 年。假设专利权和设备均不考虑净残值。

（4）上述管理用无形资产 12 月 31 日预计可收回金额为 1 500 万元。

要求：编制有关上述业务的会计分录。

5. 某企业发生有关无形资产的经济业务如下：

（1）该企业从技术市场购入一项专利权，买价为 300 000 元，增值税为 18 000 元，发生注册费、律师费等 1 200 元，价款均以银行存款支付。该项专利权购入后立即投入使用。

（2）该企业接受甲公司以某项商标权向本企业投资，双方协商确认价值为 150 000 元。该项商标权正式投入使用。

（3）该企业自行研制专利权取得成功，并已申请取得专利权。该企业本月发生开发费用共计 90 000 元。其中，领用库存原材料 50 000 元，应付人员工资 30 000 元，以银行存款支付其他相关费用 10 000 元。该企业另发生专利登记费 20 000 元，律师费用 40 000 元，以银行存款支付。该项专利已投入使用。

（4）该企业出租商标使用权取得收入 40 000 元，存入银行；以银行存款支付出租无形资产的相关费用 10 000 元，并按 6%的增值税税率计算结转应交增值税（应交城建税等略）。

（5）H公司数年前欠该企业销售款160 000元（账面余额），该项债权已提坏账准备为5 000元，现双方商定以专利权抵偿此债务。该企业以银行存款支付H公司补价款11 000元，并以银行存款支付登记过户费、律师费等6 000元（不考虑其他相关税费）。

要求：根据上述经济业务编制有关会计分录。

七、案例分析题

时任美国总统特朗普不惜破坏世界规则、不惜让世界回到“窄铁轨”时代也要遏制中国崛起。特朗普政府大棒一挥，曾经气势恢宏的中兴通讯瞬间休克。在缴纳天量罚款、改组董事会等苛刻条件下，中兴通讯被有限解除限制。但是，同样的手段用在华为身上却不灵验了。华为不仅有自己的硬件备选——海思芯片，而且也有自己的软件备选——鸿蒙操作系统。华为10多年前做出的“极限生存假设”，挽救了华为，挽救了第五代移动通信技术（5G），极大地振奋了国人的信心。那么，这个极限生存假设究竟是什么？海思总裁致员工的一封信给出了答案。

尊敬的海思全体同事们：

此刻，估计您已得知华为被列入美国商务部工业和安全局（BIS）的实体名单（entity list）。

多年前，还是云淡风轻的季节，公司做出了极限生存的假设，预计有一天，所有美国的先进芯片和技术将不可获得，而华为仍将持续为客户服务。为了这个以为永远不会发生的假设，数千海思儿女，走上了科技史上最为悲壮的长征，为公司的生存打造“备胎”。数千个日夜中，我们星夜兼程，艰苦前行。华为的产品领域是如此广阔，所同技术与器件是如此多元，面对数以千计的科技难题，我们无数次失败过，困惑过，但是从来没有放弃过。

后来的年头里，当我们逐步走出迷茫，看到希望，又难免有一丝丝失落和不甘，担心许多芯片永远不会被启用，成为一直压在保密柜里面的备胎。

今天，命运的年轮转到这个极限而黑暗的时刻，超级大国毫不留情地中断全球合作的技术与产业体系，做出了最疯狂的决定，在毫无依据的条件下，把华为公司放入了实体名单。

今天，是历史的选择，所有我们曾经打造的备胎一夜之间全部转“正”！多年心血，在一夜之间兑现为公司对于客户持续服务的承诺。是的，这些努力已经连成一片，挽狂澜于既倒，确保了公司大部分产品的战略安全，大部分产品得到连续供应！今天，这个至暗的日子，是每一位海思的平凡儿女成为时代英雄的日子！

华为立志，将数字世界带给每个人、每个家庭、每个组织，构建万物互联的智能世界，我们仍将如此。今后，为实现这一理想，我们不仅要保持开放创新，更要实现科技自立！今后的路，不会再有另一个十年来打造备胎然后再换胎了，缓冲区已经消失，每一个新产品一出生，将必须同步“科技自立”的方案。

前路更为艰辛，我们将以勇气、智慧和毅力，在极限施压下挺直脊梁，奋力前行！滔天巨浪方显英雄本色，艰难困苦铸造诺亚方舟。

何庭波

2019 年 5 月 17 日凌晨

“极限生存假设”是一种积极、乐观、谨慎的大智慧，是一种前瞻思维，是一种斗争意识，是一种务实行动。“极限生存假设”对一个公司至关重要，对一个人、一个家庭、一个单位乃至一个国家，都至关重要，不可缺少。

要求：分析此案例中体现的思政元素。

练习题参考答案

一、名词解释

1. 无形资产是指企业拥有或控制的没有实物形态的可辨认非货币性资产。

2. 专利权是指国家专利主管机关依法授予发明创造专利申请人对其发明创造在法定期限内所享有的专有权利，包括发明专利权、实用新型专利权和外观设计专利权。

3. 商标权是指企业专门在某类指定的商品或产品上使用特定的名称或图案的权利。

4. 无形资产减值是指无形资产由于技术进步或其他经济原因导致其可收回金额低于账面摊余价值的差额。

5. 长期待摊费用是指企业已经支出，但摊销期在一年以上（不含一年）的各项费用。

6. 开发阶段是指已完成研究阶段的工作，在很大程度上具备了形成一项新产品或新技术的基本条件的阶段。例如，生产前或使用前的原型和模型的设计、建造和测试，不具有商业性生产经济规模的试生产设施的设计、建造和运营等，均属于开发活动。

二、判断题

1. ×

【解析】无形资产是指没有实物形态的可辨认非货币性资产。商誉的存在无法与企业自身分离，不具有可辨认性，不属于无形资产。

2. ×

【解析】使用寿命不确定的无形资产在持有期间不用进行摊销，但应当在每个会计期末进行减值测试；已经发生减值的，需要计提相应的减值准备。

3. ×

【解析】企业应至少于每年年末对无形资产的残值进行复核，预计残值与原估计金额不同的，应按照会计估计变更进行处理。

4. ×

【解析】自行开发的无形资产研究阶段的支出，应该计入当期损益；开发阶段的支出，符合资本化条件的，应该计入无形资产的成本。

5. ×

6. ×

【解析】无形资产的残值一般为零，但是有第三方承诺在无形资产使用寿命结束时购买该无形资产或根据活跃市场得到预计残值信息，并且该市场在无形资产使用寿命结束时可能存在的，无形资产的残值不为零。

7. ×

【解析】企业选择的无形资产摊销方法，应当能够反映与该项无形资产有关的经济利益预期实现方式，并一致地运用于不同会计期间；只有无法可靠确定其预期实现方式的，应当采用直线法进行摊销。

8. √

9. √

10. √

11. ×

【解析】无法区分研究阶段支出和开发阶段支出，应当将其发生的研发支出全部费用化，计入当期损益（管理费用）。

12. √

13. ×

【解析】无形资产预期不能为企业带来经济利益的，应按已计提的累计摊销，借记“累计摊销”科目；按其账面余额，贷记“无形资产”科目；按其差额，借记“营业外支出”科目。已计提减值准备的，还应同时借记“无形资产减值准备”科目。

14. √

15. ×

【解析】无形资产转让包括无形资产使用权的转让和无形资产所有权的转让。出售无形资产是指转让无形资产的所有权。出售无形资产不属于企业的日常活动而属于利得，因此出售无形资产所得应以净额反映和核算，即企业应将所得价款与该无形资产的账面价值之间的差额计入资产处置损益。

16. ×

三、单项选择题

1. A

【解析】投资者投入无形资产的成本，应当按照投资合同或协议约定的价值确定，但是合同或协议约定价值不公允的除外。

2. D

3. A

【解析】投资者投入资产的入账价值与应计入实收资本的差额，计入“资本公积——资本（或股本）溢价”科目中。

4. A

5. C

【解析】企业自行开发无形资产发生的研发支出，不满足资本化条件的，借记“研发支出——费用化支出”科目；满足资本化条件的，借记“研发支出——资本化支出”科目，贷记“原材料”“银行存款”“应付职工薪酬”等科目。期末或该无形资产达到预定可使用状态的，再转入“管理费用”科目。

6. B

7. B

【解析】企业按期计提无形资产的摊销，借记“管理费用”“其他业务成本”等科目，贷记“累计摊销”科目。

8. B

9. B

【解析】当期末无形资产的账面价值高于其可回收金额的，按其差额应当计提无形资产减值准备时，借记“资产减值损失——计提的无形资产减值准备”科目，贷记“无形资产减值准备”科目。

10. B

11. D

【解析】企业持有的无形资产经过减值测试，表明已经发生减值，则需要计提减值准备，应借记“资产减值损失”科目，贷记“无形资产减值准备”科目。

12. A

13. B

14. A

15. D

【解析】减值前的账面价值＝500－500÷10×5＝250（万元）

减值后账面价值＝180（万元）

账面余额＝180－180÷5＝144（万元）

16. D

17. C

18. B

【解析】无形资产的初始成本不包括为引入新产品进行宣传发生的广告费、管理费用、其他间接费用以及无形资产已经达到预定用途以后发生的费用。无形资产的入账价值＝2 000+90＝2 090（万元）

19. C

【解析】20×5 年 7 月 1 日应确认的未确认融资费用＝4 000－3 509. 76＝490. 24（万元），长期应付款的摊余成本＝3 200－490. 24＝2 709. 76（万元）。因此，20×5 年度甲公司应摊销的未确认融资费用＝2 709. 76×7%×6÷12＝94. 84（万元）

20. D

【解析】投资者投入无形资产的成本，应当按照投资合同或协议约定的价值确定，但是合同或协议约定价值不公允的除外。

四、多项选择题

1. ADE

【解析】企业通过行政划拨无偿取得的土地使用权、高级专业技术人才等，不能确认为无形资产。

2. ABCD

3. ACD

4. ABC

【解析】使用寿命不确定的无形资产不应摊销。企业选择无形资产摊销方法，应该反映与该项无形资产有关的经济利益的预期实现方式；无法可靠确定预期实现方式的，应当采用直线法摊销。

5. ACD

【解析】转让无形资产所有权获取的收入属于营业外收入。其账务处理为借记“银行存款”“无形资产减值准备”“累计摊销”科目，贷记“无形资产”“应交税费——应交增值税（销项税额）”“资产处置损益”科目。

6. AD

【解析】选项B中如果是出租的无形资产，在摊销时应该计入“其他业务成本”科目。另外，如果该项无形资产是专门用于生产某种产品或其他资产，其包含的经济利益是通过转入所生产产品的成本或与其使用相关的科目。

如果无形资产不能为企业带来经济利益，应该将无形资产的账面价值全部转入当期营业外支出。

7. AC

8. ABD

9. ABCD

10. AC

11. ABCD

【解析】企业持有的无形资产，通常来源于合同性权利或其他法定权利，且合同规定或法律规定有明确的使用年限。来源于合同性权利或其他法定权利的无形资产，其使用寿命不应超过合同性权利或其他法定权利的期限。合同性权利或其他法定权利在到期时因续约等延续且有证据表明企业续约不需要付出大额成本的，续约期应当计入使用寿命。合同或法律没有规定使用寿命的，企业应当综合各方面因素判断，以确定无形资产能为企业带来经济利益的期限。例如，与同行业的情况进行比较、参考历史经验，或者聘请相关专家进行论证等。

按照上述方法仍无法合理确定无形资产为企业带来经济利益期限的，该项无形资产应作为使用寿命不确定的无形资产。

12. ABD

13. BCD

14. AB

15. AB

【解析】投资者投入的无形资产按照合同协议约定的价值入账，2019 年年末计提减值准备前该无形资产的账面价值 = 1 200 − 1 200 ÷ 10 × (4 + 6 ÷ 12) = 660（万元）。选项 A 正确，选项 C 错误。2021 年 7 月 20 日，对外出售该无形资产时的净损益 = 200 − [500 − 500 ÷ 4 × (1 + 6 ÷ 12)] = −112.5（万元）。选项 B 正确，选项 D 错误。

五、简答题

1. 企业无形资产包括哪些内容？

根据企业会计准则的规定，企业的无形资产主要包括专利权、非专利技术、商标权、著作权、土地使用权和特许权等。其中，土地使用权是指国家准许某一企业或单位在一定期间内对国有土地享有开发、利用、经营的权利。企业取得土地使用权，应将取得时发生的支出资本化，作为土地使用权的成本，计入“无形资产”科目核算。取得时发生的支出包括土地使用者向国家交付土地使用权出让费用（出让金、土地收益等），也包括由承受人（取得国有土地使用权的企业）支付的契税。

2. 简要说明无形资产的分类。

按取得来源不同分类，无形资产可分为外购的无形资产、自行开发的无形资产、投资者投入的无形资产、企业合并取得的无形资产、债务重组取得的无形资产、以非货币性资产交换取得的无形资产以及政府补助取得的无形资产等。这种分类的目的主要是使无形资产的初始计量更加准确和合理。因为不同来源取得的无形资产，其初始成本的确定方法及包括的经济内容是不同的。

按使用寿命是否有期限分类，无形资产可分为有期限无形资产和无期限无形资产。无形资产的使用寿命是否有期限应在企业取得无形资产时就加以分析和判断，其中需要考虑的因素是很多的。这种分类的目的主要是正确地将无形资产的应摊销金额在无形资产的使用寿命内系统而合理地进行摊销。因为按照企业会计准则的规定，使用寿命有限的无形资产才存在价值摊销问题，而使用寿命不能确定的无形资产的价值是不能进行摊销的。

3. 无形资产应如何进行初始计量？

无形资产通常按照实际成本进行初始计量，即以取得无形资产并使之达到预定用途而发生的全部支出作为无形资产的成本。

（1）外购无形资产的成本。外购无形资产的成本包括购买价款、相关税费以及直接归属于使该项资产达到预定用途所发生的其他支出。

下列各项不包括在无形资产的初始成本中：

①为引入新产品进行宣传发生的广告费、管理费用以及其他间接费用。

②无形资产已经达到预定用途以后发生的费用。

购买无形资产的价款超过正常信用条件延期支付，实质上具有融资性质的，无形资产的初始成本以购买价款的现值为基础确定。实际支付的价款与购买价款的现值之间的差额，作为未确认融资费用，摊销金额除满足借款费用资本化条件应计入无形资产成本外，均应计入当期损益（财务费用）。

（2）投资者投入无形资产的成本。投资者投入无形资产的成本应当按照投资合同或协议约定的价值确定，但合同或协议约定价值不公允的应按无形资产的公允价值入账。

(3) 土地使用权的处理。企业取得的土地使用权，通常应当按照取得时支付的价款及相关税费之和确认为无形资产。但是，属于投资性房地产的土地使用权，应当按照投资性房地产进行会计处理。

土地使用权用于自行开发建造厂房等地上建筑物时，相关的土地使用权账面价值不转入在建工程成本，土地使用权与地上建筑物分别进行摊销和提取折旧。下列情况除外：

①房地产开发企业取得的土地使用权用于建造对外出售的房屋建筑物，相关的土地使用权应当计入建造的房屋建筑物成本。

②企业外购房屋建筑物支付的价款应当在地上建筑物与土地使用权之间进行合理分配；确实难以合理分配的，应当全部作为固定资产处理。

③企业改变土地使用权的用途，停止自用土地使用权而用于赚取租金或资本增值时，应将其账面价值转为投资性房地产。

4. 在哪些情况下应计提无形资产减值准备？如何计提无形资产减值准备？

(1) 企业应当定期或至少于每年年度终了，检查各项无形资产预计给企业带来未来经济利益的能力，对预计可收回金额低于其账面价值的，应当计提减值准备。无形资产减值准备应按单项资产计提。

企业存在下列一项或若干项情况时，应当计提无形资产减值准备：

①某项无形资产已被其他新技术等所替代，使其为企业创造经济利益的能力受到重大不利影响。

②某项无形资产的市价在当期大幅下跌，在剩余摊销年限内预期不会恢复。

③某项无形资产已超过法律保护期限，但仍然具有部分使用价值。

④其他足以证明某项无形资产实质上已经发生了减值的情形。

(2) 期末，企业所持有的无形资产的账面价值高于其可收回金额的，应按其差额，借记“营业外支出——计提的无形资产减值准备”科目，贷记“无形资产减值准备”科目。如果已计提减值准备的无形资产价值又得以恢复，企业应在已计提减值准备的范围内转回，借记“无形资产减值准备”科目，贷记“营业外支出——计提的无形资产减值准备”科目。

5. 研究阶段与开发阶段如何区分？两者在会计处理上有何不同？

(1) 研究阶段是指为获取并理解新的科学或技术知识而进行的独创性的、有计划的调查阶段。研究阶段是探索性的，是为进一步的开发活动进行资料及相关方面的准备，已进行的研究活动将来是否会转入开发、开发后是否会形成无形资产等均具有较大的不确定性。这一阶段不会形成阶段性成果。

开发阶段是指企业进行商业性生产或使用前，将研究成果或其他知识应用于某项计划或设计，以生产出新的或具有实质性改进的材料、装置、产品等的阶段。相对于研究阶段而言，开发阶段应当是已完成研究阶段的工作，在很大程度上具备了形成一项新产品或新技术的基本条件。

(2) ①研究阶段。

发生支出时：

借：研发支出——费用化支出

　贷：银行存款或应付职工薪酬等

期末：

借：管理费用

　贷：研发支出——费用化支出

②开发阶段。

发生支出时：

借：研发支出——费用化支出

　　研发支出——资本化支出

　贷：银行存款或应付职工薪酬等

期末：

借：管理费用

　贷：研发支出——费用化支出

达到预定用途时：

借：无形资产

　贷：研发支出——资本化支出

六、业务题

1.（1）无形资产入账价值＝400×2.577 1＝1 030.84（万元）

借：无形资产	10 308 400	
未确认融资费用	1 691 600	
贷：长期应付款		12 000 000
（2）借：长期应付款	4 000 000	
贷：银行存款		4 000 000
借：管理费用	1 030 800	
贷：累计摊销（1 030.84÷10）		1 030 800
借：财务费用［（1 200－169.16）×8%］	824 700	
贷：未确认融资费用		824 700
（3）借：长期应付款	4 000 000	
贷：银行存款		4 000 000
借：管理费用	1 030 800	
贷：累计摊销（1 030.84÷10）		1 030 800
借：财务费用［（1 200－400）－（169.16－82.47）］×8%	570 600	
贷：未确认融资费用		570 600
（4）借：长期应付款	4 000 000	
贷：银行存款		4 000 000
借：管理费用	1 030 800	
贷：累计摊销（1 030.84÷10）		1 030 800
借：财务费用（169.16－82.47－57.06）	296 300	
贷：未确认融资费用		296 300

2. A公司的账务处理如下：

（1）支付转让价款。

借：无形资产——土地使用权　80 000 000
　贷：银行存款　80 000 000
（2）在土地上自行建造厂房。
借：在建工程——厂房　300 000 000
　贷：工程物资　120 000 000
　　应付职工薪酬　80 000 000
　　银行存款　100 000 000
（3）厂房达到预定可使用状态。
借：固定资产——厂房　300 000 000
　贷：在建工程——厂房　300 000 000
（4）每年分期摊销土地使用权和对厂房计提折旧。
借：管理费用　1 600 000
　制造费用　12 000 000
　贷：累计摊销　1 600 000
　　累计折旧　12 000 000
3.（1）借：银行存款　6 000 000
　　累计摊销　5 000 000
　　无形资产减值准备　200 000
　　贷：无形资产　10 000 000
　　　应交税费——应交增值税（销项税额）　360 000
　　　资产处置损益——处置非流动资产利得　840 000
（2）借：银行存款　4 000 000
　　累计摊销　5 000 000
　　无形资产减值准备　200 000
　　资产处置损益——处置非流动资产损失　1 040 000
　贷：无形资产　10 000 000
　　应交税费——应交增值税（销项税额）　240 000
4.（1）借：无形资产——土地使用权　8 000 000
　　贷：银行存款　8 000 000
　借：管理费用　160 000
　　贷：累计摊销　160 000
（2）借：无形资产　18 000 000
　贷：银行存款　18 000 000
本年摊销额 =（1 800－1 260）÷5÷12×11 = 99（万元）
借：管理费用　990 000
　贷：累计摊销　990 000
（3）借：无形资产专利权（9 750×4÷5）　78 000 000
　　固定资产（9 750×1÷5）　19 500 000
　贷：银行存款　97 500 000

借：管理费用（7 800÷8÷2） 4 875 000
制造费用（1 950÷5×5÷12） 1 625 000
贷：累计摊销 4 875 000
累计折旧 1 625 000

（4）计提减值准备=1 800-99-1 500=201（万元）

借：资产减值损失 2 010 000
贷：无形资产减值准备 2 010 000

5.（1）借：无形资产——专利权 312 000
应交税费——应交增值税（进项税额） 18 000
贷：银行存款 330 000

（2）借：无形资产商标权 15 000
贷：实收资本 150 000

（3）①借：研发支出——资本化支出 150 000
贷：原材料 50 000
应付职工薪酬 30 000
银行存款 70 000

②借：无形资产——专利权 150 000
贷：研发支出——资本化支出 150 000

（4）①应交增值税=40 000÷(1+6%)×6%=37 736×6%=2 264（元）

借：银行存款 40 000
贷：其他业务收入 37 736
应交税费——应交增值税（销项税额） 2 264

②借：其他业务成本 10 000
贷：银行存款 10 000

（5）借：无形资产——专利权 172 000
坏账准备 5 000
贷：应收账款——H公司 160 000
银行存款 17 000

七、案例分析题

没有核心技术，再大的企业也是建在沙滩上的城堡，一点风浪就能让它荡然无存。因此，企业要踏踏实实搞研发，进行技术创新。当代大学生要踏踏实实做学问，勇于承担创新发展的历史使命与时代责任，为国家建设贡献自己的力量。

第十章
负　债

学习目标

知识目标：了解短期借款的概念，了解应付票据的概念及相关知识，了解应付账款的概念，了解应付职工薪酬的概念、内容，了解非流动负债的内容和特点。

技能目标：掌握短期借款利息计提和到期偿还的核算方法，掌握应付账款和应付票据的基本账务处理，掌握应付职工薪酬的账务处理，掌握各种税费的基本账务处理。

能力目标：理解增值税、消费税以及其他税费的概念，通过比较流动负债和非流动负债，明确企业应如何筹措不同期限的债务。

学习指导

1. 学习重点

（1）熟悉长期借款的概念，掌握长期借款的基本账务处理，正确计算借款利息费用。

（2）熟悉应付债券发行和利息调整的摊销方法，运用实际摊销法计算确定利息费用。

2. 学习难点

（1）掌握借款费用的概念、借款费用资本化的范围和条件，运用借款费用会计准则，计算确定专门借款和一般借款的借款费用资本化金额。

（2）将借款费用会计准则与短期借款、长期借款和应付债券的会计处理有机结合起来，达到融会贯通。

练习题

一、名词解释

1. 流动负债

2. 短期借款

3. 应付账款

4. 借款费用

5. 债券溢价

6. 借款费用的资本化

二、判断题

1. 应付票据是指出票人签发的、委托付款人在指定日期无条件支付确定的金额给收款人或持票人的票据，包括商业承兑汇票和银行承兑汇票两种。（ ）

2. 企业支付的银行承兑汇票手续费应当计入当期管理费用。（ ）

3. 企业冲销无法支付的应付账款时，应贷记“营业外收入”科目。（ ）

4. 按照纳税人的经营规模及会计核算的健全程度，增值税的纳税人分为一般纳税人和小规模纳税人。（ ）

5. 小规模纳税人销售货物或提供应税劳务，应纳税额等于当期销项税额抵扣当期进项税额后的余额。（ ）

6. 消费税的征收方法采用从价定率、从量定额两种方法。（ ）

7. 董事会或类似机构提议分派的现金股利或利润，不作为应付股利核算。（ ）

8.“应付债券——利息调整”科目应在债券存续期间内采用直线法进行摊销。（ ）

9. 企业为购建或生产符合资本化条件的资产而借入专门借款的，应当以专门借款当期实际发生的利息费用，减去将尚未动用的借款资金存入银行取得的利息收入或进行暂时性投资取得的投资收益后的金额确定。（ ）

10. 对那些购入即可使用的资产，或者虽然需要安装、建造、生产但时间较短的资产，均不属于符合资本化条件的资产。（ ）

11. 企业为生产产品而借入的款项所产生的利息，不能够进行资本化。（ ）

12. 专门借款是指为购建固定资产而专门借入的款项。（ ）

13. 在借款费用资本化期间内，为购建或生产符合资本化条件的资产占用了一般借款的，一般借款的利息均予以资本化。（ ）

14. 某企业在北方某地建造某工程项目，正遇冰冻季节，工程施工因此中断，并且中断时间超过三个月，该企业没有因此停止借款费用的资本化处理。（ ）

15. 继续发生在所购建或生产的符合资本化条件的资产上的支出金额很少或几乎不再发生时，可以判断资产达到预定可使用状态或可销售状态，应当停止资本化。（ ）

16. 符合借款费用资本化条件的存货通常需要经过相当长时间（三个月或以上）的建造或生产过程，才能达到预定可销售状态。（ ）

17. 上市公司董事会通过股票股利分配方案时，会计部门应将拟分配的股票股利确认为负债。（ ）

18. 企业为职工缴纳的基本养老保险金、补充养老保险费以及为职工购买的商业养老保险，均属于企业提供的职工薪酬。（ ）

19. 企业缴纳的各项税金都应通过“应交税费”科目核算。（ ）

20. 短期借款和长期借款发生的利息费用在会计处理上是一致的。（ ）

三、单项选择题

1. 短期借款的主要目的在于解决（ ）的问题。
   A. 流动资金不足　B. 长期资金不足
   C. 所有资金不足　D. 实收资本不足

2. 预提短期借款利息通过（ ）科目单独进行核算。
   A.“财务费用”　B.“短期借款”　C.“应计利息”　D.“应付利息”

3. 如果企业到期不能偿付商业承兑汇票，应将应付票据转作（ ）。
   A. 长期应付款　B. 其他应付款　C. 短期借款　D. 应付账款

4. 企业签发银行承兑汇票时，按承兑金额的一定比例支付的承兑手续费，应计入（ ）科目。
   A.“财务费用”　B.“在建工程”
   C.“销售费用”　D.“长期待摊费用”

5. 在我国商业汇票的付款期限，由交易双方商定，但最长不得超过（ ）。
   A. 1 个月　B. 3 个月　C. 6 个月　D. 12 个月

6. 企业发生无法支付的应付账款时，应计入（ ）科目。
   A.“营业外收入”　B.“管理费用”　C.“营业外支出”　D.“资本公积”

7. 预收账款不多的企业，也可以不设置“预收账款”科目，预收的款项直接计入（ ）科目。
   A.“其他应收款”　B.“应收账款”　C.“应付账款”　D.“预付账款”

8. 企业为了详细反映应付票据的有关情况，应设置（ ）。
   A. 收款单位明细账　B. 票据种类明细账
   C. 收款单位和票据种类明细账　D. 应付票据备查簿

9. 企业计算应交的城市维护建设税应通过（ ）科目核算。
   A.“主营业务税金及附加”　B.“管理费用”
   C.“销售费用”　D.“其他业务成本”

10. 因解除与职工的劳动关系给予的补偿，借记（ ）科目，贷记“应付职工薪酬”科目。
   A.“生产成本”　B.“在建工程”　C.“管理费用”　D.“制造费用”

11. 下列选项中，与企业计算损益无关的是（ ）。
   A. 消费税　B. 增值税
   C. 所得税　D. 城市建设维护税

12. 债券的票面利率高于市场利率时发行的债券为（　　）。

A. 折价发行　　B. 溢价发行　　C. 面值发行　　D. 平价发行

13. 企业缴纳的（　　）等不需要预计应交数的税金，不通过“应交税费”科目核算。

A. 印花税　　B. 增值税　　C. 消费税　　D. 烟叶税

14. 企业当月缴纳当月的增值税，应通过（　　）科目核算。

A.“应交税费——应交增值税（已交税金）”

B.“应交税费——未交增值税”

C.“应交税费——应交增值税（转出未交增值税）”

D.“应交税费——应交增值税”

15. 月度终了，本月多交的增值税也应自“应交税费——应交增值税”明细科目转入（　　）明细科目。

A.“应交税费——应交增值税（转出多交增值税）”

B.“应交税费——未交增值税”

C.“应交税费——应交增值税（已交税金）”

D.“应交税费——应交增值税（进项税额转出）”

16. 委托加工的应税消费品收回后准备直接出售的，由受托方代扣代缴的消费税，委托方应借记的会计科目是（　　）。

A.“在途物资”　　B.“委托加工物资”

C.“应交税费——应交消费税”　　D.“税金及附加”

17. 下列选项中，不属于借款费用的是（　　）。

A. 外币借款发生的汇兑损失　　B. 发行公司债券的印刷费

C. 发行公司股票的佣金　　D. 借款的手续费

18. 在《企业会计准则第 17 号——借款费用》中，属于规定的“正常中断”的是（　　）。

A. 质量纠纷　　B. 安全事故　　C. 劳动纠纷　　D. 地震

19. 下列选项中，不属于职工薪酬的是（　　）。

A. 职工福利费　　B. 职工出差报销的差旅费

C. 商业养老保险费　　D. 为职工无偿提供医疗保健服务

20. 某公司 20×9 年 7 月 1 日向银行借入资金 60 万元，期限为 6 个月，年利率为 6%，到期还本，按月计提利息，按季付息。该企业 7 月 31 日应计提的利息为（　　）万元。

A. 0.3　　B. 0.6　　C. 0.9　　D. 3.6

21. 某企业于 20×1 年 7 月 1 日按面值发行 5 年期、到期一次还本付息的公司债券，该债券面值总额为 8 000 万元，票面年利率为 4%，自发行日起计息。假定票面利率与实际利率一致，不考虑相关税费，20×2 年 12 月 31 日，该应付债券的账面余额为（　　）万元。

A. 8 000　　B. 8 160　　C. 8 320　　D. 8 480

22. 某企业为增值税一般纳税人，20×1 年应交各种税金为：增值税 350 万元，消费税 150 万元，城市维护建设税 35 万元，房产税 10 万元，车船税 5 万元，所得税 250 万元。上述各项税金应计入“管理费用”的金额为（　　）万元。

A. 5　　B. 15　　C. 50　　D. 185

四、多项选择题

1. 下列选项中，应计入存货成本的有（　　）。

A. 由受托方代扣代缴的委托加工直接用于对外销售的商品负担的消费税

B. 由受托方代扣代缴的委托加工继续用于生产应纳消费税的商品负担的消费税

C. 进口原材料缴纳的进口关税

D. 小规模纳税企业购买材料缴纳的增值税

2. 下列选项中，应通过“应付职工薪酬”科目核算的有（　　）。

A. 基本工资　　B. 经常性奖金

C. 养老保险费　　D. 以现金结算的股份支付

3. 下列选项中，属于《企业会计准则第9号——职工薪酬》规定的职工有（　　）。

A. 全职、兼职职工　　B. 董事会成员

C. 内部审计委员会成员　　D. 劳务用工合同人员

4. 社会保险费是指企业按照国家规定的基准和比例计算，向社会保险经办机构缴纳的（　　）。

A. 医疗保险金　　B. 养老保险金

C. 失业保险金　　D. 工伤保险费和生育保险费

5. 企业购入货物或接受劳务，能够作为当期进项税额抵扣的有（　　）。

A. 取得的增值税专用发票上注明的增值税

B. 取得海关完税凭证注明的增值税

C. 购进免税农产品准予抵扣的增值税

D. 增值税发票上未按税法规定注明的增值税

6. 下列关于企业发行一般公司债券的会计处理中，正确的有（　　）。

A. 实际收到的价款计入“应付债券——面值”科目

B. 实际收到的款项与面值的差额，应计入“应付债券——利息调整”明细科目

C. 对利息调整，企业应在债券存续期间内采用实际利率法进行摊销

D. 在资产负债表日，企业应按应付债券的面值和实际利率计算确定当期的债券利息费用

7. 按照规定，可以计入“税金及附加”科目的税金有（　　）。

A. 土地增值税　　B. 消费税

C. 城市维护建设税　　D. 增值税

8. 下列选项中，应该计入“管理费用”科目的税金有（　　）。

A. 城市维护建设税　　B. 矿产资源补偿费

C. 车船税　　D. 土地使用税

9. 下列选项中，企业通常视同销售处理的有（　　）。

A. 销售代销货物

B. 在建工程领用企业外购的库存商品

C. 企业将自产的产品用于集体福利

D. 企业将委托加工的货物用于投资

10. 借款费用是指企业因借款而发生的利息及其他相关成本，主要包括（　　）等。

A. 借款利息　　B. 利息调整的摊销

C. 辅助费用　　D. 因外币借款而发生的汇兑差额

11. 下列选项中，应通过“其他应付款”科目核算的有（　　）。

A. 应付的租入包装物租金　　B. 应付的社会保险费

C. 应付的客户存入保证金　　D. 应付的经营租入固定资产租金

12. 下列选项中，应作为应付职工薪酬核算的有（　　）。

A. 支付的工会经费　　B. 支付的职工教育经费

C. 为职工支付的住房公积金　　D. 为职工无偿提供的医疗保健服务

13. 下列选项中，应通过“其他应付款”科目核算的有（　　）。

A. 客户存入的保证金　　B. 应付股东的股利

C. 应付租入包装物的租金　　D. 预收购货单位的货款

14. 下列关于长期借款利息费用的会计处理中，正确的有（　　）。

A. 筹建期间的借款利息计入管理费用

B. 筹建期间的借款利息计入长期待摊费用

C. 日常生产经营活动的借款利息计入财务费用

D. 符合资本化条件的借款利息计入相关资产成本

15. 企业缴纳的下列税金，应通过“应交税费”科目核算的有（　　）。

A. 印花税　　B. 耕地占用税　　C. 房产税　　D. 土地增值税

五、简答题

1. 什么是流动负债？流动负债是如何进行分类的？

2. 职工薪酬包括哪些内容？职工薪酬是如何进行确认和计量的？

3. 增值税一般纳税人产生的视同销售业务与进项税额转出业务都包括哪些内容？

4. 什么是债券的溢价和折价？说明其产生的原因及影响。

六、业务题

1. 某公司20×0年1月1日开始动工建造一幢厂房，施工期为2年。

（1）该公司向银行借入专门借款如下：

①20×0年1月1日，该公司借入2年期借款1 000万元，年利率为8%。

②20×0年7月1日，该公司借入3年期借款500万元，年利率为9%。

（2）资产支出如下：

①20×0年1月1日，该公司支出600万元。

②20×0年4月1日，该公司支出300万元。

③20×0年9月1日，该公司支出400万元。

④20×1年1月1日，该公司支出100万元。

（3）该公司因借款将未动用的资金用于短期投资，月投资收益率为0.3%。

要求：根据上述经济业务，进行下列会计处理。

（1）计算该公司20×0年借款利息费用的资本化金额，并编制有关借款费用的会计分录。

（2）计算该公司20×1年借款利息费用的资本化金额，并编制有关借款费用的会计分录。

2. 甲公司为增值税一般纳税人，适用的增值税税率为13%。20×0年8月，甲公司发生与职工薪酬有关的交易或事项如下：

（1）甲公司对行政管理部门使用的设备进行日常维修，应付企业内部维修人员工资1.2万元。

（2）甲公司对以经营租赁方式购入的生产线进行改良，应付企业内部改良工程人员工资3万元。

（3）甲公司为公司总部下属25位部门经理每人配备一辆汽车免费使用。假定每辆汽车每月计提折旧0.08万元。

（4）甲公司将50台自产的V型厨房清洁器作为福利分配给本公司行政管理人员。该厨房清洁器每台生产成本为1.2万元，市场售价为1.5万元（不含增值税）。

（5）月末，甲公司分配职工工资150万元，其中直接生产产品人员工资105万元，车间管理人员工资15万元，企业行政管理人员工资20万元，专设销售机构人员工资10万元。

（6）甲公司以银行存款缴纳职工医疗保险费5万元。

（7）甲公司按规定计算代扣代缴职工个人所得税0.8万元。

（8）甲公司以现金支付职工李某生活困难补助0.1万元。

（9）甲公司从应付张经理的工资中，扣回上月代垫的应由其本人负担的医疗费0.8万元。

要求：编制甲公司20×0年8月上述交易或事项的会计分录（“应交税费”科目要求写出明细科目和专栏名称）。

3. 某企业发生的与短期借款有关的经济业务如下：

（1）因生产经营需要，该企业从银行取得一笔为期3个月的临时借款120 000元，年利率为4.8%，借款利息数额不大，不考虑预提，借款到期以银行存款一次还本付息。

（2）因生产经营需要，该企业于7月1日从银行取得一笔为期6个月的生产周转借款90 000元，年利率为4.8%，借款利息分月预提，按季支付。第一次利息于9月30日支付。12月31日，该企业归还借款本金并支付第二次利息。

要求：编制与短期借款核算有关的会计分录。

4. 新丰公司发生的与应付账款、其他应付款有关的经济业务如下：

（1）新丰公司从B公司购入原材料一批，货款为60 000元，增值税税率为13%。材料已验收入库，价税款尚未支付。双方商定，若在20天内付款可享受3%的现金折扣（按不含税金额计算，下同）。新丰公司原材料按实际成本计价核算。

（2）新丰公司结转本月厂部租入房屋应付租金5 000元。

（3）新丰公司开出支票，退回出租包装物押金3 000元。

（4）新丰公司以银行存款支付欠C公司的购入原材料的应付货款90 000元。

（5）新丰公司20天内向B公司支付应付购货款，扣除应计现金折扣，付款66 000元。

（6）月末，新丰公司结计本月应付电费13 000元。其中，车间生产产品用电8 000元，车间照明用电1 000元，厂部照明等用电4 000元。

（7）本月25日，新丰公司向五丰公司购入原材料，材料已验收入库，价款因尚未收到发票账单而无法支付。

（8）本月25日，新丰公司向五丰公司购入原材料的业务，至月终仍未收到发票账单，新丰公司月终按估价 36 000 元暂估入账。

（9）新丰公司以存款向供电局支付应付电费 13 000 元。

（10）新丰公司将确实无法支付的应付账款 15 000 元予以转销。

要求：根据以上资料编制有关会计分录。

5. 某公司经批准，于 20×0 年 1 月 1 日发行 2 年期、面值为 100 元的债券 25 000 张，债券票面年利率为 3%，每年 6 月 30 日和 1 月 31 日付息两次，到期时归还本金。该债券发行价为 2 452 400 元，债券实际利率为 4%，所筹资金用于新生产线的建设。该生产线于 20×0 年 6 月底完工交付使用（建设期满足资本化条件），债券折价采用实际利率法摊销。

要求：计算债券每期应付利息和债券折价摊销额，并编制债券发行、计息、折价摊销和债券还本付息的会计分录。

练习题参考答案

一、名词解释

1. 流动负债是指将在一年以内（含一年）或超过一年的一个营业周期内偿还的债务。流动负债主要包括短期借款、应付票据、应付账款、预收账款、应付职工薪酬（含工资和福利费等）、应付股利、应交税费、其他暂收应付款项、应付利息和一年内到期的非流动负债等。

2. 短期借款是指企业向银行或其他金融机构借入的期限在一年以内（含一年）的各种借款。它主要包括临时借款、生产经营周转借款、票据贴现借款、结算借款等。

3. 应付账款是指企业在生产经营过程中因购买材料、商品、物资或接受劳务供应等业务应支付给供应者的款项。这是买卖双方在购销活动中取得物资与支付货款时间上不一致而产生的负债。

4. 借款费用是指企业因借入资金而发生的利息及其他相关成本，具体包括借款的利息、折价或溢价的摊销、辅助费用以及因外币借款而发生的汇兑差额等。

5. 债券溢价是指以高出债券票面价值的金额为发行价格时，发行价格高于债券面值的差额。

6. 借款费用的资本化是指企业发生的借款费用可以直接归属于符合资本化条件的资产的购建或生产，应当予以资本化，计入相关资产成本。

二、判断题

1. √

2. ×

【解析】企业支付的银行承兑汇票手续费应当计入当期财务费用。

3. √

4. √

5. ×

【解析】小规模纳税人简易计税，不得抵扣进项。

6. ×

【解析】消费税的征收方法采用从价定率、从量定额、复合计税三种方法。

7. √

8. ×

【解析】应该采用实际利率法进行摊销。

9. √

10. √

11. ×

【解析】需要经过相当长时间的购建或生产活动才能达到预定可使用或可销售状态的固定资产、投资性房地产、存货等资产，符合资本化条件时，企业都可以将其借款费用资本化。

12. ×

【解析】专门借款是指为购建或生产符合资本化条件的资产而专门借入的款项。

13. ×

【解析】在借款费用资本化期间内，为购建或生产符合资本化条件的资产占用了一般借款的，一般借款应予资本化的利息金额应当按照下列公式计算：一般借款利息费用资本化金额=累计资产支出超过专门借款部分的资产支出加权平均数×所占用一般借款的资本化率。因此，一般借款的利息未必可以全部资本化。

14. √

15. √

16. ×

【解析】符合借款费用资本化条件的存货通常需要经过相当长时间（一年或以上）的建造或生产过程，才能达到预定可销售状态。

17. ×

【解析】股东大会批准的利润分配方案中分配的股票股利，应在办理增资手续后，借记“利润分配”科目，贷记“股本”科目。

18. √

19. ×

【解析】印花税、耕地占用税、契税等不需要预计应交税费数的，无需通过“应交税费”科目核算。

20. ×

【解析】长期借款利息的提取分录为借记“财务费用（或在建工程等）”科目，贷记“长期借款——应计利息”科目；短期借款利息的提取分录为借记“财务费用”科目，贷记“应付利息”科目。

三、单项选择题

1. A

【解析】短期借款的主要目的在于解决流动资金不足的问题。

2. D

3. D

【解析】如果企业到期不能偿付商业承兑汇票，应将应付票据转作应付账款。

4. A

5. C

【解析】在我国商业汇票的付款期限由交易双方商定，但最长不得超过6个月。

6. A

7. B

【解析】预收账款不多的企业可以不设置“预收账款”科目，预收的款项直接计入“应收账款”科目。

8. D

9. A

【解析】企业计算应交的城市维护建设税应通过“主营业务税金及附加”科目核算。

10. C

11. B

【解析】消费税和城建税计入“税金及附加”科目中；所得税计入“所得税费用”科目。所得税费用属于损益类科目。一般纳税人企业的增值税不影响企业的损益。

12. B

13. A

【解析】企业缴纳的印花税、耕地占用税等不需要预计应交税金，不通过“应交税费”科目核算。但是，资源税应该通过“应交税费”科目核算。

14. A

15. A

16. B

【解析】委托加工的应税消费品收回后准备直接出售的，由受托方代收代缴的消费税要计入委托加工物资的成本中核算。

17. C

18. D

【解析】属于非正常中断的有质量纠纷导致的中断、安全事故导致的中断、劳动纠纷导致的中断、资金周转困难导致的中断。

19. B

20. A

【解析】该企业 7 月 31 日应计提的利息 = 60×6%÷12。因为 6%是年利率，而 7 月 1 日借款到 7 月 31 日是一个月，只需要计算一个月的利息，所以需要在年利率的基础上除以 12 或乘以 1/12，这样才是一个月的利率。

21. D

【解析】该债券是一次还本付息的，因此计提债券利息应计入"应付债券——应计利息"账户中，是增加应付债券的账面余额的。从发行日开始到 20×2 年 12 月 31 日共计提了一年半的利息，则 20×2 年 12 月 31 日该应付债券的账面余额 = 8 000+8 000×4%×1. 5 = 8 480（万元）

22. B

【解析】房产税和车船税在管理费用中核算，即 10+5 = 15 万元。增值税、消费税、城市维护建设税、所得税都不在管理费用中核算。

四、多项选择题

1. ACD

【解析】选项 A，由受托方代扣代缴的委托加工直接用于对外销售的商品负担的消费税计入委托加工物资的成本；选项 B，由受托方代扣代缴的委托加工继续用于生产应纳消费税的商品负担的消费税应记入"应交税费——应交消费税"科目的借方；选项 C，进口原材料缴纳的进口关税应计入原材料成本；选项 D，小规模纳税人企业购买材料缴纳的增值税应计入存货成本。

2. ABCD

3. ABCD

4. ABCD

5. ABC

【解析】企业购入货物或接受劳务，能够作为当期进项税额抵扣的有取得增值税专用发票上注明的增值税、取得海关完税凭证注明的增值税、购进免税农产品准予抵扣的增值税。

6. BC

【解析】选项 A，企业应按面值记入"应付债券——面值"科目；选项 D，在资产负债表日，企业应按应付债券的摊余成本和实际利率计算确定当期的债券利息费用。

7. ABC

8. BCD

【解析】按照规定，城市维护建设税应该计入"税金及附加"科目。

9. ACD

10. ABCD

11. ACD

【解析】其他应付款是指企业除应付票据、应付账款、预收账款、应付职工薪酬、应交税费、应付股利等经营活动以外的其他各项应付、暂收的款项，如应付租入包装物租金、存入保证金等。选项 A、C、D 均应计入"其他应付款"科目。选项 B 应该通过

“应付职工薪酬”科目核算。

12. ABCD

13. AC

14. ACD

【解析】筹建期间的利息费用一般计入“管理费用”科目，在符合资本化条件时计入相关资产的成本。日常生产经营活动的借款利息一般计入“财务费用”科目，符合资本化条件的计入相关资产的成本。

15. CD

【解析】企业缴纳的印花税、耕地占用税等不需要预先缴纳的税金，不通过“应交税费”科目核算。

五、简答题

1. 什么是流动负债？流动负债是如何进行分类的？

流动负债是指在资产负债表中，一年以内或超过一年的一个营业周期内需要偿还的债务合计，包括短期借款、应付及预收款项、应付职工薪酬、应交税费和应交利润等。

（1）按偿付手段分类。流动负债按偿付手段分类，可以分为货币性流动负债和非货币性流动负债。

①货币性流动负债。货币性流动负债是指需要以货币资金来偿还的流动负债，主要包括短期借款、应付票据、应付账款、应付职工薪酬、应交税费、其他应交款、应付股利以及其他应付款与预提费用中需要用货币资金偿还的债务。

②非货币性流动负债。非货币性流动负债是指不需要用货币资金来偿还的流动负债，主要包括预收账款以及其他应付款、预提费用中不需要用货币资金偿还的债务。预收账款一般需要以商品或劳务来偿还；预提费用中的预提修理费大多也不需用货币资金来抵偿。

（2）按偿付金额是否确定分类。流动负债按偿付金额是否确定分类，可以分为金额可以确定的流动负债和金额需要估计的流动负债。

①金额可以确定的流动负债。金额可以确定的流动负债是指有确切的债权人和偿付日期并有确切的偿付金额的流动负债，主要包括短期借款、应付票据、应付工资等。

②金额需要估计的流动负债。金额需要估计的流动负债是指没有确切的债权人和偿付日期，或者虽有确切的债权人和偿付日期但其偿付金额需要估计的流动负债，主要包括应付福利费、没有取得结算凭证的应付账款和预提费用等。

（3）按形成方式分类。按形成方式分类，流动负债可以分为融资活动形成的流动负债、营业活动形成的流动负债和收益分配形成的流动负债。

①融资活动形成的流动负债。融资活动形成的流动负债是指企业从银行和其他金融机构筹集资金形成的流动负债，主要包括短期借款和预提的借款利息。

②营业活动形成的流动负债。营业活动形成的流动负债是指企业在正常的生产经营活动中形成的流动负债，可以分为外部业务结算形成的流动负债和内部往来形成的流动负债。

③收益分配形成的流动负债。收益分配形成的流动负债是指企业对净收益进行分配过程中形成的流动负债，主要包括应付利润等。

2. 职工薪酬包括哪些内容？职工薪酬是如何进行确认和计量的？

（1）职工薪酬主要包括以下内容：

①职工工资、奖金、津贴和补贴，即按照国家的规定构成工资总额的计时工资、计件工资、支付给职工的超额劳动报酬和增收节支的劳动报酬、为了补偿职工特殊或额外的劳动消耗和因其他特殊原因支付给职工的津贴以及为了保证职工工资水平不受物价影响支付给职工的物价补贴等.

③职工福利费，主要是尚未实行分离办社会职工或主辅分离、辅业改制的企业，内设医务室、职工浴室、理发室、托儿所等集体福利机构人员的工资、医务经费，职工因公负伤赴外地就医路费、职工生活困难补助以及按照国家规定开支的其他职工福利支出。

③医疗保险费、养老保险费、失业保险费、工伤保险费和生育保险费等社会保险费，即企业按照国务院、各地方政府或企业年金计划规定的基准和比例计算，向社会保险经办机构缴纳的医疗保险费、养老保险费（包括向社会保险经办机构缴纳的基本养老保险费和向企业年金基金相关管理人缴纳的补充养老保险费）、失业保险费、工伤保险费和生育保险费。企业以购买商业保险形式提供给职工的各种保险待遇属于企业提供的职工薪酬，应当按照职工薪酬的原则进行确认、计量和披露。

④住房公积金，即企业按照国务院《住房公积金管理条例》规定的基准和比例计算，向住房公积金管理机构缴存的住房公积金。

⑤工会经费和职工教育经费，即企业为了改善职工文化生活、职工学习先进技术和提高文化水平与业务素质，用于开展工会活动和职工教育及职业技能培训等相关支出。

⑥非货币性福利，即企业以自己的产品或外购商品发放给职工作为福利，包括企业提供给职工无偿使用企业拥有的资产或租赁资产供职工无偿使用，比如提供给企业高级管理人员使用的住房等；免费为职工提供诸如医疗保健的服务或向职工提供企业支付了一定补贴的商品或服务等，比如以低于成本的价格向职工出售住房等。

⑦因解除与职工的劳动关系给予的补偿，即由于分离办社会职能、实施主辅分离和辅业改制分流安置富余人员、实施重组或改组计划、职工不能胜任等原因，企业在职工劳动合同尚未到期之前解除与职工的劳动关系，或者为鼓励职工自愿接受裁减而提出补偿建议的计划中给予职工的经济补偿，也就是国际财务报告准则中所指的辞退福利。

⑧其他与获得职工提供的服务相关的支出，即除上述七种薪酬以外的其他为获得职工提供的服务而给予的薪酬，比如企业提供给职工以权益形式结算的认股权、以现金形式结算但以权益工具公允价值为基础确定的现金股票增值权等。

（2）职工薪酬的确认和计量。

①货币性职工薪酬。企业计量应付职工薪酬时，国家规定了计提基础和计提比例的，应当按照国家规定的标准计提。国家没有规定计提基础和计提比例的，企业应当根据历史经验数据和实际情况，合理预计应付职工薪酬金额和应计入成本费用的薪酬金额。企业当期实际发生金额大于预计金额的，应当补提应付职工薪酬；当期实际发生金额小于预计金额的，应当冲回多提的应付职工薪酬。

②非货币性职工薪酬。企业以其自产产品作为非货币性福利发放给职工的，应当根据受益对象，按照该产品的公允价值和相关税费，计入相关资产成本或当期损益，同时确认应付职工薪酬。会计分录编制如下：

借：生产成本

管理费用

在建工程

研发支出等

贷：应付职工薪酬——非货币性福利

借：应付职工薪酬——非货币性福利

贷：主营业务收入

应交税费——应交增值税（销项税额）

借：主营业务成本

贷：库存商品

企业以外购商品作为非货币性福利发放给职工的，应当按照该商品的公允价值和相关税费（不确认为收入），计量应计入成本费用的职工薪酬。会计分录编制如下：

第一，决定发放非货币性福利。

借：生产成本

管理费用

在建工程

研发支出等

贷：应付职工薪酬——非货币性福利

第二，购买商品实际发放。

借：应付职工薪酬——非货币性福利

贷：银行存款

企业将拥有的房屋等资产无偿提供给职工使用或租赁住房等资产供员工无偿使用。企业将拥有的房屋等资产无偿提供给职工使用的，应当根据受益对象，将该住房每期应计提的折旧计入相关资产成本或当期损益，同时确认应付职工薪酬。租赁住房等资产供职工无偿使用的，企业应当根据受益对象，将每期应付的租金计入相关资产成本或当期损益，并确认应付职工薪酬。对难以认定受益对象的非货币性职工薪酬，企业直接计入当期损益，并确认应付职工薪酬。会计分录编制如下：

借：生产成本

管理费用

在建工程等

贷：应付职工薪酬——非货币性福利

借：应付职工薪酬——非货币性福利

贷：累计折旧

银行存款

其他应付款等

企业向职工提供企业支付了补贴的商品或服务。第一，企业规定了获得商品或劳务后职工应提供服务年限。

出售时：

借：银行存款

长期待摊费用

贷：固定资产

每期摊销时：

借：管理费用等

　　贷：应付职工薪酬

借：应付职工薪酬

　　贷：长期待摊费用

第二，未规定获得商品或劳务后职工应提供服务年限。企业未规定获得商品或劳务后职工应提供服务年限的（表示对职工过去服务的补贴），计入当期损益。

3. 增值税一般纳税人产生的视同销售业务与进项税额转出业务都包括哪些内容？

（1）增值税视同销售行为包括以下八种情况：

①将货物交由他人代销。

②代他人销售货物。

③将货物从一地移送至另一地（同一县、市除外）。

④将自产或委托加工的货物用于非应税项目。

⑤将自产、委托加工或购买的货物作为对其他单位的投资。

⑥将自产、委托加工或购买的货物分配给股东或投资者。

⑦将自产、委托加工的货物用于职工福利或个人消费。

⑧将自产、委托加工或购买的货物无偿赠送他人。

（2）进项税转出主要包括的内容如下：当纳税人购进的货物或接受的应税劳务不是用于增值税应税项目，而是用于非应税项目、免税项目，或者用于集体福利、个人消费产生的进项税额不可以抵扣；已经抵扣的，需要进行进项税额转出。

4. 什么是债券的溢价和折价？说明其产生的原因及影响。

债券的溢价产生的原因为债券的票面利率高于银行利率。在这种情况下，企业购入债券后，实际得到的利息要少于票面标明的利息。也就是说，溢价实际是企业为了逐期获得票面标明的高于银行利率的利息而预先付出的代价。

债券的折价产生的原因为债券的票面利率低于银行利率。在这种情况下，企业购入债券后，实际得到的利息要多于票面标明的利息。也就是说，折价实际上是企业在持有债券各期少得利息而事先得到的补偿。

债券折价或溢价发行的根本原因在于该债券的票面利率与当时市场的利率不一致。

六、业务题

1.（1）20×0 年借款利息费用的资本化金额及编制有关借款费用的会计分录如下：

①20×0 年全年借款利息＝1 000×8%×12÷12+500×9%×6÷12＝102.5（万元）

②20×0 年资本化期间投资收益＝(400×3+100×5+500×2+200×4)×0.3%＝10.5（万元）

③20×0 年资本化借款费用＝102.5－10.5＝92（万元）

借：在建工程　　　　　　　　　　　　　　　　　　920 000

　　应收利息（或银行存款）　　　　　　　　　　　105 000

　贷：应付利息　　　　　　　　　　　　　　　　　　1 025 000

（2）20×1 年借款利息费用的资本化金额及编制有关借款费用的会计分录如下：

①20×1 年全年借款利息＝1 000×8%×12÷12+500×9%＝125（万元）

20×1 年资本化期间投资收益＝100×12×0.3%＝3.6（万元）

②20×1 年资本化借款费用=125−3.6=121.4（万元）

借：在建工程　1 214 000

　应收利息（或银行存款）　36 000

　贷：应付利息　1 250 000

2.（1）借：管理费用　12 000

　　贷：应付职工薪酬　12 000

（2）借：长期待摊费用　30 000

　　贷：应付职工薪酬　30 000

（3）借：管理费用　20 000

　　贷：应付职工薪酬　20 000

　借：应付职工薪酬　20 000

　　贷：累计折旧　20 000

（4）借：管理费用　877 500

　　贷：应付职工薪酬　877 500

　借：应付职工薪酬　847 500

　　贷：主营业务收入　750 000

　　　应交税费——应交增值税（销项税额）　97 500

　借：主营业务成本　600 000

　　贷：库存商品　600 000

（5）借：生产成本　1 050 000

　　制造费用　150 000

　　管理费用　200 000

　　销售费用　100 000

　　贷：应付职工薪酬　1 500 000

（6）借：应付职工薪酬　50 000

　　贷：银行存款　50 000

（7）借：应付职工薪酬　8 000

　　贷：应交税费——应交个人所得税　8 000

（8）借：应付职工薪酬　1 000

　　贷：库存现金　1 000

（9）借：应付职工薪酬　8 000

　　贷：其他应收款　8 000

3.（1）①取得借款时：

借：银行存款　120 000

　贷：短期借款——临时借款　120 000

②归还借款时：

借：短期借款——临时借款　120 000

　财务费用（120 000×4.8%÷12×3）　1 440

　贷：银行存款　121 440

（2）①取得借款时：

借：银行存款　900 000

　贷：短期借款——生产周转借款　900 000

②7 月末、8 月末分别计提借款利息时：

借：财务费用（900 000×4.8%÷12）　3 600

　贷：应付利息　3 600

③9 月 30 日支付季度利息时：

借：应付利息　7 200

　　财务费用　3 600

　贷：银行存款　10 800

④10 月末、11 月末分别计提借款利息时：

借：财务费用　3 600

　贷：应付利息　3 600

⑤12 月 31 日支付季度利息，归还借款本金时：

借：财务费用　3 600

　　应付利息　7 200

　　短期借款——生产周转借款　900 000

　贷：银行存款　910 800

4.（1）借：原材料　60 000

　　　　应交税费——应交增值税（进项税额）　7 800

　　　贷：应付账款——B 公司　67 800

（2）借：管理费用　5 000

　　贷：其他应付款——应付租金　5 000

（3）借：其他应付款　3 000

　　贷：银行存款　3 000

（4）借：应付账款——C 公司　90 000

　　贷：银行存款　90 000

（5）借：应付账款——B 公司　67 800

　　贷：财务费用（6 000×3%）　1 800

　　　　银行存款　66 000

（6）借：生产成本——基本生产成本　8 000

　　　　制造费用　1 000

　　　　管理费用　4 000

　　贷：应付账款　13 000

（7）暂不入账。

（8）借：原材料　36 000

　　贷：应付账款——五丰公司（暂估应付款）　36 000

（9）借：应付账款　13 000

　　贷：银行存款　13 000

（10）借：应付账款 15 000

贷：营业外收入 15 000

5.（1）20×0 年 1 月 1 日发行债券。

借：银行存款 2 452 400

应付债券——利息调整 47 600

贷：应付债券——面值 2 500 000

（2）20×0 年 6 月 30 日计提利息和支付利息。

资本化的利息 = 2 452 400×4%÷2 = 49 048（元）

应付利息 = 2 500 000×3%÷2 = 37 500（元）

应分摊的折价 = 49 048−37 500 = 11 548（元）

借：在建工程 —— 生产线 49 048

贷：应付利息 37 500

应付债券——利息调整 11 548

借：应付利息 37 500

贷：银行存款 37 500

（3）20×0 年 12 月 31 日计提利息和支付利息。

利息费用 =（2 452 400+11 548）×4%÷2 = 49 279（元）

应付利息 = 2 500 000×3%÷2 = 37 500（元）

应分摊的折价 = 49 279−37 500 = 11 779（元）

借：财务费用 49 279

贷：应付利息 37 500

应付债券——利息调整 11 779

支付利息的会计分录略。

（4）20×1 年 6 月 30 日计提利息和支付利息。

利息费用（2 452 400+11 548+11 779）×4%÷2 = 49 515（元）

应付利息 = 2 500 000×3%÷2 = 37 500（元）

应分摊的折价 = 49 515−37 500 = 12 015（元）

借：财务费用 49 515

贷：应付利息 37 500

应付债券——利息调整 12 015

支付利息的会计分录略。

（5）20×1 年 12 月 31 日计提利息并偿还本金和利息。

应付利息 = 2 500 000×3%÷2 = 37 500（元）

尚未摊销的"利息调整"余额 = 47 600−11 548−11 779−12 015 = 12 258（元）

借：财务费用 49 758

贷：应付利息 37 500

应付债券——利息调整 12 258

借：应付债券——面值 2 500 000

应付利息 37 500

贷：银行存款 2 537 500

第十一章
所有者权益

学习目标

知识目标：了解投入资本的法律规定、公司制企业所有者权益的特点、所有者权益的分类。

技能目标：理解所有者权益的概念、性质和内容，所有者权益与负债的主要区别。

能力目标：掌握股票发行的会计处理方法、不同出资方式下实收资本及其增减业务的核算方法、资本溢价和其他资本公积的核算方法、盈余公积的核算方法、未分配利润的核算方法。

学习指导

1. 学习重点

（1）所有者权益的含义及来源构成。

（2）实收资本的账务处理，包括一般企业和股份有限公司的账务处理。

（3）资本公积及其构成。

2. 学习难点

（1）留存收益及其构成。

（2）弥补亏损的账务处理。

练习题

一、名词解释

1. 所有者权益

2. 留存收益

3. 未分配利润

4. 资本公积

二、判断题

1. 企业回购并注销股票支付的价款高于股票面值时，其差额应计入财务费用。（　）

2. 企业接受新投资者投资会导致所有者权益总额增加。（　）

3. 股份有限公司溢价发行股票时，按股票面值计入股本，溢价收入扣除发行手续费、税金等发行费用后的金额计入资本公积。（　）

4. 企业收到的投资者超出其在企业注册资本中所占份额的投资，应直接计入当期损益。（　）

5. 如果以前年度未分配利润有盈余，在计算提取法定盈余公积的基数时，应包括企业年初未分配利润。（　）

6. 企业向投资者宣告发放现金股利，应在宣告时确认为费用。（　）

7. 企业以当年实现的净利润弥补以前年度亏损，应借记“盈余公积”科目，贷记“本年利润”科目。（　）

8. 企业年终结账后，“利润分配”科目所属明细科目除“未分配利润”外，其他明细科目均无余额。（　）

9. 资本公积是企业从历年实现的利润中提取或形成的留存于企业的，来源于企业生产经营活动实现的利润。（　）

10. 公司按面值发行股票时，相关的交易费用应冲减“资本公积——其他资本公积”。（　）

11. 企业以盈余公积向投资者分配现金股利，不会引起留存收益总额的变动。（　）

12. “利润分配——未分配利润”科目的年末贷方余额反映企业累积未弥补亏损的数额。（　）

13. 投资者向企业投入的资本，在持续经营期间内不得以任何形式收回。（　）

14. 当企业接受投资者的原材料投资时，其增值税额不能计入实收资本。（　）

15. 股份有限公司的“股本”账户记录股票的面值，超过面值的部分作为股本溢价，计入“资本公积——股本溢价”账户。（　）

三、单项选择题

1. 甲公司2021年“盈余公积”期初余额为150万元，当年提取法定盈余公积120万元，用盈余公积分配现金股利10万元，用盈余公积弥补亏损50万元。假定不考虑其他因素的影响，甲公司2021年“盈余公积”的年末余额为（　）万元。

A. 260　　B. 270　　C. 210　　D. 300

2. 不影响当年可供分配利润的是（　）。

A. 当年资本公积转增资本　　B. 年初未弥补亏损

C. 当年盈余公积补亏　　D. 当年实现净利润

3. 某企业年初所有者权益为160万元，本年度实现净利润为300万元，以资本公积转增资本为50万元，提取盈余公积为30万元，向投资者分配现金股利为20万元。假设不考虑其他因素，该企业年末所有者权益为（　　）万元。

A. 360　　B. 410　　C. 440　　D. 460

4. 某企业年初"未分配利润"贷方余额为200万元，本年实现净利润750万元，按净利润的10%提取法定盈余公积，提取任意盈余公积为50万元，向投资者分配利润为100万元。该企业年末"未分配利润"贷方余额为（　　）万元。

A. 925　　B. 875　　C. 725　　D. 700

5. A股份有限公司（以下简称"A公司"）委托券商代理发行股票20 000万股，每股面值1元，每股发行价格1.1元。A公司按发行价格的1%向券商支付发行费用。A公司"资本公积（股本溢价）"账户的贷方余额为120万元，"盈余公积"账户的贷方余额为160万元。假定不考虑其他因素，A公司在收到股款后，应记入"资本公积"账户的金额为（　　）万元。

A. 2 000　　B. 120　　C. 2 100　　D. 1 780

6. 甲公司收到投资者作为资本投入的固定资产，合同约定该固定资产的价值为1 500万元，公允价值为1 528万元。假定不考虑增值税、资本溢价因素，甲公司收到该投资时，应计入"实收资本"账户的金额是（　　）万元。

A. 0　　B. 28　　C. 1 500　　D. 1 528

7. 下列选项中，不属于所有者权益的是（　　）。

A. 递延收益　　B. 盈余公积

C. 未分配利润　　D. 资本公积

8. 甲有限责任公司（以下简称"甲公司"）为增值税一般纳税人，收到乙投资方作为资本投入的一台不需要安装的设备，合同约定设备价值为100万元，增值税为13万元（由乙投资方支付税款并开具增值税专用发票）。根据投资合同的约定，乙投资方在甲公司注册资本中所占份额为113万元。设备的合同约定价值与其公允价值一致，不考虑其他因素。下列选项中，甲公司接受投资的会计处理正确的是（　　）。

A. 借：固定资产　　1 000 000
　　　应交税费——应交增值税（进项税额）　　130 000
　　贷：资本公积　　1 130 000

B. 借：固定资产　　1 130 000
　　贷：实收资本　　1 130 000

C. 借：固定资产　　1 000 000
　　　应交税费——应交增值税（进项税额）　　130 000
　　贷：实收资本　　1 130 000

D. 借：固定资产　　1 000 000
　　　应交税费——应交增值税（进项税额）　　130 000
　　贷：股本　　1 130 000

9. 某上市公司经股东大会批准以现金回购并注销本公司股票1 000万股，每股面值为1元，回购价为每股1.5元。该公司注销股份时，"资本公积——股本溢价"科目余额为2 000万元，"盈余公积"科目余额为800万元。不考虑其他因素。该公司注销股份的会计处理正确的是（　　）。

A. 借记“盈余公积”科目 500 万元

B. 借记“库存股”科目 1 000 万元

C. 借记“股本”科目 1 500 万元

D. 借记“资本公积——股本溢价”科目 500 万元

10. 下列关于股份有限公司溢价发行股票相关会计处理的表述中，正确的是（　　）。

A. 发行股票溢价计入盈余公积

B. 发行股票相关的佣金计入股本

C. 发行股票相关的手续费应从溢价中扣减

D. 发行股票取得的款项全部计入股本

11. 上市公司以回购本公司股票方式减资，其支付的价款低于股票面值总额的差额应计入（　　）科目。

A. “其他综合收益”　　B. “利润分配——未分配利润”

C. “资本公积——股本溢价”　　D. “盈余公积”

12. 2022 年 8 月 1 日，某股份有限公司委托证券公司发行股票 5 000 万股，每股面值为 1 元，每股发行价格为 6 元，向证券公司支付佣金为 900 万元（从发行收入中扣除）。不考虑其他因素，该公司发行股票计入“资本公积——股本溢价”科目的金额为（　　）万元。

A. 30 000　　B. 5 000　　C. 24 100　　D. 29 100

13. 下列关于股份有限公司溢价发行股票相关会计处理的表述中，正确的是（　　）。

A. 发行股票发生的交易费用应单独计入当期损益

B. 溢价总额不足以抵扣发行股票发生的交易费用差额应冲减股本

C. 溢价总额高于发行股票发生的交易费用差额作为资本公积入账

D. 溢价总额不足以抵扣发行股票发生的交易费用差额应计入当期损益

14. 下列选项中，不影响留存收益总额的是（　　）。

A. 以盈余公积发放现金股利　　B. 以盈余公积转增资本

C. 以盈余公积弥补亏损　　D. 以实现的净利润分配现金股利

15. 下列选项中，直接引起企业留存收益总额发生变动的是（　　）。

A. 以资本公积转增资本　　B. 提取任意盈余公积

C. 接受非关联方现金资产捐赠　　D. 盈余公积转增资本

16. A 企业留存收益年初余额为 100 万元，本年利润总额为 800 万元，所得税税率为 25%，按净利润的 10% 提取法定盈余公积，按净利润的 5% 提取任意盈余公积。A 企业将盈余公积 20 万元、30 万元分别用于转增资本、发放现金股利。不考虑其他因素，则 A 企业留存收益年末余额为（　　）万元。

A. 650　　B. 740　　C. 700　　D. 790

17. 某企业年初所有者权益总额为 500 万元，当年以资本公积转增资本 50 万元，实现净利润 300 万元，提取盈余公积 30 万元，向投资者分配现金股利 70 万元。不考虑其他因素，该企业年末所有者权益为（　　）万元。

A. 650　　B. 730　　C. 680　　D. 700

18. 下列选项中，企业应通过“利润分配”科目核算的是（　　）。

A. 支付已宣告的现金股利　　B. 以盈余公积转增资本

C. 以股票溢价抵扣股票发行手续费　　D. 以盈余公积弥补亏损

19. 下列选项中，会导致企业盈余公积减少的是（　　）。

A. 股东大会宣告分派股票股利　　B. 以资本公积转增资本

C. 提取盈余公积　　D. 以盈余公积弥补亏损

20. 2022 年年初某企业“利润分配——未分配利润”科目借方余额为 25 万元。2022 年度该企业实现净利润为 180 万元，按净利润的 10%提取盈余公积，以资本公积转增资本 15 万元。不考虑其他因素，2022 年年末该企业可供分配利润的金额为（　　）万元。

A. 155　　B. 139.5　　C. 126　　D. 180

21. 下列选项中，导致企业所有者权益总额增加的是（　　）。

A. 以盈余公积发放现金股利　　B. 以盈余公积弥补以前年度亏损

C. 资本公积转增资本　　D. 当年实现净利润

四、多项选择题

1. 下列选项中，应计入资本公积的有（　　）。

A. 注销的库存股账面余额低于所冲减股本的差额

B. 投资者超额缴入的资本

C. 交易性金融资产发生的公允价值变动

D. 按净利润的一定比例提取的公积金

2. 下列选项中，属于企业留存收益的有（　　）。

A. 提取的任意盈余公积　　B. 发行股票取得的溢价收入

C. 提取的法定盈余公积　　D. 历年积累的未分配利润

3. 下列关于企业有关现金股利的会计处理的表述中，正确的有（　　）。

A. 分配现金股利时企业所有者权益减少

B. 支付现金股利时不影响企业所有者权益

C. 支付现金股利时企业资产减少

D. 分配现金股利时企业负债增加

4. 下列选项中，会引起企业留存收益总额发生增减变动的有（　　）。

A. 向投资者宣告分配现金股利　　B. 本年度实现净利润

C. 提取法定盈余公积　　D. 用盈余公积转增资本

5. 下列选项中，最终能引起资产和所有者权益同时减少的项目有（　　）。

A. 计提短期借款的利息　　B. 计提行政管理部门固定资产折旧

C. 计提坏账准备　　D. 管理用无形资产摊销

6. 下列选项中，不通过“资本公积”科目核算的有（　　）。

A. 接受固定资产捐赠　　B. 划转无法支付的应付账款

C. 固定资产的盘盈　　D. 股本溢价

7. 下列有关股份有限公司的各事项中，会引起股本发生变动的有（　　）。

A. 派发股票股利　　B. 用盈余公积补亏

C. 回购并注销本公司的股票　　D. 接受外币资本投资

8. 企业实收资本或股本增加的途径有（　　）。

A. 股东大会宣告发放现金股利　　B. 接受投资者现金资产投资

C. 经批准用盈余公积转增资本　　D. 经批准用资本公积转增资本

9. 股份公司发行股票时，下列会计科目的余额可能发生变化的有（　　）。

A. “盈余公积”　B. “资本公积”　C. “股本”　D. “利润分配”

10. 企业发生亏损时，下列选项中，属于弥补亏损的渠道的有（　　）。

A. 用以后 5 年的税前利润弥补　　B. 用 5 年后的税后利润弥补

C. 以盈余公积弥补亏损　　D. 以职工薪酬弥补亏损

11. 下列选项中，涉及实收资本或股本发生增减变动的有（　　）。

A. 将资本公积转增资本　　B. 将盈余公积转增资本

C. 发放股票股利　　D. 发放现金股利

12. 下列关于未分配利润的表述中，正确的有（　　）。

A. 未分配利润是企业当年实现的净利润经过弥补亏损、提取盈余公积和向投资者分配利润后留存在企业的利润

B. 未分配利润是企业未指定特定用途的利润

C. 企业对未分配利润的使用不会受到很大的限制

D. 当年企业未分配利润为负数时，则不能对投资者进行利润分配

五、简答题

1. 所有者权益的构成有哪些？

2. 盈余公积分为哪几类？分别怎么进行计提？

六、业务题

1. 2022 年 1 月 1 日，某股份有限公司资产负债表中股东权益各项目年初余额为股本 3 000 万元，资本公积 4 000 万元，盈余公积 400 万元，未分配利润 2 000 万元。2022 年该公司发生相关业务资料如下：

（1）经股东大会批准，该公司宣告发放 2021 年度现金股利 1 500 万元。

（2）经股东大会批准，该公司已履行相应增资手续，将资本公积 4 000 万元转增股本。

（3）经批准增资扩股，该公司委托证券公司发行普通股 400 万股，每股面值 1 元，每股发行价 6 元，按照发行价的 3%向证券公司支付相关发行费用（不考虑增值税）。

（4）该公司当年实现净利润 3 000 万元，提取法定盈余公积和任意盈余公积的比例分别为 10%和 5%。

要求：根据期初资料和资料（1）至（4），请计算 2022 年 12 月 31 日该公司资产负债表“股东权益”有关项目期末余额?

2. 甲公司初始设立时发生下列两项业务：

（1）甲公司收到乙公司作为资本投入的一项非专利技术，合同约定的价值与公允价值相同，均为 50 000 元，经税务机关认证的增值税进项税额为 3 000 元（由投资方支付税款，并开具增值税专用发票）。乙公司投资额未超过其在甲公司注册资本中所占的份额（不考虑其他因素）。

（2）甲公司收到丙投资方作为资本投入的一台不需要安装的设备，合同约定的设备价值为 2 000 000 元，增值税为 260 000 元（由丙投资方支付税款并开具增值税专用发票）。根据投资合同，丙投资方在甲公司注册资本中所占份额为 2 000 000 元。设备的合同约定价值与其公允价值一致（不考虑其他因素）。

要求：请写出甲公司接受投资的会计分录。

3. 2020 年年初，甲公司资产负债表所有者权益项目金额如下：实收资本 1 500 万元，资本公积 500 万元，盈余公积 300 万元，未分配利润 100 万元。2020 年甲公司发生如下经济业务：

（1）1 月 10 日，经股东会批准，甲公司按股东原出资比例将资本公积 300 万元转增资本。

（2）9 月 20 日，为扩大经营规模，经股东会批准，甲公司引入新投资人加入，并将注册资本增加至 2 000 万元。按投资协议的约定，新投资人出资资金 300 万元，占甲公司注册资本的比例为 10%。

（3）12 月 31 日，经计算，甲公司本年度实现净利润 400 万元。经股东会批准，甲公司按净利润的 10% 提取法定盈余公积，按净利润的 30% 以现金方式向投资者分配利润。

要求：（1）根据资料（1），写出甲公司资本公积转增资本的会计处理。

（2）根据资料（2），写出甲公司吸收新投资人的会计处理。

（3）根据资料（3），写出甲公司年末结转净利润和利润分配的会计处理。

4. 甲公司为上市公司，适用的企业所得税税率为 25%。2022 年，甲公司有关资料如下：

（1）1 月 1 日，所有者权益总额为 11 100 万元，其中股本为 8 000 万元（每股面值 1 元），资本公积（股本溢价）为 2 000 万元，盈余公积为 800 万元，未分配利润为 300 万元。

（2）6 月 18 日，经股东大会批准，甲公司按每股 2 元的价格回购本公司股票 1 000 万股并注销。

（3）截至 12 月 31 日，甲公司实现营业收入 8 100 万元，发生营业成本 4 500 万元，税金及附加 500 万元，销售费用 400 万元，管理费用 400 万元，财务费用 350 万元，资产减值损失 250 万元，营业外收入 150 万元，营业外支出 50 万元。

（4）经股东大会批准，甲公司本年度按净利润的 10% 提取法定盈余公积，按每 10 股 0.5 元发放现金股利 350 万元。

要求：（1）请写出资料（2）的会计分录。

（2）根据资料（3），计算 2022 年度甲公司实现的营业利润。

（3）请写出资料（4）提取法定盈余公积金的会计分录。

（4）根据资料（1）至（4），计算甲公司 2022 年 12 月 31 日的所有者权益总额。

5. 2019 年年初，某股份有限公司股东权益共计 8 600 万元。其中，股本 5 000 万元，资本公积 1 000 万元，盈余公积 2 000 万元，未分配利润 600 万元。

2019 年度，该公司发生有关股东权益业务如下：

（1）2 月 1 日，该公司经批准增发普通股股票 500 万股，每股面值 1 元，每股发行价格 4 元，按照发行收入的 3% 支付手续费和佣金。股票已全部发行完毕，所收股款存入该公司开户银行。

（2）10 月 8 日，经股东大会批准，该公司以每股 3 元的价格回购本公司股票 600 万股（每股面值 1 元），并在规定时间内注销回购的股票。

要求：(1) 根据资料 (1)，写出增发股票的会计处理。

(2) 根据资料 (2)，写出回购和注销库存股的会计处理。

七、案例分析题

丁公司为一上市公司。2×18 年 1 月 1 日，丁公司向其 200 名管理人员每人授予 1 000 股股票期权。这些管理人员从 2×18 年 1 月 1 日起在丁公司连续服务两年，即可以每股 4 元的价格购买 1 000 股丁公司的股票，从而获益。丁公司估计该期权在授予日的公允价值为 15 元。

2×18 年丁公司有 20 名管理人员离职，丁公司估计 2×19 年离职的比例将达到 20%，而 2×19 年年末实际离职率为 22.5%。

要求：你认为各年确认的当期费用和累计费用应是多少？如果全部管理人员都在 2×19 年 12 月 31 日行权，丁公司应确认多少股本，确认多少资本公积？

练习题参考答案

一、名词解释

1. 所有者权益是指所有者在企业享有的经济利益，其金额为资产减去负债后的余额。所有者权益在股份有限公司又称为股东权益。

我国企业会计准则规定，基于公司制的特点，所有者权益的来源通常由实收资本 (或股本)、其他权益工具、资本公积、其他综合收益和留存收益 (盈余公积和未分配利润) 构成。

2. 留存收益是企业税后利润积累而形成的资本。它与投入资本不同，投入资本是由企业外部投入企业的，是企业所有者权益的基本部分，是企业创业的资本。留存收益虽然也是企业资本的一部分，但它不是投入企业的，而是投入资本通过生产经营留存于企业的一部分收益的积累，是由企业内部产生的。企业留存收益由盈余公积和未分配利润两部分构成。盈余公积包括法定盈余公积和任意盈余公积。

3. 未分配利润是企业实现的净利润经过弥补亏损、提取盈余公积和向投资者分配利润后留存在企业的、历年结存的利润。从数量上来说，未分配利润是期初未分配利润，加上本期实现的税后利润，减去提取的各种盈余公积和分出利润后的余额。未分配利润是留待以后年度处理的利润，也是企业留存收益的重要组成部分，但这部分留存收益尚未指定用途。

4. 资本公积是企业收到投资者出资额超过其在企业注册资本（或股本）中所占份额的投资以及其他资本公积等。资本公积包括资本溢价（或股本溢价）和其他资本公积。

二、判断题

1. ×

【解析】企业注销其回购的股票时，按股票面值和注销股数计算的股票面值总额，借记“股本”科目；按注销库存股的账面余额，贷记“库存股”科目；按其差额，借记“资本公积——股本溢价”科目。股本溢价不足冲减的，企业应依次冲减“盈余公积”“利润分配——未分配利润”科目。题干表述错误。

2. √

【解析】企业接受新投资者投资时，应借记“银行存款”等科目，贷记“实收资本”等科目，导致所有者权益总额增加，题干表述正确。

3. √

【解析】本题考查的是股份有限公司发行股票的会计处理。股份有限公司溢价发行股票时，按股票面值计入股本，溢价收入扣除发行手续费、佣金等发行费用后的金额计入资本公积。

4. ×

5. ×

【解析】如果年初未分配利润有盈余，计算提取法定盈余公积的基数时，不应包括企业年初未分配利润。如果年初未分配利润有亏损，企业应先弥补以前年度亏损再提取盈余公积。题干表述错误。

6. ×

【解析】企业向投资者宣告发放现金股利时，应借记“利润分配”科目，贷记“应付股利”科目，不确认费用。题干表述错误。

7. ×

【解析】企业以当年实现的净利润弥补以前年度亏损，无须进行账务处理。题干表述错误。

8. √

【解析】企业年终结账后，“利润分配”科目所属明细科目除“未分配利润”外，其他明细科目均无余额。题干表述正确。

9. ×

【解析】留存收益是企业从历年实现的利润中提取或形成的留存于企业的，来源于企业生产经营活动实现的利润。

10. ×

【解析】公司按面值发行股票时，相关的交易费用应冲减“资本公积——股本溢价”。

11. ×

【解析】以盈余公积向投资者分配现金股利，会引起盈余公积的减少和留存收益总额的变动。

12. ×

【解析】“利润分配——未分配利润”科目的年末贷方余额反映企业累积的未分配利润的数额。

13. ×

【解析】如果企业按法律程序减资，则可以收回部分资本。

14. ×

【解析】增值税额应当计入实收资本。

15. √

三、单项选择题

1. C

【解析】盈余公积期初余额为 150 万元，由于提取盈余公积使盈余公积增加了 120 万元，用盈余公积分配现金股利和弥补亏损使盈余公积减少了 60 万元（50+10），因此盈余公积期末余额=150+120−60=210（万元）

2. A

【解析】选项 A 的会计分录如下：

借：资本公积

　贷：实收资本（股本）

可供分配利润=当年实现的净利润+年初未分配利润（或减年初未弥补亏损）+其他转入。选项 A 对可供分配利润没有影响。

3. C

【解析】该企业年末所有者权益=160+300−20=440（万元），以资本公积转增资本和提取盈余公积，属于所有者权益内部项目一增一减发生变动，对所有者权益总额没有影响。

4. C

【解析】年末未分配利润的贷方余额=200+750×(1−10%)−50−100=725（万元）

5. D

【解析】股份有限公司发行股票发生的手续费、佣金等交易费用，如果溢价发行股票的，应从溢价中抵扣，冲减资本公积（股本溢价）。无溢价发行股票或溢价金额不足以抵扣的，应将不足抵扣的部分冲减盈余公积和未分配利润。

该笔业务涉及的会计分录如下：

借：银行存款［20 000×1.1×(1−1%)］	21 780	
贷：股本		20 000
资本公积——股本溢价		1 780

6. D

【解析】本题考核实收资本的内容。企业接受投资者以固定资产出资的，固定资产应按投资合同或协议约定的价值入账，投资合同或协议约定的价值不公允的除外，即该资产的投资合同或协议约定的价值与其公允价值不一致时，以其公允价值为准。会计分录如下：

借：固定资产　　1 528

　贷：实收资本　　1 528

7. A

【解析】所有者权益由实收资本（或股本）、其他权益工具、资本公积、其他综合收益、专项储备、留存收益（盈余公积和未分配利润）组成。递延收益属于企业的负债，因此答案为 A。

8. C

【解析】企业接受投资者作价投入的非现金资产，应按投资合同或协议约定价值（但投资合同或协议约定价值不公允的除外）以及在注册资本（或股本）中应享有的份额确定资产入账价值。因此，甲有限责任公司应编制的会计分录如下：

借：固定资产　　1 000 000

　　应交税费——应交增值税（进项税额）　　130 000

　贷：实收资本　　1 130 000

9. D

【解析】上市公司注销时应编制的会计分录如下：

借：股本　　1 000

　　资本公积——股本溢价　　500

　贷：库存股　　1 500

10. C

【解析】股份有限公司溢价发行股票时，应编制的会计分录如下：

借：银行存款等

　贷：股本

　　　资本公积——股本溢价

发行股票支付的手续费和佣金，应编制的会计分录如下：

借：资本公积——股本溢价

　贷：银行存款

发行股票的溢价计入“资本公积”科目，选项 A 错误；发行股票相关的佣金和手续费冲减“资本公积——股本溢价”科目，选项 B 错误，选项 C 正确；发行股票取得的款项计入“银行存款”等科目，股票的面值计入“股本”科目，选项 D 错误。

11. C

【解析】上市公司回购股票时，支付价款低于股票面值总额，其差额应计入“资本公积——股本溢价”科目，选项 C 正确；如果支付价款高于股票面值总额，其差额应冲减“资本公积——股本溢价”科目，股本溢价不足冲减的，应依次冲减“盈余公积”和“利润分配——未分配利润”科目，选项 B、D 错误；上市公司回购股票不会对其他综合收益产生影响，选项 A 错误。

12. C

【解析】公司发行股票时，应编制的会计分录如下：

借：银行存款　　291 000 000

　贷：股本　　50 000 000

　　资本公积——股本溢价　　241 000 000

因此，上述业务对该股份有限公司“资本公积——股本溢价”科目的影响金额=25 000-900=24 100（万元），选项C正确；选项A错误，误将发行股票的全部价款计入“资本公积——股本溢价”科目；选项B错误，误将应计入“股本”科目的金额计入“资本公积——股本溢价”科目中；选项D错误，误将应计入“股本”科目的金额计入“资本公积——股本溢价”中。

13. C

【解析】在溢价发行股票时，按股票面值确认为股本，溢价总额高于发行股票发生的交易费用差额计入“资本公积”，选项C正确；溢价发行股票支付的相关手续费、佣金等交易费用，应冲减“资本公积——股本溢价”，选项A错误；无溢价发行股票或溢价金额不足以冲减的，应将不足部分依次冲减“盈余公积”和“利润分配——未分配利润”，选项B、D错误。

14. C

【解析】留存收益包括盈余公积和未分配利润，企业以盈余公积弥补亏损时，应借记“盈余公积”科目，贷记“利润分配”科目，属于留存收益项目内部一增一减，不影响留存收益总额，选项C正确。企业以盈余公积发放现金股利时，应借记“盈余公积”科目，贷记“应付股利”科目，会减少留存收益，选项A错误。企业以盈余公积转增资本，应借记“盈余公积”科目，贷记“实收资本”或“股本”科目，会减少留存收益，选项B错误。需要注意的是，该业务对企业的所有者权益总额无影响。企业以实现的净利润分配现金股利，应借记“利润分配”科目，贷记“应付股利”科目，会减少留存收益，选项D错误。

15. D

16. A

【解析】留存收益包括盈余公积和未分配利润。本年实现的净利润=800-800×25%（所得税费用）=600（万元），会导致留存收益增加；提取的法定盈余公积和任意盈余公积金额=600×(10%+5%)=90（万元），会导致盈余公积增加，同时未分配利润减少，不影响留存收益。将盈余公积转增资本和发放现金股利会减少盈余公积，从而导致留存收益减少。因此，年末留存收益余额=100（年初余额）+600（本年实现净利润）-20（转增资本）-30（发放现金股利）=650（万元），选项A正确。选项B错误，误将提取盈余公积增加企业留存收益总额。选项C错误，未考虑盈余公积转增资本和发放现金股利会减少留存收益。选项D错误，无法通过计算得出答案。

对于上述业务，企业应编制的会计分录如下：

企业提取盈余公积时：

借：利润分配——提取法定盈余公积　　600 000

　　　　　——提取任意盈余公积　　300 000

　贷：盈余公积——提取法定盈余公积　　600 000

　　　　　　——提取任意盈余公积　　300 000

盈余公积转增资本时：

借：盈余公积 200 000

　贷：实收资本 200 000

盈余公积发放现金股利时：

借：盈余公积 300 000

　贷：应付股利 300 000

借：应付股利 300 000

　贷：银行存款 300 000

17. B

【解析】企业以资本公积转增资本和提取盈余公积属于所有者权益内部的增减变动，不影响所有者权益总额。因此，该企业年末所有者权益＝500（期初余额）＋300（本年实现净利润）－70（本年分配的现金股利）＝730（万元），选项B正确。选项A错误，误将资本公积转增资本和提取盈余公积作为减少所有者权益的事项。选项C错误，误将资本公积转增资本作为减少所有者权益的事项。选项D错误，误将提取盈余公积作为减少所有者权益的事项。关于上述业务，该企业应编制的会计分录如下：

以资本公积转增资本：

借：资本公积 500 000

　贷：实收资本 500 000

提取盈余公积：

借：利润分配 300 000

　贷：盈余公积 300 000

分配现金股利：

借：利润分配 700 000

　贷：应付股利 700 000

18. D

【解析】企业支付已宣告的现金股利，应借记“应付股利”科目，贷记“银行存款”等科目，无须通过“利润分配”科目核算，选项A错误。企业以盈余公积转增资本，应借记“盈余公积”科目，贷记“实收资本”科目，无须通过“利润分配”科目核算，选项B错误。企业以股票溢价抵扣股票发行手续费，应借记“资本公积”科目，贷记“银行存款”等科目，无须通过“利润分配”科目核算，选项C错误。企业以盈余公积弥补亏损，应借记“盈余公积”科目，贷记“利润分配”科目，通过“利润分配”科目核算，选项D正确。

19. D

【解析】股东大会宣告分派股票股利，无须进行账务处理，不影响盈余公积，选项A错误。企业以资本公积转增资本，应借记“资本公积”科目，贷记“股本”或“实收资本”科目，不影响盈余公积，选项B错误。企业提取盈余公积，应借记“利润分配”科目，贷记“盈余公积”科目，会增加盈余公积，选项C错误。企业以盈余公积弥补亏损，应借记“盈余公积”科目，贷记“利润分配”科目，会减少盈余公积，选项D正确。

20. A

【解析】年末可供分配利润=年初未分配利润余额+本年实现的净利润+其他转入，企业提取盈余公积、以资本公积转增资本对可供分配利润金额无影响。因此，该企业2022年年末可供分配利润=-25+180+0=155（万元），需要注意的是，该企业年初“利润分配”科目为借方余额，年初未分配利润余额为-25万元，选项A正确。选项B错误，误将提取盈余公积减少可供分配利润。选项C错误，无法通过计算得出。选项D错误，未将年初“利润分配”科目余额计入可供分配利润的计算中。

21. D

【解析】企业以盈余公积发放现金股利，应借记“盈余公积”科目，贷记“应付股利”科目，导致所有者权益总额减少，选项A错误。企业以盈余公积弥补以前年度亏损，应借记“盈余公积”科目，贷记“利润分配”科目，属于所有者权益内部项目一增一减，对所有者权益总额无影响，选项B错误。企业以资本公积转增资本，应借记“资本公积”科目，贷记“实收资本”科目，属于所有者权益内部项目一增一减，对所有者权益总额无影响，选项C错误。企业当年实现净利润，会导致所有者权益总额增加，选项D正确。

四、多项选择题

1. AB

【解析】企业注销的库存股账面余额低于所冲减股本的差额，应计入资本公积，选项A正确。企业接受投资者超额缴入的资本，应计入资本公积，选项B正确。交易性金融资产发生的公允价值变动，应计入公允价值变动损益，选项C错误。企业按净利润的一定比例提取的公积金，应计入盈余公积，选项D错误。

2. ACD

【解析】企业留存收益包括盈余公积（法定盈余公积和任意盈余公积）和未分配利润，选项A、C、D正确。企业发行股票取得的溢价收入，应记入“资本公积”科目，资本公积不属于企业留存收益，选项B错误。

3. ABCD

【解析】企业在宣告分配及支付现金股利时，应编制的会计分录如下：

宣告分配时：

借：利润分配

　贷：应付股利

实际支付时：

借：应付股利

　贷：银行存款等

企业支付现金股利属于资产和负债同时减少，对所有者权益无影响。

4. ABD

【解析】留存收益包括盈余公积（法定盈余公积和任意盈余公积）和未分配利润。企业向投资者宣告分配现金股利，应借记“利润分配”科目，贷记“应付股利”科目，导致企业留存收益减少，选项A正确。本年实现净利润，会通过“本年利润”科目结转至“利润分配”科目，导致留存收益增加，选项B正确。企业提取法定盈余公积，应借记“利润分配”科目，贷记“盈余公积”科目，属于留存收益内部项目一增一减，对留存收益无影响，选项C错误。用盈余公积转增资本，应借记“盈余公积”科目，贷记“实收资本”或“股本”科目，导致留存收益减少，选项D正确。

5. BCD

【解析】本题考核引起资产和所有者权益同时减少的事项。

选项A，计提短期借款利息：

借：财务费用

　贷：应付利息

期末，财务费用结转入本年利润中：

借：本年利润

　贷：财务费用

借：利润分配——未分配利润

　贷：本年利润

应付利息增加，会引起负债增加，最终会引起所有者权益减少。

选项B，计提行政管理部门固定资产折旧：

借：管理费用

　贷：累计折旧

期末，管理费用结转入本年利润中：

借：本年利润

　贷：管理费用

借：利润分配——未分配利润

　贷：本年利润

累计折旧增加，会引起资产减少，最终会引起所有者权益减少。

选项C，计提坏账准备：

借：信用减值损失

　贷：坏账准备

借：本年利润

　贷：信用减值损失

借：利润分配——未分配利润

　贷：本年利润

坏账准备增加，会引起资产减少，最终会引起所有者权益减少。

选项D，管理用无形资产摊销：

借：管理费用

　贷：累计摊销

期末，管理费用结转入本年利润中：

借：本年利润

　贷：管理费用

借：利润分配——未分配利润

　贷：本年利润

累计摊销增加，会引起资产减少，最终会引起所有者权益减少。

6. ABC

【解析】选项 A，接受捐赠的利得应该计入“营业外收入”科目。选项 B，划转无法支付的应付账款应计入“营业外收入”科目。选项 C，固定资产盘盈作为前期差错进行更正，通过“以前年度损益调整”科目核算。选项 D，股本溢价是“资本公积”科目的核算内容。

7. ACD

【解析】选项 A，股份有限公司派发股票股利，未分配利润减少，股本增加。选项 B，用盈余公积补亏，不涉及“股本”。选项 C，回购并注销本公司的股票，会减少公司的“股本”。选项 D，接受外币资本投资会增加“股本”。

8. BCD

【解析】本题考核实收资本或股本增加的途径。选项 A，未分配利润减少，应付股利增加，不引起实收资本或股本增加。其余三个选项都是可以增加实收资本或股本的。

9. ABCD

【解析】发行股票时应增加股本，超过股票面值部分计入“资本公积——股本溢价”。发行股票相关的手续费、佣金等交易费用，如果无溢价或溢价金额不足以抵扣的，应将不足抵扣部分冲减盈余公积和未分配利润。

10. ABC

【解析】职工薪酬不得用于弥补亏损。

11. ABC

【解析】发放现金股利不涉及实收资本和股本的增减变动。

12. BC

【解析】选项 A 所述内容不完善，还应包括历年结存的利润。对投资者是否进行利润分配取决于企业管理者的意见，即使当年未分配利润为负数，企业还可以用历年结存的未分配利润或盈余公积进行利润分配。

五、简答题

1. 所有者权益的构成有哪些？

我国企业会计准则规定，基于公司制的特点，所有者权益的来源通常由实收资本（或股本）、其他权益工具、资本公积、其他综合收益和留存收益（盈余公积和未分配利润）构成。

2. 盈余公积分为哪几类？分别怎么进行计提？

企业留存收益由盈余公积和未分配利润两部分构成。盈余公积包括法定盈余公积和任意盈余公积。

法定盈余公积是指企业按规定的比例从税后利润中提取的盈余公积。法律法规强制规定企业必须提取法定盈余公积，目的是确保企业不断积累资本，壮大实力。《中华人民共和国公司法》规定，股份有限公司和有限责任公司按税后利润的 10%提取法定盈余公积，当法定盈余公积达到注册资本的 50%时，可以不再提取。

任意盈余公积是公司出于实际需要或采取审慎经营策略，从税后利润中提取的一部分留存收益。所谓任意，是指出于企业自愿而非法规硬性规定，其提取比例也由企业自行决定。

六、业务题

1. 股本年末贷方余额=年初贷方余额+本年贷方发生额-本年借方发生额=3 000+4 000（资料2）+400（资料3）=7 400（万元）

资本公积年末贷方余额=年初贷方余额+本年贷方发生额-本年借方发生额=4 000+（2 000-72）（资料3）-4 000（资料2）=1 928（万元）

盈余公积年末余额为850万元。

未分配利润年末贷方余额=年初贷方余额+本年贷方发生额-本年借方发生额=2 000+（3 000-450）（资料4）-1 500（资料1）=3 050（万元）

该公司本年年末所有者权益（股东权益）合计=股本+资本公积+盈余公积+未分配利润等=7 400+1 928+850+3 050=13 228（万元）

2. 甲公司账务处理如下：

（1）借：无形资产　　50 000
　　应交税费——应交增值税（进项税额）　　3 000
　贷：实收资本——乙公司　　53 000

（2）借：固定资产　　2 000 000
　　应交税费——应交增值税（进项税额）　　260 000
　贷：实收资本——甲公司　　2 000 000
　　资本公积——资本溢价　　260 000

3.（1）会计分录如下：

借：资本公积　　3 000 000
　贷：实收资本　　3 000 000

（2）会计分录如下：

借：银行存款　　3 000 000
　贷：实收资本　　2 000 000
　　资本公积——资本溢价　　1 000 000

（3）会计分录如下：

①年末结转净利润。

借：本年利润　　4 000 000
　贷：利润分配——未分配利润　　4 000 000

②提取法定盈余公积（4 000 000×10%）。

借：利润分配——提取法定盈余公积　　400 000
　贷：盈余公积　　400 000

③投资者分配利润（4 000 000×30%）。

借：利润分配——应付现金股利或应付利润　　1 200 000
　贷：应付股利　　1 200 000

4.（1）公司在回购股票并注销时，应编制的会计分录如下：

①回购。

借：库存股　　20 000 000
　贷：银行存款　　20 000 000

②注销。

借：股本　　10 000 000

资本公积——股本溢价　　10 000 000

贷：库存股　　20 000 000

（2）营业利润=8 100（营业收入）-4 500（营业成本）-500（税金及附加）-400（销售费用）-400（管理费用）-350（财务费用）-250（资产减值损失）=1 700（万元）

（3）企业按净利润（减弥补以前年度亏损）的10%计提法定盈余公积，甲公司当年实现的净利润=利润总额×（1-所得税税率）=（1 700+150-50）×（1-25%）=1 350（万元）。甲公司计提盈余公积应编制的会计分录如下：

借：利润分配——提取法定盈余公积　　1 350 000

贷：盈余公积　　1 350 000

同时：

借：利润分配——未分配利润　　1 350 000

贷：利润分配——提取法定盈余公积　　1 350 000

（4）所有者权益期末余额=11 100-2 000（资料2）+1 350（资料3）-350（资料4）=10 100（万元）

5.（1）借：银行存款　　19 400 000

贷：股本　　5 000 000

资本公积——股本溢价　　14 400 000

（2）①回购。

借：库存股　　18 000 000

贷：银行存款　　18 000 000

②注销。

借：股本　　6 000 000

资本公积——股本溢价　　12 000 000

贷：库存股　　18 000 000

七、案例分析题

2×18年确认当期费用为120万元［200×1 000×（1-20%）×15×1÷2÷10 000］。累计费用也是120万元。2×19年确认当期费用为112.5万元［200×1 000×（1-22.5%）×15÷10 000-120］。累计费用为232.5万元［120+112.5］。当期费用作为管理费用计入损益。如果155名管理人员全部都在2×19年12月31日行权，丁公司股份面值为1元，则：

丁公司收到的银行存款=155×1 000×4÷10 000=62（万元）

累积资本公积=（1 200 000+1 125 000）÷10 000=232.5（万元）

确认的股本=155×1 000×1÷10 000=15.5（万元）

股本溢价=（620 000+2 325 000-155 000）÷10 000=279（万元）

第十二章
费用与成本

学习目标

知识目标：了解费用的概念和分类。
技能目标：理解费用、成本、损失的关系。
能力目标：掌握费用的确认和计量、期间费用的核算方法。

学习指导

1. 学习重点
(1) 费用及其分类。
(2) 期间费用。
(3) 管理费用、销售费用以及财务费用的定义及其运用。
2. 学习难点
期间费用的区别和应用。

练习题

一、名词解释

1. 费用

2. 期间费用

3. 管理费用

4. 销售费用

5. 财务费用

二、判断题

1. 企业财务部门使用办公设备计提的折旧费用，应计入财务费用。 （ ）

2. 企业出售固定资产发生的处置净损失属于企业的费用。 （ ）

3. 企业自己耗用的低值易耗品的摊销应通过“税金及附加”科目核算。 （ ）

4. 期间费用包括管理费用、销售费用、财务费用、营业外支出。 （ ）

5. 费用是指企业在日常活动中发生的、会导致所有者权益减少的、与向所有者分配利润无关的经济利益的总流出。 （ ）

6. 因解除与职工的劳动关系而给予的补偿，应根据职工提供服务的受益对象进行处理。 （ ）

7. 企业为组织生产经营活动而发生的一切管理活动的费用，包括车间管理费用和企业管理费用，都应作为期间费用处理。 （ ）

8. 管理费用、财务费用和销售费用等期间费用应于期末将其发生的费用金额全部转入“本年利润”科目。 （ ）

9. 导致经济利益流出的支出都构成费用。 （ ）

10. 期间费用是指企业日常活动发生的不能计入特定核算对象的成本，应在发生时计入当期损益。 （ ）

11. 专设销售机构管理用固定资产的折旧费应计入管理费用。 （ ）

三、单项选择题

1. 下列选项中，不属于费用的是（ ）。

A. 主营业务成本　　B. 销售费用

C. 营业外支出　　D. 税金及附加

2. 某工业企业为增值税一般纳税人，2019 年应交的各种税金如下：增值税 700 万元，消费税（全部为销售应税消费品发生）300 万元，城市维护建设税 60 万元，教育费附加 10 万元，所得税费用 500 万元。上述各项税金应计入“税金及附加”科目的金额为（ ）万元。

A. 70　　B. 370　　C. 90　　D. 460

3. 企业专设销售机构固定资产的折旧费应计入（ ）科目。

A.“其他业务成本”　　B.“制造费用”

C.“销售费用”　　D.“管理费用”

4. 下列选项中，不应计入“管理费用”的是（ ）。

A. 离退休人员的工资　　B. 行政管理部门业务招待费

C. 发出商品途中保险费　　D. 管理部门固定资产折旧

5. 企业为购买原材料发生的银行承兑汇票手续费，应当计入（ ）科目。

A.“管理费用”　　B.“财务费用”

C.“销售费用”　　D.“其他业务成本”

6. 下列选项中，企业发生的相关税费应通过“税金及附加”科目核算的是（　　）。

A. 代扣代缴的个人所得税　　B. 计算应缴纳的企业所得税

C. 计算应缴纳的增值税　　D. 计算应缴纳的城市维护建设税

7. 2022 年 2 月，某企业发生自用房地产应交房产税 2 000 元，应交增值税 10 000 元，车船税 3 000 元，城镇土地使用税 1 500 元，消费税 16 000 元，印花税 800 元。不考虑其他因素，该企业当月应计入“税金及附加”的金额为（　　）元。

A. 23 300　　B. 26 000　　C. 33 300　　D. 5 800

8. 下列选项中，属于企业期间费用的是（　　）。

A. 采购材料过程中发生的非合理损耗

B. 计提已对外出租固定资产的折旧费

C. 宣传推广新产品支付的广告费

D. 销售商品给予客户的商业折扣

9. 下列选项中，应通过“管理费用”科目核算的是（　　）。

A. 预计产品质量保证损失　　B. 业务招待费

C. 商品维修费　　D. 企业发生的固定资产盘亏净损失

10. 2022 年 12 月，某企业发生经济业务如下：计提行政办公大楼折旧 40 万元，支付会计师事务所审计费 50 万元，发生业务招待费 60 万元。不考虑其他因素，该企业 2022 年 12 月确认的管理费用金额为（　　）万元。

A. 90　　B. 100　　C. 50　　D. 150

11. 2022 年 11 月，某企业确认短期借款利息 8.2 万元，收到银行活期存款利息收入 1.4 万元，开具银行承兑汇票支付手续费 0.9 万元。不考虑其他因素，11 月企业利润表中“财务费用”项目的本期金额为（　　）万元。

A. 6.8　　B. 5.9　　C. 7.7　　D. 9.1

12. 下列选项中，企业行政管理部门负担的工会经费应计入的会计科目是（　　）。

A.“制造费用”　　B.“管理费用”　　C.“销售费用”　　D.“财务费用”

13. 下列选项中，企业应计入“销售费用”科目的是（　　）。

A. 随同商品出售不单独计价的包装物成本

B. 企业固定资产盘亏净损失

C. 因产品质量原因发生的销售退回

D. 行政管理部门人员报销的差旅费

14. 某制造企业经营出租闲置厂房，其计提的折旧应计入的会计科目是（　　）。

A.“其他业务成本”　　B.“营业外支出”

C.“投资收益”　　D.“管理费用”

15. 下列选项中，企业行政管理部门负担的工会经费应计入的会计科目是（　　）。

A.“财务费用”　　B.“销售费用”　　C.“制造费用”　　D.“管理费用”

16. 下列选项中，企业办理银行承兑汇票贴现，实际收到的金额与票面额之间的差额应计入的会计科目是（　　）。

A.“营业外支出”　　B.“财务费用”

C.“管理费用”　　D.“其他业务成本”

四、多项选择题

1. 按照经济内容进行分类，应当计入费用的有（　　）。

A. 外购材料　　B. 外购动力　　C. 工资　　D. 折旧费

2. 按照费用与产品产量的关系，生产费用可以分为（　　）。

A. 固定费用　　B. 变动费用　　C. 直接费用　　D. 间接费用

3. 下列选项中，不属于期间费用的项目是（　　）。

A. 财务费用　　B. 所得税费用

C. 制造费用　　D. 生产工人工资费用

4. 下列选项中，关于期间费用的处理正确的有（　　）。

A. 董事会会费应计入“管理费用”

B. 管理部门的劳动保险费属于销售费用核算的内容

C. 销售人员工资计入“销售费用”

D. 季节性停工损失应计入“管理费用”

5. 下列选项中，应计入“销售费用”科目的有（　　）。

A. 无形资产研究阶段支出　　B. 行政管理人员差旅费

C. 广告费　　D. 展览费

6. 下列关于管理费用的会计处理的表述中，正确的有（　　）。

A. 无法查明原因的现金短缺应计入管理费用

B. 转销确实无法支付的应付账款应冲减管理费用

C. 行政管理部门负担的工会经费应计入管理费用

D. 企业在筹建期间内发生的开办费应计入管理费用

7. 应计入财务费用的有（　　）。

A. 支付银行结算手续费　　B. 用于在筹建期间的开办费

C. 收到银行存款利息　　D. 预提短期借款利息

8. 2022年12月，某企业当月应缴纳增值税50万元，销售应税消费品应缴纳消费税20万元，经营用房屋缴纳房产税10万元。该企业适用的城市维护建设税税率为7%，教育费附加征收率为3%（不考虑其他因素）。下列关于该企业12月应缴纳城市维护建设税和教育费附加的相关会计科目的处理中，正确的有（　　）。

A. 借记“税金及附加”科目7万元

B. 贷记“应交税费——应交教育费附加”科目2.1万元

C. 贷记“应交税费——应交城市维护建设税”科目5.6万元

D. 借记“管理费用”科目7万元

9. 下列选项中，应计入企业期间费用的有（　　）。

A. 预计产品质量保证损失　　B. 生产部门机器设备折旧费

C. 行政管理部门职工薪酬　　D. 计提无形资产减值准备

10. 下列选项中，制造业企业销售商品时发生的支出，应通过“销售费用”科目核算的有（　　）。

A. 装卸费　　B. 保险费　　C. 包装费　　D. 代垫运费

11. 下列选项中，属于“财务费用”科目核算内容的有（　　）。
   A. 支付公开发行普通股的佣金
   B. 支付的银行承兑汇票手续费
   C. 确认的财务部门人员薪酬
   D. 确认的生产经营用短期借款利息费用
12. 下列选项中，企业应计入销售费用的有（　　）。
   A. 随同商品销售不单独计价的包装物成本
   B. 销售过程中代客户垫付的运输费
   C. 预计产品质量保证损失
   D. 已售商品的成本

五、简答题

1. 什么是费用?

2. 期间费用通常包括哪些内容?

六、业务题

1. 某企业6月发生下列经济活动：

（1）该企业为增值税一般纳税人，发生管理部门设备维修费50 000元，专设销售机构管理用办公设备维修费30 000元。增值税专用发票上注明的增值税税额为10 400元（不考虑其他因素）。

（2）该企业6月赊购10 000元办公用品交付使用，预付第三季度办公用房租金45 000元，支付第二季度短期借款利息6 000元，其中4~5月已累计计提利息4 000元（不考虑其他因素）。

要求：（1）根据上述资料（1），写出企业发生设备维修费的会计分录。

（2）根据上述资料（2），计算该企业6月应确认的期间费用。

（3）写出该企业6月支付第二季度的借款利息的会计处理。

2. 甲公司为增值税一般纳税人，适用的增值税税率为 13%，消费税税率为 10%，产品销售价格中均不含增值税金额。销售产品为公司的主营业务，在确认收入时逐笔结转销售成本。2019 年 6 月，甲公司发生的部分经济业务如下：

（1）6 月 5 日，甲公司向 A 公司销售应税消费品 100 000 件，单价为 10 元。为了鼓励多购商品，甲公司同意给予 A 公司 10%的商业折扣，同时支付运费 10 000 元（不考虑运费的增值税影响）。该批商品的实际成本是 500 000 元，商品已经发出，货款尚未收到。该项销售业务属于某一时点履行的履约义务。

（2）6 月 8 日，甲公司收到开户银行转来的活期存款利息清单 5 000 元。

（3）6 月 10 日，甲公司为拓展市场发生业务招待费 50 000 元，取得的增值税专用发票上注明的增值税税额为 3 000 元，以银行存款支付。

（4）6 月 30 日，甲公司将自产产品发放给销售人员。该批产品的实际成本为 30 000 元，市价为 50 000 元。

（5）6 月 30 日，甲公司分配本月材料费用，基本生产车间领用材料 700 000 元，辅助生产车间领用材料 300 000 元，车间管理部门领用材料 43 000 元，企业行政管理部门领用材料 7 000 元。

（6）甲公司计提本月应负担的日常经营活动中的城市维护建设税 5 100 元，教育费附加 1 700 元。

（7）甲公司结转本月随同产品出售但不单独计价的包装物成本 4 000 元。

假定除上述资料外，不考虑其他相关因素。

要求：（1）写出资料（1）至（4）的会计分录。

（2）根据上述资料，计算甲公司 2019 年 6 月利润表中“营业利润”的金额。

（3）根据上述资料，计算甲公司 2019 年 6 月的期间费用。

3. 某工业生产企业有一生产车间——甲车间，生产 A、B 两种产品。该企业本月发生的相关经济业务如下：

（1）该企业本期领用材料 43 500 元。其中，甲车间投产 A 产品领用 16 000 元；投产 B 产品领用材料 24 000 元；甲车间领用机物料 2 000 元；企业行政管理部门领用材料 1 500 元。

（2）该企业应付工资 22 800 元。其中，甲车间生产 A 产品工人的应付工资为 9 120 元；生产 B 产品工人的应付工资为 4 560 元；车间管理人员应付工资为 3 420 元；企业行政管理部门应付工资为 5 700 元。

（3）该企业以银行存款支付本企业转让技术费用 1 800 元以及咨询费用 1 200 元。

（4）本月计提固定资产折旧费用 8 000 元。其中，甲生产车间折旧费用为 6 000 元；企业行政管理部门折旧费用为 2 000 元。

（5）甲车间的制造费用按机器生产工时进行分配，A 产品的生产工时为 1 200 小时，

B 产品的生产工时为 800 小时。

要求：编制上述经济业务的相关会计分录。

4. 某股份有限公司 2×18 年 12 月发生下列业务：

（1）该公司以银行存款支付：银行借款利息 25 000 元（其中在建工程和费用 15 000 元）；咨询费用 2 550 元；产品展览费用 400 元；购入土地使用权 12 500 元；捐赠 2 000 元；生产车间水电费 800 元；劳动保护费 1 100 元；各项税收罚款及滞纳金 1 450 元；违反合同罚款 760 元；办用品 50 元；所得税 2 300 元；生产设备保险费 1 630 元；诉讼费用 32 元；业务招待费用 2 400 元；销售产品运输费用 100 元；材料入库前选、整理费用 270 元。

（2）该公司分配职工工资 57 000 元。其中，生产工人工资 45 600 元；车间管理人员工资 2 280 元；公司管理人员工资 3 420 元；建筑工程人员工资 5 700 元。

（3）该公司摊销自用无形资产价值 4 000 元。

（4）该公司结转本月发生的管理费用、销售费用、财务费用、营业支出。

要求：根据上述资料编制有关业务的会计分录。

七、案例分析题

某市开发区一电器商贸公司 2016 年度销售收入为 6 000 万元，但是账面列支工装劳保费 500 万元，办公纸张费 800 万元，加油费 700 万元，期间费用占比已经高达营业收入的 30%以上，存在严重异常，目前已经被税务部门纳入重点监控，要求企业进行自查。

要求：（1）结合本案例的资料，分析税务部门认为异常的原因可能有哪些？

（2）该案例对你有什么启示？

练习题参考答案

一、名词解释

1. 费用是指企业在日常活动中发生的、会导致所有者权益减少的、与向所有者分配利润无关的经济利益的总流出。

2. 期间费用是指企业当期发生的，不能直接归属于某个特定产品成本的费用。由于难以判定其归属的产品，因此不能列入产品制造成本，而在发生的当期直接计入当期损益。期间费用主要包括销售费用、管理费用、财务费用。

3. 管理费用是企业董事会和行政管理部门为组织和管理生产经营活动而发生的，或者应当由企业统一负担的各种费用。其具体包括企业管理部门发生的直接管理费用，如公司经费等。公司经费包括总部管理人员工资、职工福利费、差旅费、办公费、折旧费、修理费、物料消耗、低值易耗品摊销以及其他公司经费。用于企业直接管理之外的费用，主要包括董事会费、咨询费、聘请中介机构费、诉讼费等。提供生产技术条件的费用，主要包括研究费用、无形资产摊销、长期待摊费用摊销。

4. 销售费用是指企业在销售商品过程中发生的各项费用以及为销售本企业商品而专设的销售机构（含销售网点、售后服务网点等）的经营费用。其包括产品自销费用，如应由本企业负担的包装费、运输费、装卸费、保险费；产品促销费用，如展览费、广告费、经营租赁费、销售服务费；销售部门的费用，即专设销售机构的职工工资及福利费、类似工资性质的费用、业务费等经营费用。

5. 财务费用是指企业为筹集生产经营所需资金而发生的各项费用，具体包括的项目有利息净支出（减利息收入后的支出）、汇兑净损失（减汇兑收益后的损失）、金融机构手续费以及筹集生产经营资金发生的其他费用等。

二、判断题

1. ×

【解析】企业财务部门使用办公设备计提的折旧费用，应计入管理费用。

2. ×

【解析】企业出售固定资产发生的处置净损失应该计入资产处置损益，不属于日常经营活动发生的，不属于企业的费用。

3. ×

【解析】企业自己耗用的低值易耗品的摊销应根据用途计入“制造费用”“管理费用”等科目，不通过“税金及附加”科目核算。

4. ×

【解析】期间费用是企业日常活动产生的，包括销售费用、管理费用、财务费用。营业外支出是企业非日常活动产生的，属于损失。

5. √

6. ×

【解析】因解除与职工的劳动关系而给予的补偿，与其他形式的职工薪酬不同的是，由于被辞退的职工不再为企业提供服务，因此不论被辞退职工原先属于哪个部门，企业都应将本期确认的辞退福利全部计入当期的管理费用。

7. ×

【解析】车间管理费用属于制造费用。

8. √

9. ×

【解析】费用是指企业在日常活动中发生的、会导致所有者权益减少的、与向所有者分配利润无关的经济利益的总流出。导致经济利益流出的支出不一定会导致所有者权益减少，不会导致所有者权益减少的经济利益的流出不符合费用的定义。

10. √

11. ×

【解析】专设销售机构管理用固定资产的折旧费应计入销售费用

三、单项选择题

1. C

【解析】费用是企业日常活动中发生的经济利益的总流出，选项 A、B、D 均属于费用，其中选项 A、D 属于成本费用，选项 B 属于期间费用；营业外支出不是日常活动中发生的，不属于费用。

2. B

【解析】本题考核“税金及附加”科目核算金额的计算。增值税属于价外税，是从购买方收取并最终缴纳给税务机关的，不影响企业的损益，不通过“税金及附加”科目核算。在销售商品时，企业确认销项税额，借记“应收账款”或“银行存款”科目，贷记“应交税费——应交增值税（销项税额）”科目。所得税费用通过“所得税费用”科目核算。

应计入“税金及附加”科目的税金＝300+60+10＝370（万元）

3. C

【解析】企业专设销售机构固定资产的折旧费应计入销售费用。

4. C

【解析】本题考核管理费用核算的内容。发出商品途中保险费用应计入销售费用。

5. B

【解析】企业因开出银行承兑汇票而支付银行的承兑汇票手续费，应当计入当期财务费用。

6. D

【解析】企业代扣代缴个人所得税，应借记“应付职工薪酬”科目，贷记“应交税费——应交个人所得税”科目，不影响“税金及附加”科目，选项 A 错误；企业计算应缴纳的企业所得税，应借记“所得税费用”科目，贷记“应交税费——应交所得税”科目，不影响“税金及附加”科目，选项 B 错误；增值税为价外税，不通过“税金及附加”科目核算，选项 C 错误；企业计算应缴纳的城市维护建设税，应借记“税金及附加”科目，贷记“应交税费——应交城市维护建设税”科目，选项 D 正确。

7. A

【解析】税金及附加科目主要核算的内容包括消费税、城市维护建设税、教育费附加、资源税、房产税、车船税、城镇土地使用税、印花税等。增值税属于价外税，不计入税金及附加，因此当月应计入税金及附加的金额=2 000（房产税）+3 000（车船税）+1 500（城镇土地使用税）+16 000（消费税）+800（印花税）= 23 300（元），选项A正确。选项B错误，即误将应交增值税和消费税的合计作为税金及附加的金额；选项C错误，即误将应纳增值税的金额计入税金及附加；选项D错误，未考虑城镇土地使用税和消费税对税金及附加的影响。

8. C

【解析】企业期间费用包括销售费用、管理费用和财务费用。企业宣传推广新产品支付的广告费，应通过“销售费用”科目核算，选项C正确；企业采购材料过程中发生的非合理损耗应通过“营业外支出”科目核算，选项A错误；企业计提已对外出租固定资产的折旧费，应通过“其他业务成本”科目核算，选项B错误；企业销售商品给予客户的商业折扣不通过任何会计科目核算，应按扣除商业折扣后的金额确认交易价格，满足收入确认条件时确认收入，选项D错误。

9. B

【解析】管理费用包括企业在筹建期间发生的开办费、董事会和行政管理部门在企业的经营管理中发生的以及应由企业统一负担的公司经费、行政管理部门负担的工会经费、董事会费、聘请中介机构费、咨询费（含顾问费）、诉讼费、业务招待费（选项B正确）、技术转让费、研究费用等；企业预计产品质量保证损失以及发生的商品维修费，应通过“销售费用”科目核算，选项A、C错误；企业发生的固定资产盘亏净损失，应通过“营业外支出”科目核算，选项D错误。

10. D

【解析】管理费用核算内容主要包括企业筹建期间发生的开办费、由企业统一负担的公司经费、行政管理部门负担的工会经费、董事会费、聘请中介机构费、咨询费（含顾问费）、诉讼费、业务招待费、研究费用等，因此该企业12月应确认的管理费用金额=40（办公大楼折旧费）+50（审计费）+60（业务招待费）= 150（万元），选项D正确；选项A错误，未将业务招待费计入管理费用；选项B错误，未将审计费计入管理费用；选项C错误，未将业务招待费和办公大楼折旧费计入管理费用。

11. C

【解析】财务费用是指企业为筹集生产经营所需资金等而发生的筹资费用，包括利息支出（减利息收入）、汇兑损益以及相关的手续费。题目中短期借款利息、银行存款利息和银行承兑汇票手续费均属于财务费用的核算内容。2022年11月，企业利润表中“财务费用”项目的本期金额=8.2−1.4（利息收入冲减财务费用）+0.9=7.7（万元），选项C正确；选项A错误，未将开具银行承兑汇票手续费增加财务费用金额；选项B错误，误将支付的银行承兑汇票手续费冲减财务费用金额；选项D错误，未将银行活期存款利息收入冲减财务费用金额。

12. B

【解析】“管理费用”科目主要核算的是企业筹建期间发生的开办费、由企业统一负担的公司经费、行政管理部门负担的工会经费（选项B正确）、董事会费、聘请中介机构费、咨询费（含顾问费）、诉讼费、业务招待费、研究费用等；“制造费用”科目主要核算的是企业为生产产品和提供劳务而发生的各项间接费用，选项A错误；“销售费用”科目主要核算的是企业在销售商品过程中发生的保险费、包装费、展览费、广告费、产品质量保证损失、专设销售机构发生的相关费用等，选项C错误；“财务费用”科目主要核算的是企业发生的利息支出（减利息收入）、汇兑损益以及相关手续费等，选项D错误。

13. A

【解析】随同商品出售不单独计价的包装物成本计入“销售费用”科目，选项A正确；企业固定资产盘亏净损失计入“营业外支出”科目，选项B错误；因产品质量原因发生的销售退回应冲减当期主营业务收入和主营业务成本，选项C错误；行政管理部门人员报销的差旅费计入“管理费用”科目，选项D错误。

14. A

【解析】经营租出的闲置厂房计提的折旧计入“其他业务成本”科目核算。

15. D

【解析】企业行政管理部门负担的工会经费应计入“管理费用”科目。本题题干中的“行政管理部门”是关键词。在一般情况下，行政管理部门发生的费用都计入“管理费用”科目。

16. B

【解析】企业办理银行承兑汇票贴现，实际收到的金额与票面额之间的差额通过“财务费用”科目核算。

四、多项选择题

1. ABCD

【解析】费用按照经济内容（或性质）进行分类，一般可以分为以下几类：外购材料、外购燃料、外购动力、工资、折旧费、利息支出、税金和其他支出。

2. AB

【解析】按照费用同产量之间的关系，费用可以分为固定费用和变动费用。

3. BCD

【解析】期间费用是指企业当期发生的，不能直接归属于某个特定产品成本的费用。期间费用主要包括销售费用、管理费用、财务费用。

4. AC

【解析】董事会会费、劳动保险费应计入管理费用，季节性停工损失应计入制造费用。

5. CD

【解析】本题考核销售费用核算的内容。无形资产研究阶段的支出最终计入管理费用，行政管理人员的差旅费应该计入管理费用。

6. ACD

【解析】选项B，转销无法支付的应付账款应该计入营业外收入。

7. ACD

【解析】本题考核财务费用的核算。选项B应该计入管理费用。

8. AB

【解析】应交消费税和应交增值税是应交城市维护建设税的计税基础。应交城市维护建设税=(50+20)×7%=4.9（万元），选项C错误。应交教育费附加=(50+20)×3%=2.1（万元），选项B正确。城市维护建设税和教育费附加计入税金及附加。12月，应交城市维护建设税和教育费附加计入税金及附加的金额=4.9+2.1=7（万元），选项A正确，选项D错误。需要说明的是，房产税和销售应税消费品应交消费税也需要计入税金及附加，但由于题目是针对城市维护建设税和教育费附加的提问，因此计入税金及附加的金额中未包括房产税和消费税。对于该业务，企业应编制的会计分录为：

借：税金及附加 70 000

　贷：应交税费——应交城市维护建设税 49 000

　　　　　　——应交教育费附加 21 000

9. AC

【解析】期间费用包括销售费用、管理费用和财务费用。预计产品质量保证损失应计入销售费用，选项A正确；行政管理部门职工薪酬应计入管理费用，选项C正确；生产部门机器设备折旧费应计入制造费用，选项B错误；计提无形资产减值准备应计入资产减值损失，选项D错误。

10. ABC

【解析】销售费用是指企业销售商品和材料、提供服务的过程中发生的各种费用，包括企业在销售商品过程中发生的保险费（选项B正确）、包装费（选项C正确）、展览费和广告费、商品维修费、预计产品质量保证损失、装卸费（选项A正确）等以及为销售本企业商品而专设的销售机构（含销售网点、售后服务网点等）的职工薪酬、业务费、折旧费等经营费用。代垫运费应通过“应收账款”科目核算，选项D错误。

11. BD

【解析】支付公开发行普通股的佣金，应通过“资本公积”科目核算，选项A错误；支付的银行承兑汇票手续费，应通过“财务费用”科目核算，选项B正确；财务部门人员薪酬，应通过“管理费用”科目核算，选项C错误；短期借款利息费用，应通过“财务费用”科目核算，选项D正确。

12. AC

【解析】选项B计入应收账款。选项D计入主营业务成本。

五、简答题

1. 什么是费用？

费用是指企业在日常活动中发生的、会导致所有者权益减少的、与向所有者分配利润无关的经济利益的总流出。

2. 期间费用通常包括哪些内容？

期间费用是指企业当期发生的，不能直接归属于某个特定产品成本的费用。由于难以判定其所归属的产品，因此不能列入产品制造成本，而在发生的当期直接计入当期损益。期间费用主要包括销售费用、管理费用、财务费用。

六、业务题

1.（1）相关账务处理如下：

借：管理费用　　50 000

　　销售费用　　30 000

　　应交税费——应交增值税（进项税额）　　10 400

　贷：银行存款等　　90 400

（2）该企业 6 月应确认的期间费用 = 10 000（管理费用）+（6 000−4 000）（财务费用）= 12 000（元）

（3）会计分录如下：

借：应付利息　　4 000

　　财务费用　　2 000

　贷：银行存款　　6 000

2. 资料（1）的会计分录如下：

借：应收账款　　1 017 000

　贷：主营业务收入　　900 000

　　　应交税费——应交增值税（销项税额）　　117 000

借：销售费用　　10 000

　贷：银行存款　　10 000

借：主营业务成本　　500 000

　贷：库存商品　　500 000

借：税金及附加　　90 000

　贷：应交税费——应交消费税　　90 000

资料（2）的会计分录如下：

借：银行存款　　5 000

　贷：财务费用　　5 000

资料（3）的会计分录如下：

借：管理费用——业务招待费　　50 000

　　应交税费——应交增值税（进项税额）　　3 000

　贷：银行存款　　53 000

资料（4）的会计分录如下：

借：销售费用　　56 500

　贷：应付职工薪酬　　56 500

借：应付职工薪酬　　56 500

　贷：主营业务收入　　50 000

　　　应交税费——应交增值税（销项税额）　　6 500

借：主营业务成本　　30 000

　贷：库存商品　　30 000

（2）营业利润 = 主营业务收入（900 000）− 主营业务成本（500 000）− 销售费用（10 000）− 税金及附加（90 000）− 财务费用（−5 000）− 管理费用（50 000）− 销售费用

(56 500)+主营业务收入(50 000)-主营业务成本(30 000)-管理费用(7 000)-销售费用(4 000)-税金及附加(6 800)= 200 700（元）

（3）甲公司2019年6月的期间费用总额=10 000-5 000+50 000+56 500+7 000+4 000=122 500（元）

3. 会计分录如下：

（1）借：生产成本——基本生产成本（A产品）　16 000
　　　　　　　　——基本生产成本（B产品）　24 000
　　　　制造费用　2 000
　　　　管理费用　1 500
　　贷：原材料　43 500

（2）借：生产成本——基本生产成本（A产品）　9 120
　　　　　　　　——基本生产成本（B产品）　4 560
　　　　制造费用　3 420
　　　　管理费用　5 700
　　贷：应付职工薪酬——工资　22 800

（3）借：管理费用　3 000
　　贷：银行存款　3 000

（4）借：制造费用　6 000
　　　　管理费用　2 000
　　贷：累计折旧　8 000

（5）借：生产成本——基本生产成本（A产品）　6 852
　　　　　　　　——基本生产成本（B产品）　4 568
　　贷：制造费用　11 420

注：应分配的制造费用=2 000+3 420+6 000=11 420（元）

A产品应分配的制造费用=11 420×1 200÷(1 200+800)= 6 852（元）

B产品应分配的制造费用=11 420×800÷(1 200+800)= 4 568（元）

4.（1）借：财务费用　10 000
　　　　　在建工程　15 000
　　　　　管理费用　5 320
　　　　　销售费用　500
　　　　　制造费用　3 530
　　　　　无形资产　12 500
　　　　　营业外支出　4 210
　　　　　应交税费　2 300
　　　　　材料采购　270
　　　贷：银行存款　53 630

（2）借：生产成本　45 600
　　　　制造费用　2 280
　　　　管理费用　3 420
　　　　在建工程　5 700
　　贷：应付职工薪酬——工资　57 000

（3）借：管理费用　　4 000
　　贷：累计摊销　　4 000
（4）借：本年利润　　12 740
　　贷：管理费用　　12 740
　借：本年利润　　10 000
　　贷：财务费用　　10 000
　借：本年利润　　500
　　贷：销售费用　　500
　借：本年利润　　4 210
　　贷：营业外支出　　4 210

七、案例分析题

答案略。

第十三章
收入与利润

学习目标

知识目标：掌握收入确认与计量的基本方法（五步法模型）、营业外收入与营业外支出的主要内容。

技能目标：重点掌握在某一时段内履行履约义务相关收入的确认与计量，在某一时点履行履约义务相关收入的确认与计量，销售折扣、折让与退回的会计处理，特定交易的会计处理，利润的构成及计算与结转，净利润的分配程序及会计处理。

能力目标：所得税费用采用资产负债表债务法的会计处理。

学习指导

1. 学习重点

（1）收入确认与计量的五步法模型。

（2）在某一时段内履行履约义务的会计处理。

（3）在某一时点履行履约义务的会计处理。

（4）销售折扣、折让与退回的会计处理。

2. 学习难点

（1）特定交易的会计处理。

（2）利润的构成以及结转与分配的会计处理、营业外收入与营业外支出的主要内容。

（3）资产负债表债务法的基本核算程序。

练习题

一、名词解释

1. 收入

2. 销售折让

3. 销售退回

4. 净利润

5. 资产的计税基础

6. 负债的计税基础

7. 暂时性差异

二、判断题

1. 商业折扣是企业为促进商品销售而在商品标价上给予的价格扣除，企业销售商品涉及商业折扣的，应当按照扣除商业折扣后的金额确定销售商品收入金额。（　）

2. 企业出售商品时不单独计价的包装物的收入，应记在“其他业务收入”科目中。（　）

3. 企业代第三方收取的款项（如增值税）以及企业预期将退还给客户的款项，应计入交易价格。（　）

4. 如果与商品所有权有关的任何损失均不需要企业承担，与商品所有权有关的任何经济利益也不归企业所有，就意味着商品所有权上的主要风险和报酬转移给了客户。（　）

5. 企业销售原材料取得的收入，比照商品销售的确认和计量原则进行处理。（　）

6. 在资产负债表日，企业应按合同的交易价格总额乘以履约进度确认当期收入。（　）

7. 与履约义务中已履行（包括已全部履行或部分履行）部分相关的支出，应计入合同履约成本。（　）

8. 企业以委托收款结算方式对外销售商品，在取得相关商品控制权时点确认收入。（　）

9. 管理费用、资产减值损失、税金及附加和营业外收入都会影响企业的营业利润。（　）

10. 企业当期所得税可能等于所得税费用。（　）

11. 企业本年实现利润总额100万元，发生业务招待费50万元，税务部门核定的业务招待费税前扣除标准是30万元。假定无其他纳税调整事项，企业在计算本年应纳税所得额时，应该做纳税调减处理。（　）

12. 企业的所得税费用一定等于企业当年实现的利润总额乘以所得税税率。（　　）

13. 捐赠支出、出租包装物的成本、罚款支出等都计入营业外支出。（　　）

三、单项选择题

1. 企业2022年1月售出产品并已确认收入，2022年5月发生销售退回时，其冲减的销售收入应在退回当期记入（　　）科目的借方。

A. “营业外收入”　　B. “营业外支出”

C. “利润分配”　　D. “主营业务收入”

2. 企业在履约过程中发生的（　　）不应计入当期损益。

A. 企业承担的管理费用

B. 明确应由客户承担的管理费用

C. 非正常消耗的直接材料、直接人工和制造费用（或类似费用）

D. 与履约义务中已履行（包括已全部履行或部分履行）部分相关的支出

3. 甲公司是一家咨询公司，其通过竞标赢得一个新客户，为取得该客户的合同，甲公司发生下列支出：

（1）聘请外部律师进行尽职调查的支出为15 000元。

（2）因投标发生的差旅费为10 000元。

（3）销售人员佣金为5 000元。

甲公司预期这些支出未来能够收回。此外，甲公司根据其年度销售目标、整体盈利情况以及个人业绩等，向销售部门经理支付年度奖金1 000元。甲公司应当将其作为合同取得成本确认为一项资产的金额是（　　）元。

A. 30 000　　B. 40 000　　C. 15 000　　D. 5 000

4. 某公司给客户办理美容会员卡收取了一年的会员费（不含税），收取的会员费应记入的会计科目是（　　）。

A. “合同负债”　　B. “其他应付款”

C. “主营业务收入”　　D. “其他业务收入”

5. 销售生产产品所用材料取得的收入属于（　　）。

A. 主营业务收入　　B. 其他业务收入

C. 营业外收入　　D. 投资收益

6. 以现金结算方式对外销售商品，收入的确认时点是（　　）。

A. 客户取得商品控制权时　　B. 收到价款时

C. 发出商品时　　D. 购买方将商品出售时

7. 企业以赊销方式对外销售商品，按应收的款项借记的科目是（　　）。

A. “银行存款”　　B. “应收账款”　　C. “应收票据”　　D. “库存现金”

8. 下列选项中，影响当期利润表中利润总额的是（　　）。

A. 固定资产盘盈　　B. 库存现金盘盈

C. 确认所得税费用　　D. 代扣代缴个人所得税

9. 某企业本期实现营业利润100万元，计提坏账准备15万元，交易性金融资产公允价值上升30万元，营业外收入20万元，营业外支出10万元，所得税税率25%。假定不考虑其他因素，该企业本期净利润为（　　）万元。

A. 82.5　　B. 75　　C. 93.75　　D. 110

10. 企业接受的现金捐赠，应该记入的会计科目是（　　）。

A. “营业外收入”　　B. “盈余公积”

C. “资本公积”　　D. “未分配利润”

11. 企业支付的税收滞纳金应该计入（　　）。

A. 管理费用　　B. 财务费用

C. 营业外支出　　D. 其他业务成本

12. 某企业 2022 年度的利润总额为 900 万元，其中包括本年收到的国库券利息收入 10 万元。税法规定，当期允许扣除的广告费和业务宣传费为 300 万元，企业当期实际发生广告费和业务宣传费 410 万元，所得税税率为 25%。假定不考虑其他因素，该企业 2022 年应纳的所得税为（　　）万元。

A. 202.5　　B. 225　　C. 250　　D. 252.5

13. 某企业 2021 年发生亏损 200 万元，2022 年实现税前会计利润 500 万元，其中包括国债利息收入 20 万元；在营业外支出中有税收滞纳金罚款 30 万元；所得税税率为 25%。该企业 2022 年的所得税费用为（　　）万元。

A. 112.5　　B. 130　　C. 150　　D. 77.5

14. 下列选项中，不能转入“本年利润”账户借方的是（　　）。

A. 生产成本　　B. 主营业务成本

C. 管理费用　　D. 财务费用

15. 某企业 2022 年实现营业收入 600 万元，发生营业成本 400 万元、管理费用 20 万元、税金及附加 5 万元、营业外支出 10 万元。不考虑其他因素，该企业 2022 年的营业利润为（　　）万元。

A. 165　　B. 200　　C. 190　　D. 175

16. 下列选项中，影响当期营业利润的是（　　）。

A. 确认的所得税费用

B. 自营工程领用本企业生产的产品成本

C. 计提的存货跌价准备

D. 结转盘亏固定资产的净损失

17. 某公司 2022 年实现利润总额 120 万元，确认所得税费用 30 万元、其他综合收益税后净额 8 万元。不考虑其他因素，该公司 2022 年实现的净利润为（　　）万元。

A. 120　　B. 128　　C. 90　　D. 98

四、多项选择题

1. 下列选项中，制造业企业应通过“其他业务收入”科目核算的有（　　）。

A. 对外出租闲置设备取得的租金收入

B. 出售自产产品取得的销售收入

C. 受托代销商品取得的手续费收入

D. 出售材料取得的收入

2. 下列选项中，属于与收入确认和计量有关的步骤的有（　　）。

A. 识别与客户订立的合同

B. 识别合同中的单项履约义务

C. 将交易价格分摊至各单项履约义务

D. 履行各单项履约义务时确认收入

3. 企业判断客户是否取得商品控制权时，应考虑的迹象有（　　）。

A. 客户就该商品负有现时付款义务

B. 客户已拥有该商品的法定所有权

C. 客户已占用和接受该商品

D. 客户已取得该商品所有权上的主要风险和报酬

4. 企业在核算已经发出但尚未确认销售收入的商品成本时，可能会涉及的会计科目有（　　）。

A. “在途物资”　　B. “库存商品”

C. “主营业务成本”　　D. “发出商品”

5. 甲企业 2022 年 10 月售出一批产品，并确认了收入。2022 年 12 月，该批产品由于质量问题被退回，甲企业在做相关会计处理时不会涉及的科目有（　　）。

A. “库存商品”　　B. “营业外支出”

C. “利润分配”　　D. “主营业务收入”

6. 下列选项中，企业可以据此将履约义务界定为时段履约义务的有（　　）。

A. 客户在企业履约的同时即取得并消耗企业履约带来的经济利益

B. 客户能够控制企业履约过程中在建的商品

C. 企业履约过程中产出的商品具有不可替代用途，并且该企业在整个合同期间内有权就累计至今已完成的履约部分收取款项

D. 企业交付商品时即完成控制权的转移

7. 下列关于合同取得成本的表述中，正确的有（　　）。

A. 增量成本预期能够收回的，应确认为一项资产

B. 已确认为资产的增量成本，应当采用与其相关的商品收入确认相同的基础进行摊销

C. 企业在取得合同过程中发生的差旅费，应计入“合同取得成本”科目

D. 企业为取得合同发生的、除预期能够收回的增量成本之外的其他支出，即使这些支出由客户承担，也应计入当期损益

8. 下列选项中，属于企业以商业汇票结算方式对外销售商品可能涉及的会计科目有（　　）。

A. “预收账款”

B. “应收票据”

C. “主营业务收入”

D. “应交税费——应交增值税（销项税额）”

9. 下列选项中，不影响企业营业利润的有（　　）。

A. 所得税费用　　B. 营业外支出

C. 投资收益　　D. 公允价值变动损益

10. 下列选项中，影响企业利润总额的有（　　）。

A. 资产减值损失　　B. 公允价值变动损益

C. 所得税费用　　D. 营业外支出

11. 下列选项中，影响当期利润表中“净利润”项目的有（　　）。

A. 对外捐赠无形资产　　B. 确认所得税费用

C. 固定资产盘亏净损失　　D. 固定资产出售利得

12. 下列选项中，应计入营业外收入的有（　　）。

A. 企业接受原材料捐赠的利得

B. 出售无形资产的净收益

C. 盘盈的固定资产

D. 因债权单位撤销而无法支付的应付款项

13. 下列选项中，可能会影响本期所得税费用的有（　　）。

A. 期末在产品成本

B. 本期应交所得税

C. 本期递延所得税资产借方发生额

D. 本期递延所得税负债借方发生额

14. 下列选项中，引起当期利润总额增加的有（　　）。

A. 确认存货盘盈的收益

B. 确认本期出租闲置设备的租金收入

C. 确认银行存款的利息收入

D. 出售交易性金融资产取得的净收益

15. 下列选项中，导致企业利润总额减少的有（　　）。

A. 销售商品过程中承担的保险费　　B. 确认的固定资产减值损失

C. 结转已提供服务的成本　　D. 确认的当期所得税费用

五、简答题

1. 什么是收入确认与计量的五步法模型？

2. 什么是某一时间点履行的履约义务？如何确认与计量？

3. 什么是某一时间段内履行的履约义务？如何确认与计量？

4. 什么是附有销售退回条款的销售？如何进行会计处理？

5. 什么是暂时性差异？其包括哪些类型？

六、业务题

1. 2022 年 3 月 1 日，甲公司与客户签订合同，向其销售 A、B 两项商品，A 商品的单独售价为 6 000 元，B 商品的单独售价为 24 000 元，合同价款为 25 000 元。合同约定，A 商品于合同开始日交付，B 商品在一个月之后交付，只有当两项商品全部交付之后，甲公司才有权收取 25 000 元的合同对价。假定 A 商品和 B 商品分别构成单项履约义务，其控制权在交付时转移给客户。上述价格均不包含增值税，且假定不考虑相关税费影响。

要求：编制甲公司上述业务的相关会计分录。

2. 甲公司为增值税一般纳税人，装修服务适用的增值税税率为 9%。2022 年 12 月 1 日，甲公司与乙公司签订一项为期 3 个月的装修合同，合同约定装修价款为 500 000 元，增值税税额为 45 000 元，装修费用每月末按完工进度支付。2022 年 12 月 31 日，专业测量师经测量后，确定该项劳务的履约进度为 25%。乙公司按完工进度支付价款及相应的增值税款。截至 2022 年 12 月 31 日，甲公司为完成该合同累计发生劳务成本 100 000 元（假定均为装修人员薪酬），估计还将发生劳务成本 300 000 元。

2023 年 1 月 31 日，专业测量师经测量后，确定该项劳务的履约进度为 70%。乙公司按履约进度支付价款的同时支付对应的增值税税款。2023 年 1 月，甲公司为完成该合同发生劳务成本 180 000 元（假定均为装修人员薪酬），为完成该合同估计还将发生劳务成本 120 000 元。

2023 年 2 月 28 日，装修完工。乙公司验收合格，按履约进度支付价款的同时支付对应的增值税款。2023 年 2 月，甲公司为完成该合同发生劳务成本 120 000 元（假定均为装修人员薪酬）。假定该业务属于甲公司的主营业务，全部由其自行完成。该装修服务构成单项履约义务，并属于在某一时段内履行的履约义务。甲公司按照实际测量的完工进度确定履约进度。

要求：编制甲公司上述业务的相关会计分录（答案金额单位以元表示）。

3. 甲公司2022年5月20日销售一批A商品，增值税专用发票上注明的售价为350 000元、增值税税额为45 500元。该批商品的成本为182 000元。A商品于2022年5月20日发出，客户于5月27日付款。该项业务属于在某一时点履行的履约义务并确认销售收入。2022年9月16日，该批商品质量出现严重问题，客户将该批商品全部退回给甲公司。甲公司同意退货，于退货当日支付了退货款，并按规定向客户开具了增值税专用发票（红字）。假定不考虑其他因素。

要求：编制甲公司上述业务的相关会计分录。

4. 甲公司为增值税一般纳税人，主要开展咨询和商品销售业务，适用的增值税税率分别为6%和13%，2022年12月发生如下相关经济业务：

（1）1日，甲公司接受乙公司委托为其提供技术咨询服务，签订一项服务期限为5个月、总价款为20万元的咨询服务合同。合同签订时，甲公司收取合同款10万元（假定不考虑增值税），其余款项于服务期满时一次性收取。截至12月31日，甲公司履行合同实际发生劳务成本为2万元（均为职工薪酬），估计还将发生劳务成本为8万元，履约进度按时间的进度能够合理确定。

（2）2日，甲公司向丙公司销售一批商品，开具的增值税专用发票上注明价款为50万元、增值税税额为6.5万元。该批商品实际成本为36万元。丙公司于当日收到该批商品并验收入库。12日，甲公司收到丙公司支付的全部款项。

（3）20日，甲公司收到丙公司退回当月所购商品中有质量问题的商品验收入库，其成本为3.6万元。甲公司于当日支付退货款5万元、增值税0.65万元并按规定向丙公司开具了增值税专用发票（红字）。

要求：编制甲公司上述业务的相关会计分录。

5. 2022 年 10 月 20 日，星海公司向乙公司赊销 A 商品 1 000 件。A 商品的单位生产成本为 400 元，单位售价为 500 元，增值税专用发票上列明的增值税税额为 65 000 元。根据合同约定，商品赊销期为 1 月，11 月 20 日之前乙公司应结清全部价款。合同同时约定，星海公司给乙公司提供 6 个月的试销期，在 2022 年 4 月 20 日之前，乙公司有权将未售出的商品退回星海公司，星海公司根据实际退货数量给乙公司开具红字的增值税专用发票并退还相应的货款。根据以往的营业经验，星海公司在发出商品时估计该批商品的退货率为 20%（退回 200 件商品）。星海公司每季度末对退货率进行重新评估。2022 年 12 月 31 日，星海公司重新估计的退货率为 25%（退回 250 件商品）。2023 年 3 月 31 日，星海公司重新估计的退货率为 10%（退回 100 件商品）。

要求：编制星海公司附有销售退回条款销售的相关会计分录。

（1）2022 年 10 月 20 日，星海公司发出商品并开出增值税专用票，估计退货率为 20%。

（2）2022 年 11 月 20 日，星海公司收到货款。

（3）2022 年 12 月 31 日，星海公司重新估计的退货率为 25%。

（4）2023 年 3 月 31 日，星海公司重新估计的退货率为 10%。

（5）2023 年 4 月 20 日，退货期届满。

①假定乙公司没有退货。

②假定乙公司实际退回商品 80 件。

③假定乙公司实际退回商品 100 件。

④假定乙公司实际退回商品 130 件。

6. A 公司 2022 年利润总额为 480 万元，适用的企业所得税税率为 25%。按照税法的规定，本年度准予扣除的业务招待费为 30 万元，A 公司实际发生业务招待费 50 万元。A 公司支付的税收罚款为 20 万元，国债利息收入为 10 万元，其他纳税调整增加额为 20 万元，其他纳税调整减少额为 30 万元。递延所得税资产年初余额 30 万元，年末余额 35 万元。递延所得税负债年初余额 40 万元，年末余额 47.5 万元。

A 公司年初未分配利润为贷方 80 万元。

A 公司按税后利润的 10%和 5%分别提取法定盈余公积和任意盈余公积。

A 公司向投资者宣告分配现金股利 100 万元。

要求：（1）计算 2022 年 A 公司应交所得税的金额。

（2）计算 2022 年 A 公司确认的递延所得税的金额。

（3）计算 2022 年 A 公司所得税费用的金额。

（4）编制 A 公司确认所得税费用的会计分录。

（5）编制 A 公司向投资者宣告分配现金股利的会计分录。

（6）计算A公司2022年净利润的金额。

（7）编制A公司提取盈余公积的会计分录。

7. 星海公司2022年度取得主营业务收入6 500万元，其他业务收入1 200万元，其他收益220万元，投资收益1 260万元，资产处置收益30万元，营业外收入190万元；发生主营业务成本4 000万元，其他业各成本1 000万元，税金及附加200万元，销售费用950万元，管理费用650万元，财务费用300万元，资产减值损失200万元，信用减值损失150万元，公允价值变动净损失100万元，营业外支出550万元，所得税费用420万元。星海公司按净利润的10%提取法定盈余公积，2022年度向股东分配现金股利300万元。

要求：作出星海公司有关利润结转与分配的相关会计处理。

（1）结转损益类科目余额。

（2）结转净利润。

（3）提取法定盈余公积。

（4）分配现金股利。

（5）计算利润表中下列项目的金额：

①营业利润。

②利润总额。

③净利润。

七、案例分析题

2022年1月20日，中国证监会下发关于金正大的行政处罚决定书及市场进入决定书。经过长时间的调查，中国证监会确定金正大存在虚构贸易业务虚增收入利润、未按规定披露关联方关联交易以及部分资产和负债科目存在虚假记载的违法事实。

金正大自2015年至2018年上半年，通过虚构合同、空转资金、开展无实物流转的虚构贸易业务等方式累计虚增收入近231亿元，虚增利润总额近20亿元。其中，2015年虚增的利润总额占当期披露利润总额的12.2%，2016年的这一比例达到99.22%，2017年的这一比例为48.33%，2018年上半年的这一比例为28.81%。金正大通过虚构其与关联方的交易，以预付款的方式将资金转入其控股股东实际控制的另外一家公司，形成一个“体外资金池”，通过这个体外资金池虚构贸易、资金循环、偿还本息等操作。

从披露的数据来看，金正大的财务造假从2015年到2018年上半年，共跨越了三年半的时间，并且连续三年会计师事务所出具的审计报告都是标准无保留的审计意见，直到2020年6月30日，在姗姗来迟的2019年年报中，会计师事务所出具了“无法表示意见”的审计报告。

要求：(1) 根据上述资料，分析金正大公司是如何利用关联方来虚构收入的?

(2) 怎样防范企业利用关联方交易虚构收入?

(3) 该案例对你以后在学习识别收入造假手段的时候有什么启示?

练习题参考答案

一、名词解释

1. 收入是指企业在日常活动中形成的、会导致所有者权益增加的、与所有者投入资本无关的经济利益的总流入。

2. 销售折让是指企业因售出商品的质量不合格而在售价上给与的减让。

3. 销售退回是指企业售出的商品由于质量、品种不符合要求等而发生的退货。

4. 净利润等于利润总额减去所得税费用。

5. 资产的计税基础是指企业收回资产账面价值的过程中，计算应纳税所得额时按照税法规定可以自应税经济利益中抵扣的金额，即某一项资产在未来期间计税时按照税法规定可予以税前扣除的金额。

6. 负债的计税基础是指负债的账面价值减去未来期间计算应纳税所得额时按照税法规定可予以税前抵扣的金额。负债的计税基础用公式表示如下：

负债的计税基础=负债的账面价值-未来期间按照税法规定可予以税前扣除的金额

7. 暂时性差异是指资产、负债的账面价值与其计税基础不同产生的差额。暂时性差异按照对未来期间应纳税所得额的不同影响，分为应纳税暂时性差异和可抵扣暂时性差异。

二、判断题

1. √

2. ×

【解析】随同商品对外销售单独计价的包装物的收入计入“其他业务收入”科目。

随同商品出售不单独计价的包装物，其成本计入销售费用。

3. ×

【解析】企业代第三方收取的款项（如增值税）以及企业预期将退还给客户的款项，应当作为负债进行会计处理，不计入交易价格。

4. √

5. √

6. ×

【解析】交易价格总额乘以履约进度计算的是截至本期末累计确认的收入，还需要减去以前期间累计已经确认的收入，才是当期收入的确认金额。

7. ×

【解析】与履约义务中已履行（包括已全部履行或部分履行）部分相关的支出，即该支出与企业过去的履约活动相关，应直接计入当期损益。

8. ×

【解析】以委托收款结算方式对外销售商品，在其办妥委托收款手续且客户取得相关商品控制权时点确认收入。

9. ×

【解析】管理费用、资产减值损失和税金及附加都会影响企业的营业利润，但是营业外收入不影响营业利润，影响利润总额。

10. √

【解析】如果不存在递延所得税，所得税费用等于当期所得税。

11. ×

【解析】由于实际发生的业务招待费大于税法规定的可以税前扣除的金额，而在计算利润总额时，是已经减去了50万元的，属于多减了，因此需要做纳税调增处理。

12. ×

【解析】在一般情况下，所得税费用=利润总额×所得税税率。当纳税调整事项影响递延所得税费用（或收益）时，所得税费用≠利润总额×所得税税率。

13. ×

【解析】出租包装物的成本计入“其他业务成本”科目。

三、单项选择题

1. D

【解析】企业已经确认了销售收入，非资产负债表日后期间发生销售退回时，应该冲减退回当月的销售收入。因此，本题中企业应冲减2022年5月的主营业务收入。

2. B

【解析】企业应当在下列支出发生时，将其计入当期损益：一是管理费用，除非这些费用明确由客户承担；二是非正常消耗的直接材料、直接人工和制造费用（或类似费用），这些支出为履行合同发生，但未反映在合同价格中；三是与履约义务中已履行（包括已全部履行或部分履行）部分相关的支出，即该支出与企业过去的履约活动相关；四是无法在尚未履行的与已履行（或已部分履行）的履约义务之间区分的相关支出。

3. D

【解析】企业为取得合同发生的增量成本（不取得合同就不会发生）预期能够收回的，应作为合同取得成本确认为一项资产。尽职调查支出和差旅费的发生并不能保证甲公司一定取得该合同，应作为费用处理。销售人员佣金应予资本化，其他支出应在发生时计入当期损益。甲公司应确认的合同资产为 5 000 元。

4. A

【解析】"合同负债"科目用来核算企业已收或应收客户对价而应向客户转让商品的义务。

5. B

【解析】生产产品用的材料销售收入属于其他业务收入。

6. A

【解析】企业以现金结算方式对外销售商品，在客户取得相关商品控制权时点确认收入。

7. B

【解析】企业以赊销方式对外销售商品，按应收的款项，借记"应收账款"科目。

8. B

【解析】本题考核利润总额的计算。采用排除法分析，选项 A，计入"以前年度损益调整"；选项 C，影响净利润；选项 D，冲减"应付职工薪酬"，不影响当期利润总额。

9. A

【解析】企业本期净利润 =（100+20−10）×（1−25%）= 82.5（万元），计提坏账准备计入信用减值损失。交易性金融资产公允价值上升计入公允价值变动收益的金额已经计算在营业利润中，不需要单独考虑。

10. A

【解析】企业接受现金捐赠的会计分录如下：

借：库存现金

　贷：营业外收入

11. C

【解析】税收滞纳金等各项罚款应该计入营业外支出。

12. C

【解析】企业的应纳税所得额 = 利润总额 − 纳税调减项目 + 纳税调增项目 = 900 − 10 +（410 − 300）= 1 000（万元）。应交所得税 = 应纳税所得额 × 所得税税率 = 1 000 × 25% = 250（万元）

13. D

【解析】2022 年的所得税费用 =（500 − 200 − 20 + 30）× 25% = 77.5（万元）。5 年之内的亏损，可以用税前利润弥补。税法规定，国债利息收入免税，企业在计算利润总额时已经加上了这部分的金额，因此要进行调减。税收滞纳金不允许税前扣除，但是企业在计算利润总额时已经减去了，因此要进行调增。

14. A

【解析】本题考核本年利润的内容。选项 A，生产成本是成本类账户，因此不能转入“本年利润”账户中；选项 B、C、D 是损益类中的费用类账户，期末要转入“本年利润”账户的借方。

15. D

【解析】2022 年“营业利润”的金额 = 600 - 400 - 20 - 5 = 175（万元）。营业外支出不影响营业利润。

16. C

【解析】选项 A，计入所得税费用，影响净利润，不影响营业利润和利润总额。选项 B，计入在建工程，不属于损益类科目，不影响营业利润、利润总额和净利润。选项 D，计入营业外支出，影响利润总额和净利润，不影响营业利润。

17. C

【解析】该公司 2022 年实现的净利润 = 利润总额 - 所得税费用 = 120 - 30 = 90（万元）。

四、多项选择题

1. ACD

【解析】选项 B，计入主营业务收入。

2. ABCD

3. ABCD

【解析】企业判断控制权是否转移时，应综合考虑的迹象有：第一，企业就该商品享有现时收款权利，即客户就该商品负有现时付款义务；第二，企业已将该商品的法定所有权转移给客户，即客户已拥有该商品的法定所有权；第三，企业已将该商品实物转移给客户，即客户已占有该商品实物；第四，企业已将该商品所有权上的主要风险和报酬转移给客户，即客户已取得该商品所有权上的主要风险和报酬；第五，客户已接受该商品；第六，其他表明客户已取得商品控制权的迹象。

4. BD

【解析】已经发出但尚未确认销售收入的商品要作为发出商品核算，借记“发出商品”科目，贷记“库存商品”科目。

5. BC

【解析】已经确认了销售收入的商品退回时企业要冲减主营业务收入，同时要将商品入库，增加库存商品。

6. ABC

【解析】选项 D，通常属于时点履约义务。

7. AB

【解析】选项 C，应计入当期损益；选项 D，如果这些支出由客户承担，则不计入当期损益。

8. BCD

【解析】企业以商业汇票结算方式对外销售商品，按收到商业汇票的票面金额借记“应收票据”科目，按实现的收入贷记“主营业务收入”科目，按应交的增值税贷记“应交税费——应交增值税（销项税额）”科目。

9. AB

【解析】选项 A，影响净利润；选项 B，影响利润总额，不影响营业利润。

10. ABD

【解析】所得税费用不影响利润总额，影响净利润。

11. ABCD

【解析】企业的净利润=利润总额-所得税费用，选项 A、C 影响利润总额；选项 D 影响营业利润，进而影响净利润。选项 B 直接影响净利润。

12. AD

【解析】选项 B，应通过“资产处置损益”科目核算；选项 C，应作为前期会计差错进行处理，通过“以前年度损益调整”科目核算。

13. BCD

【解析】本题考核所得税费用的构成。所得税费用=当期所得税+递延所得税，因此选项 B、C、D 都会影响本期所得税费用。

14. ABCD

【解析】选项 A 冲减管理费用，选项 B 增加营业收入，选项 C 冲减财务费用，选项 D 增加投资收益，均会导致利润总额增加。

15. ABC

【解析】选项 A，计入销售费用，导致利润总额减少；选项 B，计入资产减值损失，导致利润总额减少；选项 C，计入营业成本，导致利润总额减少；选项 D，计入所得税费用，不影响利润总额。

五、简答题

1. 什么是收入确认与计量的五步法模型？

收入的确认与计量应当采用五步法模型，即识别与客户订立的合同、识别合同中的单项履约义务、确定交易价格、将交易价格分摊至各单项履约义务、履行每一单项履约义务时确认收入。

2. 什么是某一时间点履行的履约义务？如何确认与计量？

在某一时间点履行的履约义务，企业应当在客户取得相关商品控制权时确认收入。

3. 什么是某一时间段内履行的履约义务？如何确认与计量？

对在某一时段内履行的履约义务，企业应当在该段时间内按照履约进度确认收入，但是履约进度不能合理确定的除外。

4. 什么是附有销售退回条款的销售？如何进行会计处理？

附有销售退回条款的销售是指企业将商品转让给客户之后，可能会因为各种原因允许客户选择退货（例如，客户对所购商品的款式不满意等）。附有销售退回条款的销售是客户依照有关合同有权退货的销售方式。

对附有销售退回条款的销售，企业在客户取得相关商品控制权时，应当按照因向客户转让商品而预期有权收取的对价金额确认收入，按照预期因销售退回将退还的金额确认负债。同时，企业按照预期将退回商品转让时的账面价值，扣除收回该商品预计发生的成本（包括退回商品的价值减损）后的余额，确认为一项资产；按照所转让商品转让时的账面价值，扣除上述资产成本的净额结转成本。

5. 什么是暂时性差异？其包括哪些类型？

暂时性差异是指资产、负债的账面价值与其计税基础不同产生的差额。暂时性差异按照对未来期间应纳税所得额的不同影响，分为应纳税暂时性差异和可抵扣暂时性差异。

六、业务题

1. 分摊至 A 商品的合同价款为 5 000 元［6 000÷(6 000+24 000)×25 000］。

分摊至 B 商品的合同价款为 20 000 元［24 000÷(6 000+24 000)×25 000］。

甲公司应编制的会计分录如下：

（1）交付 A 商品时：

借：合同资产　　5 000

　贷：主营业务收入　　5 000

（2）交付 B 商品时：

借：应收账款　　25 000

　贷：合同资产　　5 000

　　　主营业务收入　　20 000

2. 甲公司应编制如下会计分录：

（1）2022 年 12 月，甲公司实际发生劳务成本 100 000 元。

借：合同履约成本　　100 000

　贷：应付职工薪酬　　100 000

（2）2022 年 12 月 31 日，甲公司确认劳务收入并结转劳务成本。

2022 年 12 月 31 日确认的劳务收入＝500 000×25%－0＝125 000（元）

借：银行存款　　136 250

　贷：主营业务收入　　125 000

　　　应交税费——应交增值税（销项税额）　　11 250

借：主营业务成本　　100 000

　贷：合同履约成本　　100 000

（3）2023 年 1 月，甲公司实际发生劳务成本 180 000 元。

借：合同履约成本　　180 000

　贷：应付职工薪酬　　180 000

（4）2023 年 1 月 31 日，甲公司确认劳务收入并结转劳务成本。

2023 年 1 月 31 日确认的劳务收入＝500 000×70%－125 000＝225 000（元）

借：银行存款　　245 250

　贷：主营业务收入　　225 000

　　　应交税费——应交增值税（销项税额）　　20 250

借：主营业务成本　　180 000

　贷：合同履约成本　　180 000

（5）2023 年 2 月，甲公司实际发生劳务成本 120 000 元。

借：合同履约成本　　120 000

　贷：应付职工薪酬　　120 000

（6）2023年2月28日，甲公司确认劳务收入并结转劳务成本。

2023年2月28日确认的劳务收入=500 000-125 000-225 000=150 000（元）

借：银行存款　163 500

　贷：主营业务收入　150 000

　　　应交税费——应交增值税（销项税额）　13 500

借：主营业务成本　120 000

　贷：合同履约成本　120 000

3. 甲公司应编制如下会计分录：

（1）2022年5月20日，甲公司确认收入时。

借：应收账款　395 500

　贷：主营业务收入　350 000

　　　应交税费——应交增值税（销项税额）　45 500

借：主营业务成本　182 000

　贷：库存商品　182 000

（2）2022年5月27日，甲公司收到货款时。

借：银行存款　395 500

　贷：应收账款　395 500

（3）2022年9月16日，甲公司发生销售退回时。

借：主营业务收入　350 000

　　应交税费——应交增值税（销项税额）　45 500

　贷：银行存款　395 500

借：库存商品　182 000

　贷：主营业务成本　182 000

4.（1）甲公司签订合同收取款项。

借：银行存款　100 000

　贷：合同负债　100 000

甲公司发生劳务成本。

借：合同履约成本　20 000

　贷：应付职工薪酬　20 000

（2）2日，甲公司销售商品时确认销售商品收入。

借：应收账款　565 000

　贷：主营业务收入　500 000

　　　应交税费——应交增值税（销项税额）　65 000

甲公司结转销售商品成本。

借：主营业务成本　360 000

　贷：库存商品　360 000

12日，甲公司收到销售款项。

借：银行存款　565 000

　贷：应收账款　565 000

（3）甲公司发生销售退回业务相关会计处理。

借：主营业务收入 50 000
　　应交税费——应交增值税（销项税额） 6 500
　贷：银行存款 56 500

借：库存商品 36 000
　贷：主营业务成本 36 000

5.（1）2022 年 10 月 20 日，星海公司发出商品并开出增值税专用发票，估计退货率为 20%。

预计应付退货款（不含增值税）= 500×200 = 100 000（元）

应确认销售收入 = 500×1 000−100 000 = 400 000（元）

预计应收退货成本 = 400×200 = 80 000（元）

应确认销售成本 = 400×1 000−80 000 = 320 000（元）

借：应收账款——乙公司 500 000
　贷：主营业务收入 400 000
　　　预计负债——应付退货款 100 000

借：主营业务成本应交税费——应交增值税（销项税额） 320 000
　　应收退货成本 80 000
　贷：库存商品 400 000

（2）2022 年 11 月 20 日，星海公司收到货款。

借：银行存款 565 000
　贷：应收账款——乙公司 565 000

（3）2022 年 12 月 31 日，星海公司重新估计的退货率为 25%。

调减销售收入 = 500×50 = 25 000（元）

调减销售成本 = 400×50 = 20 000（元）

借：主营业务收入 25 000
　贷：预计负债——应付退货款 25 000

借：应收退货成本 20 000
　贷：主营业务成本 20 000

（4）2023 年 3 月 31 日，星海公司重新估计的退货率为 10%。

调增销售收入 = 500×150 = 75 000（元）

调增销售成本 = 400×150 = 60 000（元）

借：预计负债——应付退货款 75 000
　贷：主营业务收入 75 000

借：主营业务成本 60 000
　贷：应收退货成本 60 000

（5）2023 年 4 月 20 日，退货期届满。

①假定乙公司没有退货。

借：预计负债——应付退货款 50 000
　贷：主营业务收入 50 000

借：主营业务成本 40 000
　贷：应收退货成本 40 000

②假定乙公司实际退回商品 80 件。

调增销售收入=500×20=10 000（元）

调增销售成本=400×20=8 000（元）

退回商品应退价款=500×80=40 000（元）

退回商品应退销项税额=40 000×13%=5 200（元）

退回商品的成本=400×80=32 000（元）

借：预计负债——应付退货款　　50 000

　　应交税费——应交增值税（销项税额）　　5 200

　贷：主营业务收入　　10 000

　　　银行存款　　45 200

借：主营业务成本　　8 000

　　库存商品　　32 000

　贷：应收退货成本　　40 000

③假定乙公司实际退回商品 100 件。

借：预计负债——应付退货款　　50 000

　　应交税费——应交增值税（销项税额）　　6 500

　贷：银行存款　　56 500

借：库存商品　　40 000

　贷：应收退货成本　　40 000

④假定乙公司实际退回商品 130 件。

调减销售收入=500×30=15 000（元）

调减销售成本=400×30=12 000（元）

退回商品应退价款=500×130=65 000（元）

退回商品应退销项税额=65 000×13%=8 450（元）

退回商品的成本=400×130=52 000（元）

借：预计负债——应付退货款　　50 000

　　应交税费——应交增值税（销项税额）　　8 450

　　主营业务收入　　15 000

　贷：银行存款　　73 450

借：库存商品　　52 000

　贷：主营业务成本　　12 000

　　　应收退货成本　　40 000

6.（1）计算 2022 年 A 公司应交所得税的金额。

应交所得税=（480+50−30+20−10+20−30）×25%=125（万元）

（2）计算 2022 年 A 公司确认的递延所得税的金额。

递延所得税资产=35−30=5（万元）

递延所得税负债=47.5−40=7.5（万元）

递延所得税金额=7.5−5=2.5（万元）

（3）计算2022年A公司所得税费用的金额。

递延所得税费用＝7.5－5＝2.5（万元）

所得税费用＝125＋2.5＝127.5（万元）

（4）A公司确认所得税费用的会计分录如下：

借：所得税费用	1 275 000	
递延所得税资产	50 000	
贷：递延所得税负债		75 000
应交税费——应交所得税		1 250 000

（5）A公司向投资者宣告分配现金股利的会计分录如下：

借：利润分配——应付现金股利	1 000 000	
贷：应付股利		1 000 000

（6）计算A公司2022年净利润的金额。

净利润＝480－127.5＝352.5（万元）

（7）A公司提取盈余公积的会计分录如下：

借：利润分配——提取法定盈余公积	352 500	
——提取任意盈余公积	176 250	
贷：盈余公积——法定盈余公积		352 500
——任意盈余公积		176 250

7.（1）结转损益类科目余额。

借：主营业务收入	65 000 000	
其他业务收入	12 000 000	
其他收益	2 200 000	
投资收益	12 600 000	
资产处置损益	2 300 000	
营业外收入	1 900 000	
贷：本年利润		96 000 000
借：本年利润	85 200 000	
贷：主营业务成本		40 000 000
其他业务成本		10 000 000
税金及附加		2 000 000
销售费用		9 500 000
管理费用		6 500 000
财务费用		3 000 000
资产减值损失		2 000 000
信用减值损失		1 500 000
公允价值变动损益		1 000 000
营业外支出		5 500 000
所得税费用		4 200 000

（2）结转净利润。

借：本年利润 10 800 000

　贷：利润分配——未分配利润 10 800 000

（3）提取法定盈余公积。

法定盈余公积＝1 080×10%＝108（万元）

借：利润分配——提取法定盈余公积 1 080 000

　贷：盈余公积——法定盈余公积 1 080 000

（4）分配现金股利。

借：利润分配——应付现金股利 3 000 000

　贷：应付股利 3 000 000

（5）计算利润表中下列项目的金额。

营业利润＝6 500+1 200+220+1 260+230−4 000−1 000−200−950−650−300−200−150−100＝1 860（万元）

利润总额＝1 860+190−550＝1 500（万元）

净利润＝1 500−420＝1 080（万元）

七、案例分析题

答案略。

第十四章
财务报告

学习目标

知识目标：熟悉财务报表类型，掌握资产负债表各项组成部分，掌握利润表各项组成部分，掌握现金流量表的类型和组成部分，了解所有者权益变动表，了解报表附注。

技能目标：能够运用本章所学的知识进行正确的会计处理和报表编制。

能力目标：理解并掌握财务报表的概念、类型、构成及其会计处理。

学习指导

1. 学习重点

（1）财务报表的分类。

（2）资产负债表、利润表、现金流量表。

（3）所有者权益变动表、财务报表附注披露。

2. 学习难点

（1）资产负债表的编制。

（2）利润表的编制。

（3）现金流量表的编制。

练习题

一、名词解释

1. 资产负债表

2. 利润表

3. 现金流量表

4. 财务报表附注

二、判断题

1. 在资产负债表日，企业应根据“库存现金”“银行存款”和“其他货币资金”三个总账科目的期末余额合计数填列资产负债表“货币资金”项目。（　　）

2. 资产负债表中的“开发支出”项目应根据“研发支出”科目所属的“资本化支出”明细科目期末余额填列。（　　）

3. 企业将应纳资源税的自产矿产品用于产品生产时，应缴纳的资源税在利润表“税金及附加”项目中列示。（　　）

4. 利润表中“综合收益总额”项目依据企业净利润和其他综合收益（税后净额）的合计金额填列。（　　）

5. 所有者权益变动表“未分配利润”项目的本年年末余额应当与本年资产负债表“未分配利润”项目的年末余额相等。（　　）

6. 所有者权益变动表能够反映所有者权益各组成部分当期增减变动情况，有助于报表使用者理解所有者权益增减变动的原因。（　　）

7. 所有者权益变动表中“综合收益总额”项目反映净利润和其他综合收益扣除所得税影响后的净额相加后的合计金额。（　　）

8. 为购建固定资产而发生的借款利息资本化金额，应列示在现金流量表“购建固定资产、无形资产和其他长期资产支付的现金”项目中。（　　）

9. 财务报表附注是对资产负债表、利润表、现金流量表和所有者权益变动表等报表中列示项目的文字描述或明细资料以及对未能在这些报表中列示项目的说明等。（　　）

10. 使用权资产在填写资产负债表时需要减去备抵账户。（　　）

三、单项选择题

1. 下列选项中，属于资产负债表中非流动资产项目的是（　　）。

A. 应收股利　　B. 存货　　C. 工程物资　　D. 在建工程

2. 我国企业的资产负债表采用（　　）结构。

A. 多步式　　B. 报告式　　C. 单步式　　D. 账户式

3.（　　）科目的期末余额不应在资产负债表“存货”项目中列示。

A. “库存商品”　　B. “材料成本差异”

C. “在建工程”　　D. “委托加工物资”

4. 2022 年 7 月 1 日，某企业开始研究开发一项技术，当月共发生研发支出 800 万元。其中，费用化的金额为 650 万元，符合资本化条件的金额为 150 万元。7 月末，研发活动尚未完成。不考虑其他因素，该企业 2022 年 7 月 31 日资产负债表“开发支出”项目的金额为（　　）万元。

A. 0　　B. 150　　C. 650　　D. 800

5. 下列资产负债表项目中，可以根据总账科目期末余额直接填列的是（　　）。

A. 货币资金　　B. 应付账款

C. 交易性金融资产　　D. 短期借款

6. 2022 年 12 月 31 日，某公司“应收票据”总账科目借方余额为 100 万元，与应收账款有关的“坏账准备”明细科目贷方余额为 10 万元，与应收票据有关的“坏账准备”明细科目贷方余额为 5 万元。不考虑其他因素，该公司 2022 年 12 月 31 日资产负债表中“应收票据”项目的金额为（　　）万元。

A. 100　　B. 90　　C. 95　　D. 85

7. 某企业的一笔长期借款将于 2023 年 7 月 1 日到期。下列选项中，该笔长期借款应列于企业 2022 年 12 月 31 日资产负债表的项目是（　　）。

A. 一年内到期的非流动负债　　B. 其他非流动资产

C. 短期借款　　D. 长期借款

8. 下列选项中，不属于企业中期报告的是（　　）。

A. 月度报告　　B. 季度报告

C. 半年度报告　　D. 年报

9. 下列选项中，不属于营业成本的是（　　）。

A. 销售商品的成本　　B. 出租无形资产的摊销额

C. 销售人员工资　　D. 销售投资性房地产的成本

10. 下列选项中，属于利润表列示项目的是（　　）。

A. 递延收益　　B. 投资收益

C. 递延所得税资产　　D. 递延所得税负债

11. 下列选项中，不影响利润表“营业利润”的项目是（　　）。

A. 提供主营劳务收入

B. 随商品出售单独计价的包装物收入

C. 毁损固定资产净损失

D. 交易性金融资产公允价值上升形成的收益

12. 我国企业编制所有者权益变动表的列示方式是（　　）。

A. 账户式　　B. 多步式　　C. 报告式　　D. 矩阵式

13. 下列选项中，属于企业利润表项目的是（　　）。

A. 综合收益总额　　B. 未分配利润

C. 其他综合收益　　D. 本年利润

14. 下列选项中，不属于现金及现金等价物的是（　　）。

A. 存出投资款　　B. 银行活期存款

C. 三个月内到期的国债　　D. 三个月内将出售的股票

15. 下列选项中，不属于所有者权益变动表中单独列示的项目的是（　　）。

A. 所有者投入资本　　B. 综合收益总额

C. 会计估计变更　　D. 会计政策变更

16. 某企业 2022 年度发生以下业务：以银行存款购买将于 2 个月后到期的国债 500 万元，偿还应付账款 200 万元，支付生产人员工资 150 万元，购买固定资产 300 万元。假定不考虑其他因素，该企业 2022 年度现金流量表中“购买商品、接受劳务支付的现金”项目的金额为（　　）万元。

A. 200　　B. 350　　C. 650　　D. 1 150

17. 下列关于财务报表附注的表述中，不正确的是（　　）。

A. 附注中包括财务报表重要项目的说明

B. 对未能在财务报表中列示的项目在附注中说明

C. 如果没有需要披露的重大事项，企业不必编制附注

D. 附注中包括会计政策和会计估计变更以及差错更正的说明

18. 下列关于企业财务报告的表述中，不正确的是（　　）。

A. 财务报告包括财务报表和其他应当在财务报告中披露的相关信息与资料

B. 财务报告的目标是向报告使用者提供与企业财务状况、经营成果和现金流量等有关的会计信息

C. 财务报告的使用者包括投资者、债权人、债务人及社会公众

D. 财务报告是反映企业管理层受托责任履行情况的相关资料

19. 下列选项中，应列入利润表“营业收入”项目的是（　　）。

A. 销售材料取得的收入　　B. 接受捐赠收到的现金

C. 出售专利权取得的净收益　　D. 出售自用房产取得的净收益

20. 下列选项中，制造业企业应在利润表“营业成本”项目填列的是（　　）。

A. 出售固定资产发生的净损失

B. 在建工程领用产品的成本

C. 为取得生产技术服务合同发生的投标费

D. 出租包装物的摊销额

四、多项选择题

1. 下列选项中，应在资产负债表“预付款项”项目列示的有（　　）。

A.“应付账款”科目所属明细科目的借方余额

B.“应付账款”科目所属明细科目的贷方余额

C.“预付账款”科目所属明细科目的借方余额

D.“预付账款”科目所属明细科目的贷方余额

2. 下列选项中，应列入资产负债表“其他应付款”项目的有（　　）。

A. 应付租入包装物租金

B. 应付银行短期借款的利息

C. 应付股东的股利

D. 应付由企业负担的职工社会保险费

3.（　　）科目的期末余额应列入资产负债表“存货”项目。

A.“库存商品”　　B.“材料成本差异”

C.“生产成本”　　D.“委托加工物资”

4. 下列选项中，应列入资产负债表“应收账款”项目的有（　　）。

A. 预付职工差旅费　　B. 代购货单位垫付的运杂费

C. 销售产品应收取的款项　　D. 对外提供服务应收取的款项

5. 下列资产负债表的项目中，应根据有关科目余额减去备抵科目余额后的净额填列的有（　　）。

A. 固定资产　　B. 无形资产　　C. 应收账款　　D. 在建工程

6. 下列选项中，根据总账科目期末余额直接填列的资产负债表项目有（　　）。

A. 应收票据　　B. 资本公积　　C. 短期借款　　D. 应付账款

7. 在编制资产负债表时，下列选项中，可以直接根据有关总账科目的余额填列的项目有（　　）。

A. 短期借款　　B. 应付职工薪酬

C. 应付票据　　D. 货币资金

8. 下列选项中，导致企业资产负债表“存货”项目期末余额发生变动的有（　　）。

A. 计提存货跌价准备

B. 用银行存款购入的修理用备件（备品备件）

C. 已经发出但不符合收入确认条件的商品

D. 购入在建工程所用的工程物资

9. 下列选项中，应在资产负债表“在建工程”项目中列报的有（　　）。

A. 在建工程减值准备　　B. 工程物资

C. 在建工程　　D. 固定资产清理

10. 下列选项中，应在资产负债表“应收账款”项目列示的有（　　）。

A.“预付账款”科目所属明细科目的借方余额

B.“应收账款”科目所属明细科目的借方余额

C.“应收账款”科目所属明细科目的贷方余额

D.“预收账款”科目所属明细科目的借方余额

11. 执行企业会计准则的企业财务报表主要包括（　　）。

A. 资产负债表　　B. 现金流量表

C. 收入支出表　　D. 所有者权益变动表

12. 下列选项中，应列入利润表“资产处置收益”项目的有（　　）。

A. 出售原材料取得的收入　　B. 出售专利权取得的收益

C. 出售包装物取得的收入　　D. 出售生产设备取得的收益

13. 下列选项中，属于企业利润表中列报的项目有（　　）。

A. 每股收益　　B. 其他收益

C. 综合收益总额　　D. 信用减值损失

14. 下列关于利润表项目本期金额填列方法的表述中，正确的有（　　）。

A.“销售费用”项目应根据“销售费用”科目的本期发生额分析填列

B.“营业利润”项目应根据“本年利润”科目的本期发生额减去“管理费用”科目下的“研发费用”“无形资产摊销”明细科目发生额分析填列

C.“税金及附加”项目应根据“应交税费”科目的本期发生额分析填列

D.“营业收入”项目应根据“主营业务收入”和“其他业务收入”科目的本期发生额分析填列

15. 下列选项中，应列入利润表“营业成本”项目的有（　　）。

A. 随同商品出售不单独计价的包装物成本

B. 商品流通企业销售外购商品的成本

C. 随同商品出售单独计价的包装物成本

D. 销售材料的成本

16. 下列选项中，应在制造业企业利润表“营业收入”项目列示的有（　　）。

A. 持有交易性金融资产期间取得的利息收入

B. 销售商品取得的收入

C. 出租无形资产的租金收入

D. 出售固定资产实现的净收益

17. 下列选项中，应列入利润表“营业成本”项目的有（　　）。

A. 以经营租赁方式出租设备计提的折旧额

B. 出租非专利技术计提的摊销额

C. 出售商品的成本

D. 对外提供服务的成本

18. 下列选项中，应列入利润表中“税金及附加”项目的有（　　）。

A. 销售应税矿产品计提的应交资源税

B. 经营活动中计提的应交教育费附加

C. 经营活动中计提的应交城市维护建设税

D. 销售应税消费品计提的应交消费税

19. 下列选项中，影响利润表中“营业利润”项目的有（　　）。

A. 盘亏固定资产净损失　　B. 计提固定资产减值准备

C. 发生的所得税费用　　D. 出售无形资产的净收益

20. 下列选项中，企业应当在所有者权益变动表中单独列示反映的信息有（　　）。

A. 所有者投入资本　　B. 综合收益总额

C. 向所有者（或股东）分配利润　　D. 提取的盈余公积

五、简答题

什么是财务报告？其编制的目的和主要构成内容是什么？

练习题参考答案

一、名词解释

1. 资产负债表是指反映企业在某一特定日期财务状况的报表。

2. 利润表是指反映企业在一定会计期间的经营成果的报表。

3. 现金流量表是指反映企业在一定会计期间现金和现金等价物流入与流出的报表。

4. 财务报表附注是指对在资产负债表、利润表、现金流量表和所有者权益变动表等财务报表中列示项目的文字描述或明细资料以及对未能在这些报表中列示项目的说明等。

二、判断题

1. √

2. √

【解析】“开发支出”项目属于资产负债表中的资产项目，“研发支出——资本化支出”最终形成无形资产入账价值。“研发支出——费用化支出”的金额在期末会转入“管理费用——研发费用”明细科目。该科目的金额会填入利润表“研发费用”项目。

3. ×

【解析】自产自用应税产品应缴纳的资源税应计入“生产成本”“制造费用”等科目，借记“生产成本”“制造费用”等科目，贷记“应交税费——应交资源税”科目。

应交资源税的账务处理如下：

（1）对外销售应税产品。

借：税金及附加

　贷：应交税费——应交资源税

（2）自产自用应税产品。

借：生产成本、制造费用等

　贷：应交税费——应交资源税

4. √

5. √

6. √

7. √

8. ×

【解析】为购建固定资产而发生的借款利息资本化金额，属于筹资活动，应当计入“分配股利、利润或偿付利息支付的现金”项目。

9. √

10. √

【解析】“使用权资产”项目应根据“使用权资产”科目的期末余额，减去“使用权资产累计折旧”和“使用权资产减值准备”科目的期末余额后的金额填列。

三、单项选择题

1. D

【解析】选项 A，不属于资产负债表项目，期末“应收股利”科目金额计入“其他应收款”项目；选项 B，属于流动资产项目；选项 C，“工程物资”属于非流动资产科目，但不属于资产负债表项目，期末“工程物资”科目金额计入“在建工程”项目。学生应注意会计科目和报表项目的区分，不是所有的会计科目都可在报表中单独列示。

2. D

【解析】我国企业的资产负债表采用账户式结构，企业的利润表采用多步式格式，现金流量表采用报告式结构。

3. C

【解析】“在建工程”项目应根据“在建工程”科目的期末余额，减去“在建工程减值准备”科目的期末余额后的金额以及“工程物资”科目的期末余额，减去“工程物资减值准备”科目的期末余额后的金额填列。

4. B

【解析】会计分录为：

借：研发支出——费用化支出 6 500 000

——资本化支出 1 500 000

贷：银行存款 8 000 000

借：管理费用 6 500 000

贷：研发支出——费用化支出 6 500 000

资产负债表中“开发支出”项目应根据“研发支出”科目所属“资本化支出”明细科目余额填列，因此2022年7月31日资产负债表“开发支出”项目的金额150万元。

5. D

【解析】选项A，“货币资金”项目应根据“库存现金”“银行存款”“其他货币资金”三个总账科目的期末余额合计数填列；选项B，“应付账款”项目，应根据“应付账款”和“预付账款”两个科目所属的相关明细科目的期末贷方余额计算填列；选项C，“交易性金融资产”项目，应根据“交易性金融资产”科目的相关明细科目期末余额分析填列。

6. C

【解析】“应收票据”项目，应根据“应收票据”科目的期末余额，减去“坏账准备”科目中相关坏账准备期末余额后的金额分析填列。因此，“应收票据”项目的金额=100-5=95（万元）

7. A

【解析】“长期借款”项目需要根据“长期借款”总账科目余额扣除“长期借款”科目所属的明细科目中将在一年内到期且企业不能自主地将清偿义务展期的长期借款后的金额计算填列。“长期借款”科目所属的明细科目中将在一年内到期的长期借款的金额应计入“一年内到期的非流动负债”项目。

8. D

【解析】财务报告按照编报时间不同，分为年报和中期报告。中期报告分为月度报告（简称月报）、季度报告（简称季报）和半年度报告（简称半年报）。

9. C

【解析】选项A一般计入主营业务成本，选项B和选项D一般计入其他业务成本，选项C一般计入销售费用。

10. B

【解析】选项A、C、D，均属于资产负债表中的项目。

11. C

【解析】选项A，通过“主营业务收入”科目核算，列入利润表“营业收入”项目，影响营业利润；选项B，通过“其他业务收入”科目核算，列入利润表“营业收入”项目，影响营业利润；选项C，通过“营业外支出”科目核算，列入利润表“营业外支出”项目，不影响营业利润；选项D，通过“公允价值变动损益”科目核算，列入利润表“公允价值变动收益”项目，影响营业利润。

12. D

【解析】我国财务报表的格式为资产负债表是账户式，利润表是多步式，现金流量表是报告式，所有者权益变动表是矩阵式。

13. A

【解析】选项B、C，属于资产负债表和所有者权益变动表项目；选项D，本年利润不在财务报表中单独列示。

14. D

【解析】选项A、B，属于现金；选项C，属于现金等价物；选项D，变现金额不确定，不属于现金等价物。

15. C

【解析】在所有者权益变动表中，企业至少应当单独列示反映下列信息的项目：综合收益总额；会计政策变更和差错更正的累积影响金额；所有者投入资本和向所有者分配利润等；提取的盈余公积；实收资本、其他权益工具、资本公积、其他综合收益、专项储备、盈余公积、未分配利润的期初和期末余额及其调节情况。

16. A

【解析】偿还应付账款属于购买商品支付的现金，因此“购买商品、接受劳务支付的现金”项目的金额为200万元。

17. C

【解析】财务报表至少应当包括资产负债表、利润表、现金流量表、所有者权益变动表以及附注，因此附注是必须的，选项C的说法不正确。

18. C

【解析】财务报告的使用者包括投资人、债权人、政府及有关部门和社会公众。

19. A

【解析】选项A，计入其他业务收入，列入“营业收入”项目；选项B，计入营业外收入；选项C、D，计入资产处置损益，均不列入“营业收入”项目。

20. D

【解析】“营业成本”项目应根据“主营业务成本”和“其他业务成本”科目的发生额分析填列。选项A，计入资产处置损益；选项B，计入在建工程；选项C，计入管理费用；选项D，计入其他业务成本。注意：本题是披着报表项目的“外衣”，实际考查的是会计科目的核算内容。

四、多项选择题

1. AC

【解析】“预付款项”项目应当根据“预付账款”明细科目的借方余额和“应付账款”明细科目的借方余额合计数，减去“坏账准备”科目中有关预付账款计提的坏账准备期末余额后的净额填列。

2. ABC

【解析】选项A，计入其他应付款；选项B，计入应付利息；选项C，计入应付股利；选项D，计入应付职工薪酬。“其他应付款”项目应根据“应付利息”“应付股利”“其他应付款”科目的期末余额合计数填列。

3. ABCD

【解析】“存货”项目应根据“材料采购”“原材料”“库存商品”“周转材料”“委托加工物资”“发出商品”“生产成本”“受托代销商品”等科目的期末余额合计数，减去“受托代销商品款”“存货跌价准备”科目期末余额后的净额填列。材料采用计划成本核算和库存商品采用计划成本核算或售价核算的企业，还应按加或减材料成本差异、商品进销差价后的金额填列。

4. BCD

【解析】选项A，预付职工差旅费计入其他应收款。

5. ABCD

【解析】四个选项都有备抵科目，均属于根据有关科目余额减去其备抵科目余额后的净额填列。

6. BC

【解析】应收票据根据有关科目余额减去其备抵科目余额后的净额填列，应付账款根据明细账科目余额计算填列。

7. AC

【解析】选项B，应根据明细账科目余额计算填列；选项D，应根据几个总账科目的期末余额计算填列。

8. AB

【解析】选项A，计提存货跌价准备，期末余额减少；选项B，购入修理用备件，期末余额增加；选项C，发出不符合收入确认条件的商品，借记“发出商品”科目，贷记“库存商品”科目，两者均属于“存货”项目，期末余额不变；选项D，购入工程物资，增加“在建工程”项目期末余额，不影响“存货”项目。

9. ABC

【解析】选项D在“固定资产”项目列报。

10. BD

【解析】“应收账款”项目=“应收账款”科目所属明细科目的期末借方余额+“预收账款”科目所属明细科目的期末借方余额-对应的坏账准备的金额。

11. ABD

【解析】执行企业会计准则的企业财务报表主要包括资产负债表、利润表、现金流量表、所有者权益变动表以及附注。

12. BD

【解析】选项A、C列入“营业收入”项目，选项B、D列入“资产处置收益”项目。

13. ABCD

14. AD

【解析】选项B不正确，本年利润不仅仅包含营业利润，还包含营业外收支和所得税费用，因此“营业利润”项目不是以本年利润的本期发生额为基础填列的；选项C不正确，“税金及附加”项目应根据“税金及附加”科目的发生额分析填列，而不是根据“应交税费”科目本期发生额分析填列。

15. BCD

【解析】营业成本包括主营业务成本和其他业务成本。选项A，随同商品出售不单独计价的包装物，应按其实际成本计入销售费用；选项B，计入主营业务成本；选项C、D，计入其他业务成本。

16. BC

【解析】选项A，在“投资收益”项目列示。选项D，在“资产处置收益”项目列示。注意：题干中说的是“制造业企业”，出租无形资产、出售固定资产均不属于其主营业务。

17. ABCD

18. ABCD

【解析】税金及附加是指企业经营活动应负担的相关税费，包括消费税、城市维护建设税、教育费附加和资源税等，四个选项均正确。

19. BD

【解析】盘亏固定资产净损失计入营业外支出，影响利润总额，不影响营业利润，选项A错误；计提固定资产减值准备计入资产减值损失，影响营业利润，选项B正确；发生的所得税费用影响净利润，不影响营业利润，选项C错误；出售无形资产的净收益计入资产处置损益，影响营业利润，选项D正确。

20. ABCD

【解析】在所有者权益变动表上，企业至少应当单独列示的项目包括：第一，综合收益总额；第二，会计政策变更和差错更正的累积影响金额；第三，所有者投入资本和向所有者分配利润等；第四，提取的盈余公积；第五，实收资本、其他权益工具、资本公积、其他综合收益、专项储备、盈余公积、未分配利润的期初和期末余额及其调节情况。

五、简答题

什么是财务报表，其编制的目的和主要构成内容是什么？

财务报表是对企业财务状况、经营成果和现金流量的结构性表述。财务报表至少应当包括下列组成部分：资产负债表、利润表、现金流量表、所有者权益（或股东权益）变动表、附注。

第十五章
会计调整

学习目标

知识目标：理解并掌握会计政策、会计估计、差错类别、资产负债表日后调整事项、资产负债表日后非调整事项等概念。

技能目标：能够区分出事项属于会计政策变更还是会计估计变更以及区分给定事项属于资产负债表日后调整事项还是非调整事项。

能力目标：掌握会计政策变更追溯调整法的会计处理、会计估计变更的会计处理、前期差错更正的会计处理、资产负债表日后调整事项的会计处理。

学习指导

1. 学习重点

（1）会计政策及其变更、会计估计及其变更。

（2）前期差错更正的会计处理。

（3）资产负债表日后事项及其会计处理。

2. 学习难点

（1）会计政策变更的会计处理。

（2）前期差错更正的会计处理。

（3）资产负债表日后调整事项及其会计处理。

练习题

一、名词解释

1. 会计政策

2. 追溯调整法

3. 追溯重述法

4. 未来适用法

二、判断题

1. 除了法律或会计制度等行政法规、规章要求外，企业不得自行变更会计政策。（　）

2. 企业对初次发生的交易或事项采用新的会计政策属于会计政策变更，应采用追溯调整法进行处理。（　）

3. 企业基于风险管理、战略投资需求，将债权投资重分类为其他债权投资，应当作为会计政策变更处理。（　）

4. 因首次执行企业会计准则，企业将短期投资重分类为交易性金融资产，其后续计量由成本与市价孰低改为公允价值计量，按会计估计变更并采用未来适用法进行会计处理。（　）

5. 在首次执行日，企业应当按照《企业会计准则第 13 号——或有事项》的规定，将满足预计负债确认条件的重组义务确认为负债，并调整期初留存收益。（　）

6. 固定资产的盘盈、盘亏均属于前期差错。（　）

7. 甲公司 2020 年度的财务报告于 2021 年 3 月 30 日编制完成，4 月 15 日经注册会计师审计完成，4 月 25 日经董事会批准报出，4 月 28 日实际对外公告。4 月 27 日，甲公司与乙公司签署了一项重大投资协议，对乙公司的投资额为 1 000 万元。该事项不属于资产负债表日后事项。（　）

8. 2021 年 1 月 20 日，2020 年度财务报告尚未报出时，甲公司的股东将其持有的甲公司 60%的普通股溢价出售给丁公司。这项交易对甲公司来说属于调整事项。（　）

9. 企业在报告年度资产负债表日至财务报告批准报出日之间取得确凿证据，表明某项资产在资产负债表日已发生减值的，应作为非调整事项进行处理。（　）

10. 资产负债表日后出现的情况引起的固定资产或投资的减值，且减值金额重大，属于非调整事项。（　）

11. 企业在资产负债表日后至财务报告批准报出日之间发生巨额亏损，与企业资产负债表日存在状况无关，应作为非调整事项，但不应在财务报表附注中披露。（　）

12. 资产负债表日后调整事项如涉及现金收支项目，均不调整报告年度资产负债表的货币资金项目和现金流量表各项目数字。（　）

13. 资产负债表日后发生的调整事项，应当如同资产负债表所属期间发生的事项一样，做出相关账务处理，并对资产负债表日已编制的会计报表做相应的调整。（　）

14. 资产负债表日后调整事项调整会计报表有关项目数字后，还需要在会计报表附注中进行披露。（　）

15. 按照《企业会计准则第 42 号——持有待售的非流动资产、处置组和终止经营》的规定，即使日后期间满足持有待售类别划分条件，依然属于非调整事项。（　）

16. 在报告期间已经开始协商，但在报告期资产负债表日后达成的债务重组，不属于资产负债表日后调整事项，属于非调整事项。（　　）

17. 如果企业于资产负债表日对金融资产计提损失准备，资产负债表日至财务报告批准报出日之间，该笔金融资产到期并全额收回。对于这种情形，企业在资产负债表日后终止确认金融资产，属于表明资产负债表日后发生的情况的事项，即非调整事项。（　　）

三、单项选择题

1. 下列选项中，属于企业会计政策变更的是（　　）。
   A. 将固定资产的折旧方法由年限平均法变更为年数总和法
   B. 将合同履约进度确定的方法由投入法变更为产出法
   C. 将发出存货的计价方法由先进先出法变更为加权平均法
   D. 将无形资产的剩余使用年限由 6 年变更为 4 年

2. 下列选项中，属于企业会计政策变更的是（　　）。
   A. 将固定资产的折旧方法由年数总和法变更为年限平均法
   B. 将无形资产的摊销方法由直线法变更为产量法
   C. 将产品保修费用的计提比例由销售收入的 1.5%变更为 1%
   D. 将政府补助的会计处理方法由净额法变更为总额法

3. 下列选项中，属于会计政策变更的是（　　）。
   A. 存货的计价方法由先进先出法改为移动加权平均法
   B. 将成本模式计量的投资性房地产的净残值率由 5%变为 3%
   C. 固定资产的折旧方法由年限平均法改为年数总和法
   D. 将无形资产的预计使用年限由 10 年变更为 6 年

4. 下列选项中，属于企业会计政策变更的是（　　）。
   A. 固定资产的残值率由 7%改为 4%
   B. 投资性房地产后续计量由成本模式变为公允价值模式
   C. 使用寿命确定的无形资产的预计使用年限由 10 年变更为 6 年
   D. 合同履约进度的确定由产出法改为投入法

5. 企业发生的下列交易或事项中，属于会计估计变更的是（　　）。
   A. 存货发出计价方法的变更
   B. 因增资将长期股权投资由权益法改按成本法核算
   C. 债权投资重分类为其他债权投资
   D. 由于合同变更重新估计履约进度

6. 企业采用追溯调整法计算出会计政策变更的累积影响数后，一般应当（　　）。
   A. 重新编制以前年度会计报表
   B. 调整变更当期期初留存收益以及会计报表其他相关项目的期初数和上年数
   C. 调整变更当期期末及未来各期会计报表相关项目的数字
   D. 只需在报表附注中说明其累积影响金额

7. 甲公司 2022 年实现净利润 500 万元，甲公司 2022 年发生和发现的下列交易或事项中，会影响其年初未分配利润的是（　　）。

A. 因客户资信状况改善将应收账款坏账准备计提比例由 20%改为 5%

B. 发现 2022 年少计提折旧费用 0.1 万元

C. 为 2021 年售出的设备提供售后服务发生支出 50 万元

D. 发现 2021 年少计财务费用 300 万元，金额重大

8. 甲公司适用的所得税税率为 25%。2022 年 1 月 1 日，甲公司将管理用固定资产的预计使用年限由 15 年改为 10 年，折旧方法由年限平均法改为年数总和法。甲公司管理用固定资产原每年折旧额为 230 万元（与税法规定相同），按照新的折旧方法计提折旧，2022 年的折旧额为 350 万元。变更日该管理用固定资产的计税基础与其原账面价值相同。甲公司 2022 年的会计处理中不正确的是（　　）。

A. 固定资产的预计使用年限由 15 年改为 10 年，按会计估计变更处理

B. 固定资产折旧方法由年限平均法改为年数总和法，按会计政策变更处理

C. 将 2022 年度管理用固定资产增加的折旧 120 万元计入当年损益

D. 2022 年度应确认递延所得税资产为 30 万元

9. 甲公司适用的所得税税率为 25%，2022 年年初投资性房地产的后续计量方法由成本模式改为公允价值模式。该投资性房地产的原值为 7 000 万元，截至变更日已计提折旧 200 万元，未发生减值准备，变更日的公允价值为 8 800 万元。该投资性房地产在变更日的计税基础与其原账面价值相同。不考虑其他因素，甲公司变更日应调整期初留存收益的金额为（　　）万元。

A. 1 500　　B. 2 000　　C. 500　　D. 1 350

10. 丙公司适用的所得税税率为 25%，预计未来期间适用的企业所得税税率不会发生变化，未来期间能够产生足够的应纳税所得额用以抵减可抵扣暂时性差异。2022 年年初，丙公司用于生产产品的无形资产的摊销方法由直线法改为产量法。该项无形资产原每年摊销 700 万元（与税法规定相同），未发生减值；按产量法摊销，2022 年摊销 800 万元。不考虑其他因素，丙公司 2022 年年末不正确的会计处理是（　　）。

A. 按照会计估计变更处理

B. 改变无形资产的摊销方法后，2022 年年末该项无形资产将产生暂时性差异

C. 将 2022 年度生产用无形资产增加的 100 万元摊销额计入产品成本

D. 2022 年年末该业务应确认相应的递延所得税资产 100 万元

11. A 公司于 2019 年 12 月 21 日购入一项管理用固定资产。该项固定资产的入账价值为 84 000 元，预计使用年限为 8 年，预计净残值为 4 000 元，按年限平均法计提折旧。2023 年年初由于新技术发展，A 公司将原预计使用年限改为 5 年，净残值改为 2 000 元，折旧方法不变。A 公司适用的所得税税率为 25%，预计未来期间适用的企业所得税税率不会发生变化，未来期间能够产生足够的应纳税所得额用以抵减可抵扣暂时性差异。不考虑其他因素，该会计估计变更对 A 公司 2023 年净利润的影响金额是（　　）元。

A. −12 000　　B. −16 000　　C. 12 000　　D. 16 000

12. 下列事项中，属于资产负债表日后调整事项的是（　　）。

A. 资产负债表日后发生的合同折扣

B. 在资产负债表日后外汇汇率发生较大变动

C. 已确定将要支付的赔偿额小于该赔偿在资产负债表日的合理估计金额

D. 溢价发行债券

13. 企业发生的资产负债表日后事项，属于非调整事项的是（　　）。

A. 资产负债表日后诉讼案件结案，法院判决证实了企业在资产负债表日已经存在现时义务，需要调整原先确认的与该诉讼案件相关的预计负债，或者确认一项新负债

B. 资产负债表日后取得确凿证据，表明一批原材料在资产负债表日发生了减值或者需要调整该项资产原确认的减值金额

C. 资产负债表日后发生巨额亏损

D. 资产负债表日后发现了财务报表舞弊或差错

14. 2021 年 12 月 31 日，甲公司应收乙公司货款 10 000 万元，由于该应收款项尚在信用期内，甲公司按照 1%的预期信用损失率计提坏账准备 100 万元。甲公司 2021 年度财务报表于 2022 年 4 月 28 日经董事会批准对外报出。下列选项中，属于资产负债表日后调整事项的是（　　）。

A. 乙公司于 2022 年 1 月 6 日宣告破产，甲公司应收乙公司货款很可能无法收回

B. 乙公司于 2022 年 2 月 6 日发生火灾，甲公司应收乙公司货款很可能无法收回

C. 乙公司于 2022 年 3 月 6 日发生安全生产事故，被相关监管部门责令停业，甲公司应收乙公司货款很可能无法收回

D. 乙公司于 2022 年 4 月 6 日被另一公司吸收合并，甲公司应收乙公司货款可以全部收回

15. 甲公司适用的所得税税率为 25%，预计未来期间适用的所得税税率不变，且能够产生足够的应纳税所得额用以抵减可抵扣暂时性差异。甲公司 2021 年度财务报告于 2022 年 3 月 10 日批准报出。2022 年 2 月 5 日，法院判决甲公司应赔偿乙公司专利侵权损失 500 万元，甲公司不服决定上诉，经向律师咨询，认为法院很可能维持原判。乙公司在 2021 年 10 月 6 日向法院提起诉讼，要求甲公司赔偿专利侵权损失 600 万元。至 2021 年 12 月 31 日，法院尚未判决，甲公司经向律师咨询，就该诉讼事项于 2021 年度确认预计负债 300 万元。甲公司不正确的会计处理是（　　）。

A. 该事项属于资产负债表日后调整事项

B. 应在 2021 年资产负债表中调整增加预计负债 200 万元

C. 应在 2021 年资产负债表中调整冲减预计负债 300 万元，同时确认其他应付款 500 万元

D. 应在 2021 年资产负债表中确认递延所得税资产 125 万元

16. 2021 年 12 月 31 日，甲公司应收丙公司账款余额为 1 500 万元，已计提的坏账准备为 300 万元。2022 年 2 月 26 日，丙公司发生火灾造成严重损失，甲公司预计该应收账款的 80%将无法收回。假定甲公司 2021 年度财务报告于 2022 年 3 月 30 日对外报出，甲公司的下列处理中正确的是（　　）。

A. 该事项涉及损益的，应通过“以前年度损益调整”科目核算

B. 该事项属于资产负债表日后非调整事项

C. 日后期间坏账损失的可能性加大，应在 2021 年资产负债表中补确认坏账准备 1 200 万元

D. 应在 2021 年资产负债表中调整减少应收账款 900 万元

17. 甲公司为增值税一般纳税人，适用的增值税税率为 13%，适用的所得税税率为 25%，2021 年度财务报告于 2022 年 3 月 10 日批准报出，2021 年所得税汇算清缴在 2022 年 2 月 10 日完成。2022 年 2 月 26 日，甲公司因产品质量问题而发生销售退回，退回的商品已收到并入库，且已开具增值税红字发票。该产品在 2021 年 12 月发出且已确认收入 1 000 万元，销项税额为 130 万元，结转销售成本为 800 万元，货款未收到。下列甲公司的会计处理中，不正确的是（　　）。

A. 属于资产负债表日后调整事项

B. 冲减 2021 年度的营业收入 1 000 万元

C. 冲减 2021 年度的营业成本 800 万元

D. 冲减 2021 年度的应交税费——应交所得税 50 万元

18. A 公司 2021 年度财务报告批准报出日为 2022 年 4 月 30 日。2022 年 3 月 4 日，A 公司发现 2020 年一项财务报表舞弊或差错，A 公司应调整的是（　　）。

A. 2020 年资产负债表的期末余额和利润表本期金额

B. 2022 年资产负债表的年末余额和利润表上期金额

C. 2020 年资产负债表的年初余额和利润表上期金额

D. 2021 年资产负债表的年初余额和期末余额以及利润表上期金额

19. A 公司 2021 年度财务报告批准报出日为 2022 年 4 月 30 日。A 公司 2022 年 1 月 6 日向乙公司销售一批商品并确认收入。2022 年 2 月 20 日，乙公司因产品质量原因将上述商品退回。A 公司对此项退货业务正确的处理方法是（　　）。

A. 冲减 2022 年 1 月份收入、成本和税金等相关项目

B. 冲减 2022 年 2 月份收入、成本和税金等相关项目

C. 作为 2021 年资产负债表日后事项中的调整事项处理

D. 作为 2021 年资产负债表日后事项中的非调整事项处理

20. 下列有关资产负债表日后事项的表述中，正确的是（　　）。

A. 资产负债表日至财务报告批准报出日之间，由董事会制订的财务报告所属期间利润分配方案中的盈余公积的提取，应作为调整事项处理

B. 资产负债表日后发生的调整事项如涉及现金收支项目的，可以调整报告年度资产负债表的货币资金项目，但不调整报告年度现金流量表各项目数字

C. 资产负债表日后事项，作为调整事项调整会计报表有关项目数字后，还应在会计报表附注中进行披露

D. 资产负债表日至财务报告批准报出日之间，由董事会制订的财务报告所属期间利润分配方案中的现金股利的分配，应作为调整事项处理

21. 甲公司适用的所得税税率为 25%，2022 年 3 月在上年度财务会计报告批准报出前发现一台管理用固定资产未计提折旧，属于重大差错。甲公司所得税汇算清缴于财务报告批准报出日之后完成。该固定资产系 2020 年 6 月取得的。根据甲公司的折旧政策，该固定资产 2020 年应计提折旧 100 万元，2021 年应计提折旧 200 万元。该折旧金额与税法规定一致，且 2020 年、2021 年计算应纳税所得额时未扣除这部分折旧。假定甲公司按净利润的 10%提取法定盈余公积，甲公司 2021 年度资产负债表“未分配利润”项目“期末余额”应调减的金额为（　　）万元。

A. 202.5　　B. 180　　C. 200　　D. 270

22. A公司适用的所得税税率为25%，2021年度财务报告于2022年3月10日批准报出。2022年1月2日，A公司被告知因被担保人财务状况恶化，无法支付逾期的银行借款，贷款银行要求A公司按照合同约定履行债务担保责任2 000万元。因为A公司在2021年年末未能发现被担保人相关财务状况已恶化的事实，所以在资产负债表日未确认与该担保事项相关的预计负债。按照税法的规定，为第三方提供债务担保的损失不得税前扣除。A公司的下列会计处理中，不正确的是（　　）。

A. 作为资产负债表日后调整事项处理

B. 应在2021年利润表中确认营业外支出2 000万元

C. 应在2021年资产负债表中确认预计负债2 000万元

D. 应在2021年资产负债表中确认递延所得税资产500万元

四、多项选择题

1. 下列选项中，属于会计估计变更的有（　　）。

A. 将一台生产设备的折旧方法由年限平均法变更为双倍余额递减法

B. 将一项固定资产的预计净残值由10万元变更为2万元

C. 将发出存货的计价方法由移动加权平均法变更为个别计价法

D. 将产品保修费用的计提比例由销售收入的2%变更为3%

2. 下列选项中，属于会计政策变更的有（　　）。

A. 投资性房地产的后续计量由成本模式改为公允价值模式

B. 所得税核算方法由应付税款法改为资产负债表债务法

C. 开发费用的处理由直接计入当期损益改为有条件资本化

D. 固定资产的预计使用年限由15年改为10年

3. 下列经济业务或事项中，属于会计政策变更的有（　　）。

A. 因减资对被投资单位由长期股权投资成本法转为金融资产核算

B. 周转材料的摊销方法由一次转销法变更为分次摊销法

C. 因执行新会计准则承租人改按新租赁准则进行会计处理

D. 期末存货计价由成本法改为成本与可变现净值孰低法

4. 下列交易或事项中，应采用未来适用法进行会计处理的有（　　）。

A. 因某固定资产用途发生变化导致使用寿命下降，将其折旧年限由20年改为8年

B. 发现前期重大会计差错

C. 因出现相关新技术，将某专利权的摊销年限由12年改为6年

D. 追加投资后对被投资单位由重大影响转为控制，将长期股权投资由权益法改按成本法核算

5. 在当期期初确定会计政策变更对以前各期累积影响数不切实可行的，应当采用未来适用法处理，其情形包括（　　）。

A. 企业账簿因不可抗力因素而毁坏引起累积影响数无法确定

B. 企业因账簿超过法定保存期限而销毁，引起会计政策变更累积影响数无法确定

C. 法律或行政法规要求对会计政策的变更采用追溯调整法，但企业无法确定会计政策变更累积影响数

D. 经济环境改变，企业无法确定累积影响数

6. 下列关于未来适用法的各项表述中，正确的有（　　）。

A. 将变更后的会计政策应用于变更日及以后发生的交易或事项的方法

B. 在会计估计变更当期和未来期间确认会计估计变更影响数的方法

C. 调整会计估计变更当期期初留存收益

D. 对变更年度资产负债表年初余额进行调整

7. 根据《企业会计准则第 28 号——会计政策、会计估计变更和差错更正》的规定，下列选项中，会计处理正确的有（　　）。

A. 确定会计政策变更对列报前期影响数不切实可行的，应当从可追溯调整的最早期间期初开始应用变更后的会计政策

B. 在当期期初确定会计政策变更对以前各期累积影响数不切实可行的，应当采用未来适用法处理

C. 企业对会计估计变更应当采用未来适用法处理

D. 确定前期差错影响数不切实可行的，可以从可追溯重述的最早期间开始调整留存收益的期初余额，财务报表其他相关项目的期初余额也应当一并调整，满足条件时也可以采用未来适用法

8. 企业发生的资产负债表日后非调整事项，通常包括的内容有（　　）。

A. 资产负债表日后发行股票和债券以及其他巨额举债

B. 资产负债表日后资产价格、税收政策、外汇汇率发生重大变化

C. 资产负债表日后因自然灾害导致资产发生重大损失

D. 资产负债表日后发生重大诉讼、仲裁、承诺

9. 下列在资产负债表日后期间发生的事项中，属于非调整事项的有（　　）。

A. 发生并确定支付巨额赔偿

B. 报告年度销售的产品因质量原因而发生退回

C. 发行一般公司债券

D. 已证实某项资产在资产负债表日已减值

10. 下列资产负债表日后事项中，属于调整事项的有（　　）。

A. 资产负债表日后发生企业合并或处置子公司

B. 在资产负债表日后，企业利润分配方案中拟分配的以及经审议批准宣告发放的股利或利润

C. 资产负债表日后发现了报告年度财务报表舞弊或差错

D. 资产负债表日后进一步确定了资产负债表日前购入资产的成本或售出资产的收入

11. A 公司因违约于 2021 年 7 月被 B 公司起诉，该项诉讼至 2021 年 12 月 31 日尚未判决，A 公司认为败诉的可能性为 60%，赔偿的金额为 60 万元。2022 年 3 月 30 日，财务报告批准报出之前，法院判决 A 公司需要偿付 B 公司的经济损失为 55 万元，A 公司不再上诉并支付了赔偿款项。根据上述资料，A 公司应做的会计处理包括（　　）。

A. 按照资产负债表日后调整事项处理原则，编制会计分录调整以前年度损益和其他相关项目

B. 调整 2021 年 12 月 31 日资产负债表相关项目

C. 调整 2021 年度利润表及所有者权益变动表相关项目

D. 调整 2022 年 3 月资产负债表相关项目的年初余额

12. 甲公司 2021 年年度财务报告经董事会批准对外公布的日期为 2022 年 4 月 3 日。甲公司 2022 年 1 月 1 日至 4 月 3 日发生的下列事项中，应当作为资产负债表日后调整事项的有（　　）。

A. 3 月 11 日，甲公司临时股东大会决议购买乙公司 51%的股权并于 4 月 2 日执行完毕

B. 2 月 1 日，甲公司发现 2021 年 10 月盘盈一项固定资产尚未入账

C. 3 月 10 日，甲公司被法院判决败诉并要求支付赔款 1 000 万元。对此项诉讼，甲公司已于 2021 年年末确认预计负债 800 万元

D. 4 月 2 日，甲公司办理完毕资本公积转增资本的手续

13. 某上市公司 2021 年度的财务报告批准报出日为 2022 年 4 月 30 日，下列应作为资产负债表日后调整事项处理的有（　　）。

A. 2022 年 1 月份销售的商品，在 3 月份被退回

B. 2022 年 2 月份发现 2021 年无形资产未摊销，达到重要性要求

C. 2022 年 3 月份发现 2020 年固定资产少提折旧，达到重要性要求

D. 2022 年 5 月份发现 2021 年固定资产少提折旧，达到重要性要求

14. A 公司为 B 公司的 2 000 万元债务提供 70%的担保。2021 年 10 月，B 公司因到期无力偿还债务被起诉。至 12 月 31 日，法院尚未做出判决，A 公司根据有关情况预计很可能承担部分担保责任，金额能可靠确定。2022 年 3 月 6 日，A 公司财务报告批准报出之前法院做出判决，A 公司承担全部担保责任，需为 B 公司偿还债务的 70%，A 公司已执行。A 公司的以下会计处理中，正确的有（　　）。

A. 2021 年 12 月 31 日，A 公司按照或有事项确认负债的条件确认预计负债并做出披露

B. 2021 年 12 月 31 日，A 公司对此事项按照或有负债做出披露

C. 2022 年 3 月 6 日，A 公司按照资产负债表日后非调整事项处理

D. 2022 年 3 月 6 日，A 公司按照资产负债表日后调整事项处理，调整会计报表相关项目

15. 2020 年 12 月 1 日，甲公司以赊销方式向乙公司销售一批产品，满足收入确认条件，分别确认应收账款和主营业务收入 2 000 万元。2020 年 12 月 31 日，甲公司对该应收账款计提坏账准备 10 万元。甲公司 2020 年的年度财务报告于 2021 年 3 月 20 日经董事会批准对外报出。不考虑其他因素，甲公司发生的下列各项交易或事项中，属于资产负债表日后调整事项的有（　　）。

A. 2021 年 1 月 10 日，甲公司取得确凿证据表明 2020 年 12 月 31 日对乙公司的应收账款应计提坏账准备 15 万元

B. 2021 年 3 月 31 日，因乙公司出现严重财务困难，甲公司对乙公司的剩余应收账款计提坏账准备 20 万元

C. 2021 年 3 月 10 日，甲公司收到乙公司支付的 1 000 万元货款

D. 2021 年 2 月 10 日，甲公司 2020 年 12 月 1 日销售给乙公司的产品因质量问题被退回

16. 甲公司2022年发生的下列资产负债表日后事项中，属于调整事项的有（　　）。
A. 外汇汇率发生重大变化导致外币存款出现巨额汇兑损失
B. 因火灾导致原材料发生重大损失
C. 发现2021年确认的存货减值损失出现重大差错
D. 2021年12月已全额确认收入的商品因质量问题被全部退回

17. 下列选项中，属于企业会计估计的有（　　）。
A. 劳务合同履约进度的确定
B. 投资性房地产后续计量模式的确定
C. 金融资产预期信用损失金额的确定
D. 存货可变现净值的确定

18. 下列选项中，属于会计估计的有（　　）。
A. 固定资产预计使用寿命的确定
B. 无形资产预计残值的确定
C. 投资性房地产采用公允价值计量
D. 收入确认时合同履约进度的确定

19. 2022年12月31日，甲公司发现2020年12月收到投资者投入的一项行政管理用固定资产尚未入账。投资合同约定该固定资产价值为1 000万元（与公允价值相同）。该固定资产预计使用年限为5年，预计净残值为零，采用年限平均法计提折旧。甲公司将漏记该固定资产事项认定为重要的前期差错。不考虑其他因素，下列关于该项会计差错更正的会计处理的表述中，正确的有（　　）。
A. 增加2022年度管理费用200万元
B. 增加固定资产原价1 000万元
C. 增加累计折旧400万元
D. 减少2022年年初留存收益200万元

20. 下列选项中，需要再附注中披露的有（　　）。
A. 资产负债表日后发生的重大诉讼、仲裁
B. 资产负债表日后发生自然灾害导致资产发生重大损失
C. 资产负债表日后发生企业合并或处置子公司
D. 资产负债表日后发生巨额亏损

五、简答题

1. 企业可否每年变更会计政策？企业在什么情况下可以进行会计政策变更？会计政策变更的会计处理方法是什么？

2. 什么是会计估计变更？会计估计变更的会计处理方法是什么？

3. 什么是前期差错？前期差错通常包括哪些内容？前期差错更正的会计处理方法是什么？

4. 什么是资产负债表日后事项？资产负债表日后事项的会计处理方法是什么？

六、业务题

甲公司系增值税一般纳税人，其2021年的财务报表经批准于2022年4月25日对外报出。2022年度甲公司相关的会计处理如下：

资料（1）：甲公司在2022年3月12日向A公司销售一批商品，开出的增值税专用发票上注明的销售价格为100万元，增值税税额为13万元，款项尚未收到。该批商品的成本为80万元。甲公司在销售时已知A公司资金周转发生困难，但为了减少存货积压，同时也为了维持与A公司长期建立的商业合作关系，甲公司仍将商品发往A公司且办妥托收手续。甲公司发出该批商品时确认收入和销项税额并结转销售成本。

资料（2）：2022年5月1日，甲公司同意给予B公司在商品不含税销售价格上5%的折让，并已取得税务机关开具的红字增值税专用发票。该业务为上年年末甲公司向B公司销售的一批商品，开出的增值税专用发票上注明的销售价格为200万元，增值税税额为26万元。截至2022年5月，款项尚未收到。该批商品的成本为160万元。2021年年末，B公司在验收过程中发现商品外观上存在瑕疵，但基本上不影响使用。甲公司已确认收入。甲公司将其作为资产负债表日后事项冲减2021年的销售收入10万元、增值税销项税额1.3万元和销售成本8万元。

资料（3）：2022年7月1日，甲公司与C公司签订合同，向其销售一批产品，不考虑增值税因素。合同约定，该批产品将于两年之后交货。合同中包含两种可供选择的付款方式，即C公司可以在两年后交付产品时支付674.16万元，或者在合同签订时支付600万元。C公司选择在合同签订时支付货款。该批产品的控制权在交货时转移。按照上述两种付款方式计算的内含利率为6%，假定该融资费用不符合借款费用资本化的要求。甲公司于2022年7月1日收到C公司支付的货款，确认收入600万元。

要求：逐项判断甲公司2022年的会计处理是否正确，并说明理由。如果不正确，请编制正确的会计分录。

练习题参考答案

一、名词解释

1. 会计政策是指企业在会计确认、计量和报告中所采用的原则、基础和会计处理方法。

2. 追溯调整法是指对某项交易或事项变更会计政策，视同该项交易或事项初次发生时即采用变更后的会计政策，并以此对财务报告相关项目进行调整的方法。

3. 追溯重述法是指在发现前期差错时，视同该项前期差错从未发生过，从而对财务报表相关项目进行更正的方法。

4. 未来适用法是指将变更后的会计政策应用于变更日及以后发生的交易或事项，或者在会计估计变更当期和未来期间确认会计估计变更影响数的方法。

二、判断题

1. ×

【解析】除了法律或会计制度等行政法规、规章要求外，变更会计政策以后，能够使所提供的企业财务状况、经营成果和现金流量信息更为可靠、更为相关的，也可以变更会计政策。

2. ×

【解析】初次发生的交易或事项采用新的会计政策，不属于会计政策变更。

3. ×

【解析】将债权投资重分类为其他债权投资，属于正常的业务，不作为会计政策变更处理。

4. ×

【解析】属于会计政策变更，应采用追溯调整法进行会计处理。

5. √

【解析】这是会计政策变更，原来是没有确认预计负债的，因此现在按照企业会计准则的要求要确认为预计负债。会计分录如下：

借：利润分配——未分配利润
　　盈余公积
　贷：预计负债

6. ×

【解析】前期差错通常包括计算错误、应用会计政策错误、疏忽或曲解事实、舞弊产生的影响以及存货和固定资产盘盈等，不包括固定资产盘亏。

7. ×

【解析】董事会或类似机构批准财务报告对外公布的日期，与实际对外公布日之间发生的与资产负债表日后事项有关的事项，由此影响财务报告对外公布日期的，应以董事会或类似机构再次批准财务报告对外公布的日期为截止日期。该事项虽然发生在财务报表批准报出日之后，但报表并未实际对外报出，因此应作为日后非调整事项处理。

8. ×

【解析】该交易在报告年度尚未存在，属于资产负债表日后非调整事项。

9. ×

【解析】应作为调整事项处理。

10. √

【解析】资产负债表日后期间发生，且金额重大，如果不加以说明，会影响财务报告使用者的决策，因此属于非调整事项。

11. ×

【解析】企业发生巨额亏损将会对企业报告期后的财务状况和经营成果产生重大影响，应当在财务报表附注中及时披露该事项，以便为投资者或其他财务报告使用者做出正确决策提供信息。

12. √

13. √

14. ×

【解析】资产负债表日后事项，已经作为调整事项调整会计报表有关项目数字的，除非法律法规以及其他会计准则另有规定，不需要在会计报表附注中进行披露。

15. √

16. √

17. √

三、单项选择题

1. C

【解析】固定资产的折旧方法、合同履约进度确定的方法和无形资产摊销年限的变更均属于会计估计变更。

2. D

【解析】选项 A、B 和 C 属于会计估计变更

3. A

【解析】选项 B、C 和 D 属于会计估计变更。

4. B

【解析】投资性房地产后续计量由成本模式变为公允价值模式属于会计政策变更，选项 B 正确，其他各项均属于会计估计变更。

5. D

【解析】选项 A，属于会计政策变更；选项 B、C，与会计政策变更和会计估计变更无关，属于正常事项。

6. B

【解析】会计政策变更调整报表处理为：第一，调整变更当年资产负债表相关项目的年初数；第二，调整变更当年利润表的上年数。

7. D

【解析】选项 D，属于前期重大会计差错，需要采用追溯重述法进行调整，因此会影响年初未分配利润。选项 A，属于会计估计变更，采用未来适用法，不影响年初未分

配利润；选项 B，发现当年会计差错，不影响年初未分配利润；选项 C，属于本年度发生的正常事项，不影响年初未分配利润。

8. B

【解析】选项 B，固定资产折旧方法由年限平均法改为年数总和法，按会计估计变更处理；选项 D，2022 年度应确认递延所得税资产 =（350－230）×25%＝30（万元）

9. A

【解析】变更日投资性房地产的账面价值为 8 800 万元，计税基础为 6 800 万元。

应该确认的递延所得税负债＝2 000×25%＝500（万元）

应调整期初留存收益的金额＝（8 800－6 800）×（1－25%）＝1 500（万元）

假设甲公司按净利润的 10%提取盈余余公积，则会计分录为：

借：投资性房地产——成本	88 000 000	
投资性房地产累计折旧	2 000 000	
贷：投资性房地产		70 000 000
递延所得税负债		5 000 000
盈余公积		1 500 000
利润分配——未分配利润		13 500 000

10. D

【解析】选项 D，2022 年年末该业务应确认相应的递延所得税资产＝100×25%＝25（万元）

11. A

【解析】已计提的折旧额＝（84 000－4 000）÷8×3＝30 000（元），变更当年按照原估计计算的折旧额＝（84 000－4 000）÷8＝10 000（元），变更后 2021 年的折旧额＝（84 000－30 000－2 000）÷（5－3）＝26 000（元），因此影响净利润的金额＝（10 000－26 000）×（1－25%）＝－12 000（元）

12. C

【解析】选项 A，属于正常事项；选项 B、D，属于资产负债表日后非调整事项。

13. C

【解析】选项 A、B、D，属于资产负债表日后调整事项。

14. A

【解析】选项 B、C，乙公司无法偿还所欠货款是由于 2022 年发生的火灾、安全事故所引起的，在报告年度（2021 年）资产负债表日并不存在这种状况，应作为资产负债表日后非调整事项，在报告年度报表附注中披露；选项 D，不属于资产负债表日后事项。

15. C

【解析】虽然一审判决甲公司败诉，但由于甲公司继续上诉，因此仍属于未决诉讼，应在 2021 年资产负债表中调整增加预计负债 200 万元（500－300），2021 年资产负债表中该业务应确认递延所得税资产 125 万元（500×25%）。

16. B

【解析】火灾是在 2022 年发生的，属于非调整事项，因此不能调整 2021 年度的报表项目。

17. D

【解析】该事项发生在报告年度所得税汇算清缴之后，因此不应冲减 2021 年度的应交所得税。

18. D

【解析】发现差错时 2020 年报表已经对外报出，不能调整该年报表金额。

19. B

【解析】此业务不属于资产负债表日后事项，应作为当期业务处理，冲减 2022 年 2 月的收入、成本和税金等相关项目。

20. A

【解析】选项 B，不调整报告年度资产负债表的货币资金项目和现金流量表各项目数字；选项 C，除法律法规以及其他会计准则另有规定外，不需要在会计报表附注中进行披露；选项 D，应作为非调整事项处理。

21. A

【解析】甲公司 2021 年度资产负债表“未分配利润”项目“期末余额”应调减的金额 $= (100+200) \times (1-25\%) \times 90\% = 202.5$（万元）

22. D

【解析】按照税法的规定，企业为第三方提供债务担保的损失不得税前扣除，产生的是非暂时性差异，因此不确认递延所得税资产。

四、多项选择题

1. ABD

【解析】选项 C，存货计价方法的变更属于会计政策变更。

2. ABC

【解析】选项 D，属于会计估计变更。

3. CD

【解析】选项 A 是发生的事项与以前相比具有本质差别而采用新的会计政策，不属于会计政策变更；选项 B 是对不重要的事项采用新的会计政策，不属于会计政策变更。

4. AC

【解析】选项 B，应采用追溯重述法进行调整；选项 D，既不属于会计估计变更，也不属于会计政策变更，属于正常事项。

5. ABCD

6. AB

【解析】选项 C、D，在未来适用法下，不需要追溯调整，不需要调整资产负债表年初数以及利润表上年数。

7. ABCD

【解析】选项 D，表示可以追溯几期便追溯调整几期，如果一期都无法追溯调整，则采用未来适用法。

8. ABCD

9. AC

【解析】选项 B、D，属于日后调整事项。

10. CD

【解析】选项 A、B，属于日后非调整事项。

11. ABCD

【解析】未决诉讼在日后期间财务报表报出前判决并支付赔偿款项，属于调整事项，需要调整报告年度 2021 年报表的相关项目金额，2022 年 3 月资产负债表的年初余额也需要做对应调整。

12. BC

【解析】选项 A、D，属于非调整事项。

13. BC

【解析】选项 A，与 2021 年报表无关，属于 2022 年正常事项；选项 D，不属于日后事项。

14. AD

【解析】选项 A，该或有事项金额能可靠确定，且发生情况为“很可能”，符合预计负债确认条件。

15. AD

【解析】选项 B，不属于资产负债表日后事项；选项 C，属于新发生的事项。

16. CD

【解析】选项 A，外汇汇率发生重大变化导致外币存款出现巨额汇兑损失，属于资产负债表日后非调整事项；选项 B，因火灾导致原材料发生重大损失，属于资产负债表日后非调整事项。

17. ACD

【解析】选项 B，属于会计政策。

18. ABD

【解析】投资性房地产后续计量属于会计政策。

19. ABCD

【解析】该项重要的前期差错的账务处理如下：

	借方	贷方
借：固定资产	10 000 000	
贷：实收资本等		10 000 000
借：以前年度损益调整——管理费用	2 000 000	
贷：累计折旧		2 000 000
借：管理费用	2 000 000	
贷：累计折旧		2 000 000
借：盈余公积（假定按照 10%计提盈余公积）	200 000	
利润分配——未分配利润	1 800 000	
贷：以前年度损益调整——管理费用		2 000 000

综上所述，选项 A、B、C 和 D 均正确。

20. ABCD

五、简答题

1. 企业可否每年变更会计政策？企业在什么情况下可以进行会计政策变更？会计政策变更的会计处理方法是什么？

企业采用的会计政策，在每一会计期间和前后各期应当保持一致，不得随意变更。但是，满足下列条件之一的，企业可以变更会计政策：第一，法律、行政法规或国家统一的会计制度等要求变更。第二，会计政策变更能够提供更可靠、更相关的会计信息。

会计政策变更能够提供更可靠、更相关的会计信息的，企业应当采用追溯调整法处理，将会计政策变更累计影响数调整列报前期最早期初留存收益，其他相关项目的期初余额和列报前期披露的其他比较数据也应一并调整，但确定该项会计政策变更累计影响数不切实可行的除外。确定会计政策变更对列报前期影响数不切实可行的，企业应从可追溯调整的最早期间期初开始应用变更后的会计政策。在当期期初确定会计政策变更对以前各期累积影响数不切实可行的，企业应当采用未来适用法处理。

2. 什么是会计估计变更？会计估计变更的会计处理方法是什么？

会计估计变更是指由于资产和负债的当前状况及预期经济利益和义务发生了变化，从而对资产或负债的账面价值，或者资产的定期消耗金额进行调整。

企业对会计估计变更应当采用未来适用法处理。会计估计变更仅影响变更当期的，其影响数应当在变更当期予以确认；既影响变更当期又影响未来期间的，其影响数应当在变更当期和未来期间予以确认。企业难以区分会计政策变更或会计估计变更的，应当将其作为会计估计变更处理。

3. 什么是前期差错？前期差错通常包括哪些内容？前期差错更正的会计处理方法是什么？

前期差错是指由于没有运用或错误运用下列两种信息，而对前期财务报表造成省略或错报：第一，编报前期财务报表时预期能够取得并加以考虑的可靠信息。第二，前期财务报告批准报出时能够取得的可靠信息。前期差错通常包括计算错误、应用会计政策错误、疏忽或曲解事实以及舞弊产生的影响、存货和固定资产盘盈等。

企业应当采用追溯重述法更正重要的前期差错，但确定前期差错累计影响数不切实可行的除外。确定前期差错影响数不切实可行的，企业可以从可追溯重述的最早期间开始调整留存收益的期初余额，财务报表其他相关项目的期初余额也应一并调整，可以采用未来适用法。

企业应当在重要的前期差错发现当期的财务报表中，调整前期比较数据。

4. 什么是资产负债表日后事项？资产负债表日后事项的会计处理方法是什么？

资产负债表日后事项是指资产负债表日至财务报告批准报出日之间发生的有利或不利事项。财务报告批准报出日是指董事会或类似机构批准财务报告报出的日期。资产负债表日后事项包括资产负债表日后调整事项和资产负债表日后非调整事项。

资产负债表日后调整事项应当调整资产负债表日的财务报表，资产负债表日后非调整事项不应当调整资产负债表日的财务报表。

六、业务题

（1）甲公司会计处理不正确。

由于 A 公司资金周转存在困难，因此甲公司在货款回收方面存在较大的不确定性，与该批商品所有权有关的风险和报酬没有转移给 A 公司。根据在某一时点履行的履约义务的收入确认条件，甲公司在发出商品且办妥托收手续时不能确认收入，已经发出的商品成本应通过“发出商品”科目核算。

甲公司正确的会计处理如下：

借：发出商品　　800 000

　贷：库存商品　　800 000

同时，甲公司将增值税专用发票上注明的增值税税额转入应收账款：

借：应收账款　　130 000

　贷：应交税费——应交增值税（销项税额）　　130 000

（2）甲公司会计处理不正确。

价格折让属于可变对价，因此该合同的交易价格是可变的，应在实际发生的期间进行会计处理。由于价格折让发生在 2022 年 5 月 1 日，不属于资产负债表日后事项，应冲减 2022 年 5 月的销售收入、销项税额；同时由于没有发生退货不应冲减销售成本。

甲公司正确的会计处理如下：

借：主营业务收入（2 000 000×5%）　　100 000

　　应交税费——应交增值税（销项税额）　　13 000

　贷：应收账款　　113 000

（3）甲公司会计处理不正确。

考虑到 C 公司付款时间和产品交付时间之间的间隔以及现行市场利率水平，该合同包含重大融资成分，在确定交易价格时，应当对合同承诺的对价金额进行调整，以反映该重大融资成分的影响。该批产品的控制权在交货时转移，因此甲公司应在 2023 年年末确认收入 674.16 万元，在 2022 年 7 月 1 日确认合同负债 674.16 万元、未确认融资费用 74.16 万元，年末采用实际利率法确认利息费用 18 万元。

甲公司正确的会计处理如下：

借：银行存款　　6 000 000

　　未确认融资费用　　741 600

　贷：合同负债　　6 741 600

借：财务费用（6 000 000×6%×6÷12）　　180 000

　贷：未确认融资费用　　180 000

第十六章
财务报表分析

学习目标

知识目标：掌握比例分析、结构分析、趋势分析、偿债能力分析、营运能力分析、盈利能力分析和杜邦分析法。

技能目标：能用财务分析方法分析企业的财务报表。

能力目标：通过对企业财务报表的分析，能够发现企业的问题，能提出合理的建议。

学习指导

1. 学习重点
（1）偿债能力分析。
（2）营运能力分析。
（3）盈利能力分析。
（4）杜邦分析法的运用
2. 学习难点
（1）财务报表分析方法。
（2）偿债能力分析指标及应用。
（3）营运能力分析指标及应用。
（4）杜邦分析体系及应用

练习题

一、名词解释

1. 因素分析法

2. 速动比率

3. 资产负债率

4. 净资产报酬率

二、判断题

1. 企业财务报告是财务分析的主要依据之一。 ( )

2. 成本利润率、营业利润率和资本金利润率属于效率比率。 ( )

3. 比率指标的计算一般都是建立在以预算数据为基础的财务报表之上的，这使比率指标提供的信息与决策之间的相关性大打折扣。 ( )

4. 财务分析中的效率比率是某项财务活动中所费与所得的比率，反映投入与产出的关系。 ( )

5. 一般来说，流动比率较高的企业短期偿债能力较强，但流动比率较高的企业也有可能无力支付到期的应付账款。 ( )

6. 一般来说，在其他条件相同的情况下，营业周期短、应收账款和存货周转速度快的企业，其合理的流动比率偏高。 ( )

7. 影响速动比率可信性的重要因素是存货的变现能力。 ( )

8. 现金比率不同于速动比率之处主要在于剔除了应收账款对短期偿债能力的影响。 ( )

9. 资产负债率越高，则权益乘数越低，财务风险越大。 ( )

10. 一般来说，营业周期短的企业和流动资产比重比较大的企业，可以适当提高资产负债率。 ( )

11. 从短期来看，如果已获利息倍数小于1，则企业将丧失利息支付能力。 ( )

12. 在扣除客观因素影响后，资本保值增值率受企业经营成果和利润分配政策的双重影响。 ( )

三、单项选择题

1. 企业债权人因为不能参与企业剩余收益分享，所以重点关注的是其投资的安全性，于是较为重视企业的（ ）指标。

A. 偿债能力 B. 营运能力 C. 盈利能力 D. 发展能力

2. 下列选项中，不属于效率比率的是（ ）。

A. 成本利润率 B. 营业利润率

C. 资本金利润率 D. 流动比率

3. 财务报表是财务分析的主要依据之一，对财务报表数据的局限性决定了财务分析与评价的局限性。财务报表数据的局限性不包括（ ）。

A. 缺乏独立性 B. 缺乏时效性

C. 缺乏可靠性 D. 缺乏可比性

4. 下列比率指标的不同类型中，资产负债率属于（　　）。

A. 构成比率　　B. 效率比率　　C. 结构比率　　D. 相关比率

5. 采用比较分析法应当注意的问题不包括（　　）。

A. 所对比指标的计算口径必须一致

B. 应剔除偶发性项目的影响

C. 应运用例外原则对某项有显著变动的指标作重点分析

D. 所对比的项目应当具有相关性

6. 下列选项中，不属于财务综合评价方法的是（　　）。

A. 杜邦分析法　　B. 沃尔评分法

C. 因素分析法　　D. 经济增加值法

7. 下列关于营运资金的说法中，错误的是（　　）。

A. 营运资金越多，则流动比率越高

B. 营运资金不便于不同企业之间的比较

C. 营运资金大于零，则流动比率大于 1

D. 营运资金小于零，表明企业以流动负债支持部分非流动资产

8. 某企业 2022 年年末资产负债表有关项目的金额如下：流动资产总额 2 000 万元，其中货币资金 400 万元，交易性金融资产 100 万元，应收账款 900 万元，存货 600 万元；流动负债总额 1 000 万元。该企业 2022 年年末的现金比率是（　　）。

A. 1.4　　B. 0.5　　C. 0.4　　D. 2

9. 下列财务指标中，最能反映企业直接偿付短期债务能力的是（　　）。

A. 资产负债率　　B. 权益乘数　　C. 现金比率　　D. 流动比率

10. 已知某企业的资产负债率为 50%，则该企业的产权比率为（　　）。

A. 50%　　B. 100%　　C. 200%　　D. 25%

11. 某企业 2022 年的净利润为 369.1 万元，计入财务费用的利息费用为 15.36 万元，计入在建工程的资本化利息费用为 5 万元，所得税费用为 78.8 万元，则该企业 2022 年的利息保障倍数是（　　）。

A. 24.03　　B. 22.75　　C. 30.16　　D. 29.16

12. 某公司 2022 年度营业收入为 6 000 万元。资产负债表中的年初应收账款为 270 万元，年末应收账款为 450 万元；坏账准备的年初余额为 30 万元，年末余额为 50 万元。假设一年按 360 天计算，则该公司 2022 年度的应收账款周转天数为（　　）天。

A. 15　　B. 17　　C. 22　　D. 24

13. 某公司的生产经营存在季节性，每年的 4 月到 10 月是生产经营淡季，11 月到次年 3 月是生产经营旺季。如果使用应收账款年初余额和年末余额的平均数计算应收账款周转次数，计算结果会（　　）。

A. 高估应收账款周转速度

B. 低估应收账款周转速度

C. 正确反映应收账款周转速度

D. 无法判断对应收账款周转速度的影响

14. 某企业 2022 年的营业收入为 2 000 万元，营业毛利率为 25%，年初存货余额为 200 万元，年末存货余额为 300 万元。假设一年按 360 天计算，则该企业 2022 年度的存货周转天数为（　　）天。

A. 36　　B. 45　　C. 60　　D. 72

15. 下列关于现金营运指数的表述中，正确的是（　　）。

A. 现金营运指数大于 1，表明取得收益的代价增加

B. 现金营运指数小于 1，表明收益质量不够好

C. 现金营运指数小于 1，表明营运资金减少，流动性变差

D. 现金营运指数是经营活动现金流量净额与净利润的比值

四、多项选择题

1. 财务分析对不同的信息使用者具有不同的意义，财务分析的意义包括（　　）。

A. 可以判断企业的财务实力

B. 可以评价和考核企业的经营业绩，揭示财务活动存在的问题

C. 可以挖掘企业潜力，寻求提高企业经营管理水平和经济效益的途径

D. 可以评价企业的发展趋势

2. 趋势分析法中，用于不同时期财务指标比较的比率主要有（　　）。

A. 定基动态比率　　B. 构成比率

C. 环比动态比率　　D. 效率比率

3. 财务指标的比较基础不统一是财务分析指标的一个局限性，在对财务指标进行比较分析时，需要选择比较的参照标准包括（　　）。

A. 同业数据　　B. 本企业历史数据

C. 计划预算数据　　D. 企业的战略目标

4. 应用比率分析法时，应当注意的问题有（　　）。

A. 对比项目的相关性　　B. 衡量标准的科学性

C. 对比期间的连续性　　D. 对比口径的一致性

5. 某公司当前的流动资产大于流动负债，假设其他条件不变，若赊购材料一批，将会导致该公司（　　）。

A. 速动比率降低　　B. 流动比率降低

C. 营运资金增加　　D. 短期偿债能力不变

6. 下列选项中，属于速动资产的有（　　）。

A. 货币资金　　B. 存货　　C. 预收账款　　D. 应收账款

7. 下列各项财务指标中，可以反映长期偿债能力的有（　　）。

A. 总资产周转率　　B. 权益乘数

C. 产权比率　　D. 资产负债率

8. 下列指标中，其数值大小与偿债能力大小同方向变动的有（　　）。

A. 产权比率　　B. 资产负债率

C. 利息保障倍数　　D. 流动比率

9. 下列选项中，对企业偿债能力可能产生影响的有（　　）。

A. 银行的授信额度　　B. 存在很快变现的长期资产

C. 债务担保　　D. 未决诉讼

10. 下列选项中，影响应收账款周转次数指标的有（　　）。

A. 应收票据　　B. 应收账款

C. 计提的坏账准备　　D. 销售折扣与折让

11. 在计算净收益营运指数时，下列选项中，属于非经营净收益的有（　　）。

A. 财务费用　　B. 投资收益

C. 资产减值准备　　D. 固定资产折旧

12. 下列选项中，能同时反映营运能力和短期偿债能力的有（　　）。

A. 营运资金　　B. 应收账款周转率

C. 总资产周转率　　D. 存货周转率

五、简答题

1. 财务报表分析方法有哪些?

2. 企业偿债能力分析的指标主要有哪些?

3. 企业盈利能力分析的指标主要有哪些?

4. 什么是杜邦分析? 简要说明杜邦分析如何应用?

六、业务题

A 公司是一家上市公司，管理层要求财务部门对公司的财务状况和经营成果进行评价。财务部门根据公司 2020 年和 2021 年的年报整理出用于评价的 A 公司部分财务数据（见表 16-1）。

表 16-1　A 公司部分财务数据　　单位：万元

财务状况有关资料	2021 年 12 月 31 日	2020 年 12 月 31 日
货币资金	28 000	32 000

表16-1(续)

财务状况有关资料	2021 年 12 月 31 日	2020 年 12 月 31 日
应收账款	62 000	58 000
存货	110 000	130 000
流动资产合计	200 000	220 000
流动负债合计	125 000	110 000
负债合计	300 000	300 000
资产总计	800 000	700 000
经营成果有关资料	2021 年度	2020 年度
营业收入	420 000	400 000
营业成本	342 000	328 000
非经营净收益	-1 350	1 270
净利润	67 500	55 000

要求：（1）计算 2021 年年末的下列财务指标：营运资金、流动比率、速动比率、产权比率。

（2）计算 2021 年度的下列财务指标：存货周转率、净资产收益率、资本保值增值率、净收益营运指数。

练习题参考答案

一、名词解释

1. 因素分析法是依据财务指标与其他决定因素之间的因果关系，确定各个因素的变化对该指标的影响程度的一种分析方法。因素分析法具体又分为差额分析法、指标分解法、连环替代法、定基替代法。

2. 速动比率是指速冻资产与流动负债的比率。

3. 资产负债率是负债总额与资产总额的比率，反映企业的资产总额中有多少是通过举债而得到的。

4. 净资产报酬率又称股东权益报酬率，是企业在一定时期内的净利润与平均净资产的比率。

二、判断题

1. √

【解析】财务分析以企业财务报告及其他相关资料为主要依据，对企业的财务状况和经营成果进行评价与剖析，反映企业在运营过程中的利弊得失和发展趋势，从而为改进企业财务管理工作和优化经济决策提供重要财务信息。

2. √

【解析】效率比率是某项财务活动中所费与所得的比率，反映投入与产出的关系。例如，将利润项目与营业成本、营业收入、资本金等项目加以对比，可以计算出成本利润率、营业利润率和资本金利润率等指标，从不同角度观察比较企业盈利能力及其增减变化的情况。

3. ×

【解析】比率指标的计算一般都是建立在以历史数据为基础的财务报表之上的，这使比率指标提供的信息与决策之间的相关性大打折扣。

4. √

【解析】效率比率是某项财务活动中所费与所得的比率，反映投入与产出的关系。

5. √

【解析】由于不同流动资产项目的变现能力不同且变现价值与账面价值之间可能存在较大差异，因此流动比率高并不意味着短期偿债能力一定很强。过高的流动比率可能是存货积压、应收账款呆账等原因导致的，真正可用于偿债的现金反而不足。

6. ×

【解析】在一般情况下，营业周期短、应收账款和存货周转速度快的企业的应收账款和存货的平均余额偏低，因此流动资产平均余额偏低，合理的流动比率偏低。

7. ×

【解析】速动资产剔除了存货但没有剔除各种应收款项，因此影响速动比率可信性的重要因素是应收账款的变现能力。

8. √

【解析】现金比率剔除了应收账款对短期偿债能力的影响外，最能反映企业直接偿付流动负债的能力。

9. ×

【解析】权益乘数=1÷(1-资产负债率)，由公式可见，资产负债率越高，则权益乘数越高，财务风险越大。

10. √

【解析】一般来说，营业周期短的企业和流动资产比重比较大的企业的资产流动性较好，经营风险较低，可以适当提高资产负债率。

11. ×

【解析】在短期内，由于折旧与摊销费用无需付现，即使利息保障倍数小于1，也可能仍然具有暂时性的利息支付能力。

12. √

【解析】在扣除客观因素影响后，如果企业本期净利润大于0且利润留存率大于0，则资本保值增值率大于1，即受企业经营成果和利润分配政策的双重影响。

三、单项选择题

1. A

【解析】企业债权人因为不能参与企业剩余收益分享，所以重点关注的是其投资的安全性，于是更重视企业偿债能力指标，主要进行企业偿债能力分析，同时也关注企业盈利能力分析。

2. D

【解析】效率比率是某项财务活动中所费与所得的比率，反映投入与产出的关系。例如，将利润项目与营业成本、营业收入、资本金等项目加以对比，可以计算出成本利润率、营业利润率和资本金利润率等指标，从不同角度观察比较企业盈利能力的高低及其增减变化情况。流动比率属于相关比率，因此应选择选项D。

3. A

【解析】财务报表是财务分析的主要依据之一，财务报表数据的局限性决定了财务分析与评价的局限性。其具体表现为：第一，报表数据的时效性问题；第二，报表数据的真实性问题；第三，报表数据的可靠性问题；第四，报表数据的可比性问题；第五，报表数据的完整性问题。

4. D

【解析】相关比率是以某个项目和与其有关但又不同的项目加以对比所得的比率。资产负债率=负债总额÷资产总额，资产负债率属于相关比率。

5. D

【解析】所对比的项目应当具有相关性属于比率分析法应当注意的问题。

6. C

【解析】财务综合评价方法包括杜邦分析法、沃尔评分法、经济增加值法等，因素分析法不是财务综合评价方法。

7. A

【解析】营运资金=流动资产-流动负债。流动比率=流动资产÷流动负债。营运资金越多，只能说明流动资产和流动负债的差额越大，不能说明两者的比值越大，选项A的说法不正确。营运资金作为绝对数指标，不便于不同规模的企业之间的比较，选项B的说法正确。营运资金大于零，即流动资产大于流动负债，则流动比率大于1，选项C的说法正确。营运资金为负，即流动资产小于流动负债，表明企业部分非流动资产以流动负债为资金来源，选项D的说法正确。

8. B

【解析】现金比率=(400+100)÷1 000=0.5

9. C

【解析】现金比率剔除了应收账款对偿债能力的影响外，最能反映企业直接偿付流动负债的能力。

10. B

【解析】当资产负债率为50%时，负债占资产总额的比率为50%，股东权益占资产总额的比率为50%，则产权比率=50%÷50%×100%=100%

11. B

【解析】利息保障倍数=(369.1+78.8+15.36)÷(15.36+5)=22.75

12. D

【解析】年初应收账款余额=270+30=300（万元），年末应收账款余额=450+50=500（万元），平均应收账款余额=（300+500）÷2=400（万元），应收账款周转次数=6 000÷400=15（次），应收账款周转天数=360÷15=24（天）

13. B

【解析】应收账款周转次数=营业收入÷应收账款平均余额。由于 11 月到次年 3 月是生产经营旺季，因此如果使用应收账款年初余额和年末余额的平均数计算应收账款周转次数，则会导致应收账款周转次数计算公式中的"应收账款平均余额"数值偏高，应收账款周转次数的计算结果偏低，即低估应收账款周转速度。

14. C

【解析】营业成本=2 000×(1−25%)=1 500（万元），存货周转次数=1 500÷[(200+300)÷2]=6（次），存货周转天数=360÷6=60（天）

15. B

【解析】现金营运指数小于 1，表明营运资金增加，即企业为取得同样的收益占用了更多的营运资金，取得收益的代价增加，说明企业的收益质量不够好，选项 A、C 的表述错误，选项 B 的表述正确。现金营运指数是经营活动现金流量净额与经营所得现金的比值，选项 D 的表述错误。

四、多项选择题

1. ABCD

【解析】财务分析对不同的信息使用者具有不同的意义，选项 A、B、C、D 均为财务分析的意义。

2. AC

【解析】趋势分析法是指将不同时期财务报告中的相同指标或比率进行纵向比较，直接观察其增减变动情况及变动幅度，考察其发展趋势，预测其发展前景。用于不同时期财务指标比较的比率主要有定基动态比率和环比动态比率，选项 A、C 正确。

3. ABC

【解析】在对财务指标进行比较分析时，需要选择比较的参照标准，包括同业数据、本企业历史数据和计划预算数据。

4. ABD

【解析】采用比率分析法应当注意的问题包括对比项目的相关性、对比口径的一致性、衡量标准的科学性，不包括对比期间的连续性。

5. AB

【解析】赊购材料导致流动负债增加，速动资产不变，则速动比率降低，选项 A 是答案；在流动比率大于 1 的情况下，赊购材料使流动资产和流动负债等额增加，导致流动比率降低，营运资金不变，选项 B 是答案，选项 C 不是答案；流动比率、速动比率降低，则短期偿债能力降低，选项 D 不是答案。

6. AD

【解析】速动资产是可以迅速转换成为现金或已属于现金形式的资产，包括货币资金、以公允价值计量且其变动计入当期损益的金融资产、应收票据、应收账款、其他应收款项等。存货属于非速动资产，预收账款是负债。

7. BCD

【解析】反映长期偿债能力的指标有资产负债率、产权比率、权益乘数和利息保障倍数，总资产周转率是反映营运能力的指标。

8. CD

【解析】产权比率和资产负债率越高，说明负债比重越高、长期偿债能力越差，选项 A、B 不是答案；利息保障倍数越大，说明付息能力越强、长期偿债能力越强，选项 C 是答案；流动比率越大，说明短期偿债能力越强，选项 D 是答案。

9. ABCD

【解析】影响偿债能力的其他因素包括：第一，可动用的银行贷款指标或授信额度；第二，资产质量，如存在很快变现的长期资产；第三，或有事项和承诺事项，如债务担保或未决诉讼；第四，经营租赁。

10. ABD

【解析】应收账款周转次数=营业收入÷应收账款平均余额。其中，营业收入是扣除了销售折让和折扣后的净额；应收账款包括应收票据。计算应收账款周转次数不扣除坏账准备，因此计提的坏账准备不影响应收账款周转次数。

11. AB

【解析】非经营净收益包括：第一，处置固定资产损失（减收益）；第二，固定资产报废损失；第三，财务费用；第四，投资损失（减收益）；第五，递延所得税资产减少。资产减值准备与固定资产折旧属于非付现费用，但不属于非经营净收益的范畴。

12. BD

【解析】应收账款周转快表明应收账款流动性强，从而增强企业的短期偿债能力；存货周转速度快表明存货流动性强，存货转化为现金或应收账款的速度较快，从而增强企业的短期偿债能力。

五、简答题

1. 财务报表分析方法有哪些？

财务报表分析方法有比较分析法、因素分析法、杜邦综合分析等。

2. 企业偿债能力分析的指标主要有哪些？

企业偿债能力分析的指标有流动比率、速动比率、现金比率。这三项是反映短期偿债能力的指标。资产负债率、利息保障倍数是反映长期偿债能力的指标。

3. 企业盈利能力分析的指标主要有哪些？

企业盈利能力分析的指标有资产报酬率、净资产报酬率、销售毛利率、销售净利率等。

4. 什么是杜邦分析？简要说明杜邦分析如何应用？

杜邦分析是利用几种主要的财务比率之间的关系来综合地分析企业的财务状况的方法。杜邦分析是一种用来评价公司盈利能力和股东权益回报水平，从财务角度评价企业绩效的一种经典方法。由于这种分析方法最早由美国杜邦公司使用，故名杜邦分析法。

杜邦分析法的基本思想是将企业净资产收益率逐级分解为多项财务比率的乘积，这样有助于深入分析比较企业经营业绩。其具体分解公式为：净资产收益率=销售净利率×总资产周转率×权益乘数。杜邦分析法将净资产收益率的影响因素分解为三项：一是经营项目的盈利性，由销售净利率代表；二是企业管理效率，由总资产周转率代表；三是企业的举债经营能力，由权益乘数代表。因此，企业要想获得较高的净资产收益率就应从寻找好的经营项目、提高管理质量和加强财务运作等方面入手。

六、业务题

（1）①营运资金=200 000−125 000=75 000（万元）

②流动比率=200 000÷125 000=1.6

③速动比率=(28 000+62 000)÷125 000=0.72

④产权比率=300 000÷(800 000−300 000)=0.6

（2）①存货周转率=342 000÷[(130 000+110 000)÷2] =2.85（次）

②2020 年期末所有者权益=700 000−300 000=400 000（万元）

2021 年期末所有者权益=800 000−300 000=500 000（万元）

净资产收益率=67 500÷[(500 000+400 000)÷2]×100%=15%

③资本保值增值率=500 000÷400 000×100%=125%

④净收益营运指数=[67 500−(−1 350)]÷67 500=1.02

图书在版编目(CIP)数据

会计学学习指导/郭秀珍主编.—成都:西南财经大学出版社,2023.2
ISBN 978-7-5504-5642-6

Ⅰ.①会… Ⅱ.①郭… Ⅲ.①会计学—高等学校—教学参考资料 Ⅳ.①F230

中国版本图书馆 CIP 数据核字(2022)第 219388 号

会计学学习指导

主　编:郭秀珍
副主编:昝文华　吕晓玥

责任编辑:李晓嵩
责任校对:王甜甜
封面设计:何东琳设计工作室
责任印制:朱曼丽

出版发行	西南财经大学出版社(四川省成都市光华村街 55 号)
网　　址	http://cbs.swufe.edu.cn
电子邮件	bookcj@swufe.edu.cn
邮政编码	610074
电　　话	028-87353785
照　　排	四川胜翔数码印务设计有限公司
印　　刷	郫县犀浦印刷厂
成品尺寸	185mm×260mm
印　　张	16.25
字　　数	415 千字
版　　次	2023 年 2 月第 1 版
印　　次	2023 年 2 月第 1 次印刷
印　　数	1— 3000 册
书　　号	ISBN 978-7-5504-5642-6
定　　价	39.80 元